부동산 고수가

되려면

내공을 쌓아라

투자전략가 호프만의 웰빙투자 가이드

부동산 고수가 되려면 내공을 쌓아라

권혁기(호프만) 지음

新 진리탐구

교학상장(教學相長)의 심정으로

　도회지의 아파트 단지내 1층 상가는 물론 대로변과 골목길에도 부동산중개업소 간판이 눈에 띄지 않는 곳이 없습니다. 지방에서도 개발 호재가 있는 곳과 그 주변에는 어김없이 중개업소가 넘쳐납니다. 도로 양편을 가득 메운 땅, 땅, 땅… 부동산 광고들이 마치 격렬한 전쟁터를 방불케 합니다.

　이쯤 되고 보니 "공인중개사자격증이 운전면허증 정도의 가치는 있는 걸까?" 하는 의구심이 들기도 합니다. 그러나 공인중개사 자격시험에 합격한 분들의 기쁨과 자부심은 실로 대단하여 그야말로 사기충천입니다. 수개월 또는 몇 년간 쉬지 않고 노력하여 얻은 결과이니 어찌 그렇지 않겠습니까?

　하지만 공인중개사는 중개업자가 되기 위한 필요조건이지 충분조건은 결코 아닌 것입니다. 목적지에 도달하기 위한 징검다리의 돌 하나를 놓은 정도라고나 할까요. 치열한 경쟁을 극복하고 잇달아 쏟아지는 부동산정책에 대응하여 성공적인 중개업을 영위하기 위해서는 부단한 노력이 필요합니다. 이론으로 철저히 무장하고 실전을 통하여 경륜을 쌓아야만 진정한 '고수'의 반열에 오를 수 있는 것이지요.

　필자는 투자 및 자산관리와 부동산중개업을 하면서 적지 않은 고수들을 만났고, 경륜과 능력을 겸비하신 그분들의 말씀을 경청하였습니다. 그리고 수시로 부동산과 재테크 관련 서적을 탐독하고 언론보도 내용을 스크랩하였습니다. 이러한 내용들을 다년간 몸담았던 금융업계의 지식과 관련 지어 틈틈이 집필하였습니다.

부동산에 입문한지 오래지 않은 분들에게 조금이나마 도움이 될 듯하여 교학상장의 심정으로 틈틈이 정리한 내용을 'LBA부동산경제연구소' 포털 사이트 '사랑방' 과 부동산 관련 사이트에 조금씩 올려드렸더니 부동산업에 종사하시는 분들 외에도 많은 일반 독자분들도 관심을 가지고 성원하여 주셨습니다.

고수를 염원하는 업계 선후배님들의 격려에 힘입어 2004년부터 2년여 연재하였던 내용이 어느덧 400회를 돌파하였습니다. 그동안 이어졌던 독자들의 단행본 발간요청으로 이 책을 펴내게 되었습니다.

그동안 고수의 길을 사심 없이 일러주신 선배님들과 열정적으로 이끌어 주신 LBA부동산경제연구소 김점수 소장님, 틈틈이 조언해 주신 RE멤버스 고종완 대표님 그리고 애독해 주신 여러분께 진심으로 감사드립니다. 아울러 원고를 매끄럽게 다듬어 주신 LBA법률중개사 동기이신 심마니킴(김운석)과 장명경 두 분 선배님께 고마움을 전합니다.

아무쪼록 8.31부동산대책으로 침체된 부동산 시장에서 자신감을 잃어가고 있는 동지들에게 조금이나마 희망과 용기를 드리고자 하는 저의 마음이 잘 전달되기를 빌어봅니다.

- 호프만 배상 -

우리들의 푸른 바다(Blue Ocean)를 위하여

투자전략가인 저자 호프만 선생은 부동산 법률중개사·증권분석사(KCIA)·미국공인선물중개사(AP)로서의 경륜과 식견을 가지고 통찰한 내용과, 부동산과 각 분야의 여러 고수들을 직접 만나 담론하는 가운데서 체득한 비법과 느낌의 정수를 이 한 권에 정리하였습니다.

본서에는 각 분야에서 정상에 오르기 위해 각고의 노력과 정열을 기울여온 고수들과 호프만 선생의 체험이 결집되어 있습니다. 고객을 대하는 철학과 적극적인 경영마인드가 근간을 이루고 있는 내용은 부동산뿐만 아니라 자신이 몸담고 있는 각 분야에서 고수가 되고자 하는 이들에게 좋은 길잡이가 되어 주리라 믿습니다.

내공쌓기의 결과를 독점하지 않고 나누어 주려는 선한 동기에서 집필된 본서가 중개업계 동행인들에게 바른길을 안내하는 지침서가 되며, 독자 여러분의 재테크에 일조할 수 있기를 기대합니다. 그리하여 `우리들의 푸른 바다(Blue Ocean)'가 창출될 수 있기를 희망합니다.

오늘도 만남과 연연을 통해 집필을 이어가시는 호프만 선생의 노고에 감사드리며 그 여정에 힘찬 성원을 보냅니다.

LBA부동산경제연구소 김점수 소장

의욕을 북돋우는 자극제

다양한 성향의 매도인과 매수자의 의견을 조율하고 모두에게 만족스런 결과를 창출해야 한다는 점에서 부동산 중개업은 일종의 종합예술이며, 부동산인은 열정과 실력을 바탕으로 아름다운 하모니를 창출해내는 오케스트라의 지휘자라고 할 수 있을 것이다.

깊은 내공을 쌓은 고수의 경지에 오른 지휘자라야 감동의 무대를 연출해 낼 수 있듯이 부동산인도 실력을 함양해야 고객의 마음을 얻을 수 있다. 저자는 경영경제, 투자, 마케팅, 심리학, 철학, 스포츠, 풍수지리 등 다방면의 지식을 섭렵한 토대위에서 실전의 경험과 이론을 소개하고 부동산인이 갖추어야할 덕목을 설득력 있게 제시하고 있다.

'내공을 통해 안으로 갈무리된 힘을 길러 진정한 고수가 되라'는 저자의 권면은, 재테크와 중개업 고수의 길로 향하는 이들에게 좌우명이 되고, 의욕을 북돋우는 자극제가 되리라 믿는다.

짧고 간결한 문체가 신선한 느낌을 주는 이 글에는 사람에 대한 끊임없는 애정을 보여주는 따스함이 곳곳에 배어 있다. 그리고 미래를 통찰하는 예리함이 돋보이며 가슴에 오래노독 어운을 남기는 글이다.

RE멤버스 고종완 대표

차 례

제7장. 절세의 미학

제 1 장

부동산중개업
고수의 길

고수가 되려면 내공을 쌓아라

부동산 시장에 찬 바람이 불면서 모두들 어려운 시간을 보내고 있는 것 같다. 어제는 모처럼 몇 명이 모여서 많은 대화를 나누었다.

"부동산 정책의 칼날은 갈수록 매서워지고 경쟁은 점점 치열해지고 있다. 앞으로 중개업 하기가 더 어려워질 것은 불 보듯 뻔한데, 어떻게 이 어려움을 헤쳐 나갈 수 있을까?"

"이제 새로 중개업을 시작하려고 하는데 이렇게 부동산 경기가 가라앉아 있으니 어떻게 하나?"

이렇게 시작된 대화를 통하여 얻어진 결론은 대체로 "어려운 환경에서도 잘 견딜 수 있는 내공(內空)을 쌓아야 한다.' 는 것으로 귀결되었다. 부동산중개업에서 내공이라? 이 말은 무협지에나 나오는 얘기라고 하겠지만, '어려운 환경에서도 잘 견디어 내고 스스로 헤쳐 나가는 슬기'를 부동산중개업에서의 내공이라고 할 수 있겠다.

그러면, 이러한 내공을 키우기 위해서는 어떻게 해야 할까? 스스로 터득하고 깨우치는 방법도 있겠지만, 분초(分秒)를 다투는 현장에서는 참으로 어려운 얘기이므로, 결국은 고수들을 벤치마킹(benchmarking) 할 수밖에 없다. 벤치마킹이란 '뛰어난 상대 즉, 고수(高手)에게서 배울 것을 찾아 배우는 것'이다.

그렇다면 어느 정도의 경지에 이르러야 진정한 고수라고 불릴 수 있을까? 고수는 해당 분야에서 적어도 10년 이상의 현장 경험이 있어야 한다. 그것도 이론적으로 잘 무장되어야 하고, 꾸준히 스스로를 업그레이드(upgrade)하는 성실성은 기본이라고 하겠다.

그런데 이런 고수들은 자신의 모습을 잘 나타내지 않는다고 한다. 그들은 무림(武林)의 고수와 같이 자신을 좀처럼 드러내지 않기 때문에 여간해서는 만나기가 쉽지 않다. 그러나 지극정성으로 부동산업계의 고수를 찾아보자.

고수를 만나면 먼저 그들의 생각(mind)과 행동양식(action)을 분석해보고 그들의 방법 중에서 자신에게 적합한 분야와 내용을 선별하여 벤치마킹 해보자.

강호(江湖)는 넓고 고수는 많다

강호(江湖)는 넓다, 하지만 천하(天下)는 더 넓다!
부림성영의 아밍을 볼데우머
만웅(萬雄)을 향해 도전장을 던진 두 남녀가 있었으니……

어느 무협지의 표지 글이다. 약육강식(弱肉强食)의 중원(中原)을 누비는 강호(强豪)는 수없이 많다. 고수 위에 고수가 있어 감히 고수는 명함을 내밀기가 쉽지 않다.

초야(草野)에는 수많은 고수들이 소리 없이 알찬 열매를 수확하고 있다. 지난 해 가을이었다. 매수를 의뢰하는 고객을 모시고 양평 양수리(두물머리)에 물건 상담을 하러 갔었다. 상담에 응해 주신 분은 전직 세무공무원 출신으로서 강남에서 오랫동안 부동산중개업을 하다가 그곳이 좋아서 직접 전원주택을 짓고 옮겨왔단다.

임장활동을 끝내고 브리핑을 하는데, 교통축·환경축·개발축, 녹지벨트·대기벨트·물벨트……. 일사천리(一瀉千里)에 청산유수라! 가히 일품이었다. 아하~, 과연 고수로고. 유구무언이로소이다!

그리하여 그 날의 성과는 동업자 만족, 고객만족, 계약 끝이었다.

필자가 살고 있는 분당의 아파트 단지 내 상가에 부동산이 하나 있다. 사방 이삼백 미터 안에는 다른 부동산중개업소가 없고, 권리금만 1억원이니 입지는 괜찮은 편이다. 나이가 지긋해 뵈는 주인은 별로 말도 없이 늘 조용히 자리를 지키고 있는 듯했다.

간혹 여자 실장 한 분이 눈에 띄는 정도였으며 본 받을 것이 있다면, 아침에 유난히 일찍 출근하고, 저녁에 늦게까지 자리를 지키면서 비가 오나 눈이 오나 성실하게 근무하는 모습이었다.

그 사무실 앞을 지나다 보면 늘 조용하고, 고객이 없어 보여서 "저래 가지고 어떻게 사무실 유지를 하나?"하고 같은 업종에 몸담고 있는 사람으로서 걱정을 하지 않을 수 없었다. 그런데 최근에 그 사무실의 형편을 잘 아는 이를 통하여 의외의 사실을 알게 되었다. 그 중개업소가 꾸준히 대박을 터뜨리고 있단다.

수시로 양타(兩打)에다가 토지투자의 성과도 굉장하다는 것이었다. 역시 모든 것이 겉으로만 볼 것이 아니로구나. 그렇게 내공이 쌓여 있는 분이었을 줄이야. 그 중개사는 공직에 있다가 퇴직한 분인데, 투자 실력 이 만만치 않다는 것이다.

외양만 번지르르하고 실속이 없는 업소가 어디 한둘이던가. 내가 고 수 입네 하고 떠벌리는 허풍선이가 얼마나 많은 세상인가. 그것보다는 "소리 없이 강한 레간자(Leganza)"가 얼마나 실속 있는가? 은인자중(隱忍自重)하며 금맥을 캐고 있는 고수는 또 얼마나 많은가.

중원의 고수를 다 뿌리치고 강호의 제왕을 꿈꾸는 그대여, 부지런히 부동산 고수가 되려면 내공을 쌓을지라. 그 길 외에 다른 길이 어디 있 던가!

시행착오와 내공쌓기에 바친 세월

"사업에 실패하고 부동산중개업에 뛰어든 후 새로운 분야에서 입지 를 마련하기 위해서 저는 말로 표현할 수 없는 고생을 했습니다. 6개월 간을 매일 2시간씩 자면서 공부했습니다. 이제는 한글자판을 분당 500 타 정도 치고, 포토샵도 익숙하게 다룹니다. 지적도(地籍圖)를 컴퓨터에 입력하여 자유자재로 확대·축소하고 출력할 수 있습니다. 컴퓨터는 최 고를 씁니다.

인적인 네트워크를 갖추기 위해 수없이 뛰었습니다. LBA프로그램으 로 가격분석을 하고 설득했더니 고객들과 상대 중개사들이 인정해 주었습니다. 그 사이에 겪은 시행착오도 참으로 많았습니다."

이 내용은 LBA법률중개사의 입지전적 인물, J선배님의 체험사례이다. 이와는 대조적으로 공부만 하다가 현장에 나온 지 한두 해밖에 안 된 사람이 고수라는 이름으로 책을 쓰고, 강연을 하고 스스로를 드높이는 경우를 흔히 본다. 참으로 부적절한 일이다. 그런 사람들을 보고 있으면 시한폭탄을 보는 듯해서 그저 조마조마할 따름이다.

LBA부동산법률중개사 중에는 10~90년 경력을 쌓고 고수로 일컬어지는 출중한 분들이 몇 분 있다. 그들이 고수라 불리는 데는 조금도 부족함이 없다. 그들이 그 긴 기간 동안 부동산사무실 문만 열어 놓았다고 해서 고수라 일컬어지는 것일까? 결코 아니다. J선배님처럼 수 없는 시행착오를 거치는 가운데 무수한 노력을 기울였기 때문이다.

고수들은 부동산의 호황기와 불황기를 두 번 정도는 거치면서 산전수전을 겪어야 비로소 부동산을 보는 눈이 트인다고 말한다. 부동산 경기 사이클의 단맛과 쓴맛을 두 차례는 경험해야 한다는 뜻이다. 그러자면 최소한 10년은 넘어야 그 범주에 들어간다는 것이다. 다만, 체계적인 교육기관에서 실무수업을 착실하게 받고, 고수들을 통해 간접 경험을 쌓음으로써 그 기간을 조금 단축시킬 수는 있을 것이다.

〈고수〉를 2행시(詩)로 표현해 본다.
　　고 : 고도의 수를 읽을 줄 아는
　　수 : 수많은 경험과 내공으로 단련된 분

초심(初心)을 간직하고 인내하라

험난한 중개업의 길을 가다 보면 심리적으로 부대낄 때가 한두 번이 아니리라. 좋은 일(job)을 그만두고 내가 왜 이런 길로 들어섰을까, 가진 것·아는 것·경험도 없는 내가 과연 고수가 될 수 있을까? 하고 회의감에 젖을 때도 있을 것이다.

'부동산중개업계라는 것이 이처럼 혼탁한 세계인가?'라는 탄식과 더불어, 너도나도 중개업에 뛰어드는 치열한 경쟁 속에서 '과연 내가 살아남을 수 있을까?' 하는 위기감도 들것이다. "이 일이 내 적성에 맞는 것인가, 전업(轉業)을 한번 해볼까, 고수의 꿈이고 뭐고 다 포기할까, 동업자가 맘에 안 드니 헤어져 버릴까?' 등등 심리적인 동요를 수없이 느낄지도 모른다.

고비마다 엄습하는 심리적 갈등을 극복하고 고수가 되기 위해서는 '나는 할 수 있다.'고 끊임없이 자기최면을 거는 일, Mind Control이 필요하다. 맛있는 밥을 짓기 위해선 알맞게 뜸을 들여야 하고 성숙해지기 위해서는 하느님이 세상을 만드는 데도 일주일이 필요했다는 '기다림의 교훈'을 터득해야 한다. 참고 기다리다 보면 바라는 때는 반드시 오는 법이다.

채근담(菜根譚)에 이르기를 '먹이를 사냥하기 위해서 매는 조는 듯이 서있고, 범은 병든 것처럼 걷는다.'고 했다. 이는 때를 기다릴 줄 안다는 뜻이다. 외유내강(外柔內剛)의 소유자는 평소에는 조용하고 부드럽다 가도 기회가 되면 용기와 자신감을 가지고 과감하게 도전하여 원하는 것을 성취한다. 이것이야 말로 고수의 특징이다.

　그런 고수의 내공은 하루아침에 쌓이는 것이 아니다. 참고 또 참고 거듭 인내하는 과정을 거치는 중에 자기도 모르게 단련되는 것이다. 인고의 세월을 거치는 동안 조금씩 조금씩 경륜이 쌓여 결정적인 순간에 엄청난 힘을 발휘하는 것이다.

　산천을 누비며 내일의 고수를 꿈꾸는 이여,
　가시밭길 힘들고 외롭더라도 초심(初心)으로 인내하여
　일찍이 품었던 큰 뜻을 기필코 이루실지라.

고수의 조언에 귀를 기울이라

고수(高手) 위에 고수 있더라

많은 사람들이 고수를 자처하지만 직접 겪어보면 함량미달인 분이 있는가 하면, 고수도 놀라 혀를 내두를 만한 기발한 착상을 하는 더 위의 고수가 있다. 참으로 고수의 수는 무궁무진하다. 고수들이 권하는 조언과 그들의 행동양식 몇 가지를 소개한다.

1. 고수는 끊임없이 자기최면을 건다

사실 고수는 참으로 고독하다. 남들보다 몇 수 앞의 수를 읽어내려면 그만큼 자기와의 치열한 싸움을 벌여야 하기 때문이다. 그러한 고독을 극복하기 위하여 고수는 스스로 자기최면을 끊임없이 건다.

'나는 할 수 있다.'

'내게는 10년 대운이 펼쳐질 것이다.'

'앞으로 3년 안에 수십억을 벌 것이다.'

이런 식으로 끊임없이 자기최면을 걸면서 스스로를 다잡고, 목표달성을 위해 부단히 연구하고 실전한다.

2. 아무리 힘들어도 웃는 집에 사람이 들어온다

사실 불황이 장기화되는 요즈음에 웃는 모습을 보이기가 그리 쉽지는 않다. 그러나 웃음과 여유로움으로 무장하라. 아무리 어렵고 힘들더라도 주인이 인상 쓰고 앉아 있는 집, 뭔가 궁색해 보이는 옷차림과 초라한 분위기가 풍기는 사무실에 어느 고객이 들어오겠는가? 고객은 너무나 냉정해서 자기에게 이익이 되지 않을 것 같으면 절대로 선택하지 않는다.

3. 몸은 쉬어도 머리는 쉬지 않는다

사람이 물리적으로 움직이는 것은 한계가 있고, 쓸데없이 부지런한 것은 오히려 게으름만 못하다. 고수는 빈둥빈둥 노는 것 같지만 끊임없이 머리를 굴린다. 몸은 차갑지만, 머리는 뜨겁다. 이것이 고수의 행동양식 중 하나이다. 주변의 고수의 행동을 잘 관찰해 보라.

4. 고수는 자기를 위해 많은 사람을 움직이게 하는 기술이 있다

시청의 지적과 공무원, 시청 앞 설계사무소, 건설회사 경영자, 산골 마을의 이장…, 수많은 사람들이 오늘도 부동산고수를 위해서 열심히 움직이고 있다. 고수는 그들을 자기편으로 만들어 활용한다. 그리고 그들과 함께 과실을 나눌 줄도 안다.

5. 남들이 다 안 된다고 하는 데서 되는 길을 찾는다

남들과 반대로 생각하는 습성, 안되는 것을 되게 만들고자 하는 근성, 고수는 이런 것이 몸에 배어 있다.

고수가 되려면 야성(野性)을 키워라

다음은 듣는 이에게 격려와 도전을 주는 고수의 날카로운 충고다.

우리는 수익창출을 목표로 행동해야 한다. 일의 과정도 중요하지만, 결과가 수익으로 연결되지 않으면 무슨 변명을 할 수 있으며, 어찌 고수라 할 수 있겠는가?

우리는 학자도 아니고, 이상주의자도 아니다. 오로지 필드(field)에서 살아남아야 한다. 고객에게 이익으로 답해야 한다. 이익창출을 못한 중개사가 아무리 변명을 한들 무슨 소용이 있겠는가?

야성을 키워라! 필드에서 살아남을 수 있는 강인한 힘을 길러야 한다. 물론 단시일 내에 그런 능력이 길러지지는 않겠지만 냉엄한 적자생존의 세계에서는 필사적인 노력이 있어야 명맥을 유지하게 된다. 우선은 살아남아야 고수 든 달인이든 꿈꿀 수가 있는 것이다.

아무리 고수가 옆에 있다 한들 최종적인 결정은 언제나 자기의 몫이다. 고수들도 승부수를 띄우기 위해 고독과 싸우며 밤잠 안자고 고민한다. 수많은 시뮬레이션(simulation)을 하며 무수히 칼을 가는 것이다.

그런 고독한 심사숙고의 과정을 거쳐 의사결정을 하였으면 과감하게 매수하라. 자신 있게 추진하라. 겁먹지 말라. 고객을 압도할 수 있는 분위기를 연출하라. 계약금의 두 배를 배상하더라도 좋은 물건을 잡아올 수 있는 하이에나(Hyaena)의 기질을 발휘하라."

참으로 고수다운 비장함과 꾼다운 기질이 절절이 배어나는 충고였다. 어쩌면 섬뜩하기까지 하다. 역시 고수의 길은 쉽지 않은 고행의 길이다.

환상을 버리고 불철주야 노력하라

필자가 부동산 Portal Site LBA사랑방에 연재하는 '고수와 내공 이야기'에 의외로 많은 분들이 뜨거운 관심과 다양한 반응을 보여주었다.

"고수가 누군지 좀 알려주세요!"

"저도 열심히 내공을 쌓아 고수의 반열에 오르고 싶습니다."

"고수란 천부적으로 타고나는 것 아닙니까?"

부동산업계의 최고수급에 속하는 한 분 분이 이렇게 말한다.

"저는 부동산 일을 처음 배울 때, 아침마다 신문이란 신문은 전부 읽으며 스크랩하고, 현장으로 부리나케 달려가서 확인하고, 남들이 쉬는 시간에도 밤잠 안 자고, 놀러 다닐 새도 없이 끝없이 자료를 뒤지고, 연구하고…. 그야말로 피나는 노력을 했습니다. 그러기를 십 년여 세월. 이제야 부동산을 조금 알 것 같습니다."

고수들의 오늘이 있기까지는 그런 인고의 세월이 있었던 것이다. 부동산중개업에 진출하였지만 아직 경험이 일천한 분들도 상당수 있다.

더러는 부동산 간판만 달면 돈을 벌 수 있다는 환상에

사로잡혀 출발한 분들도 있을 것이다. 다들 돈을 많이 벌었다는데, 남들 하는 것을 보니. 쉬운 것 같은데…….

나는 결단코 아니라고 단언한다. 고수의 길은 외롭고 쓸쓸한 인내의 길이다. 선택과 집중, 반복과 숙달! 그런 과정을 수없이 거치며 내공이 쌓여야 진정한 고수가 되는 것이다.

무서운 하수(下手)가 되자

　박정희 대통령부터 김영삼 대통령까지 다섯 대통령을 경호한 경력이 있는 박상범 전 경호실장은 다음과 같이 고백했다.

　"권력의 무게에 눌려 비참해진 전직 경호실장들을 반면교사(反面敎師)로 삼아 나는 스스로 힘없는 경호실장이 됐다."

　이 분은 1974년 '문세광 사건' 당시 총격이 나자마자 단상으로 뛰어올라 연단 앞에서 총성이 난 방향을 향해 권총을 겨누며 목숨을 건 '총알받이'의 모습을 보여준 분이다. 필자가 보기에 이 분은 분명 경호분야에선 최 고수이고 사명감도 투철한 분이다. 직무상의 행동이었다고는 하지만 그야말로 살신성인(殺身成人)의 자세를 보여주었다. 그런데도 그는 스스로를 낮추고 있다.

　고수가 되려면 이 저럼 자세를 낮추고 그야 밀로 고수들의 노력을 본받아 실력을 쌓아야 한다. 앞서 언급했거니와 최소한 10년 정도는 현장경험이 있어야 한다. 그 기간을 아무리 단축시킨다 해도 과거 부동산경기의 사이클인 3년의 상승과 하락을 죄소한 각각 한 번 이상은 경험했어야 고수의 자격을 논할 수 있다.

또 인터넷이라는 공포의 문명이기(文明利器) 앞에서 이제는 2년 정도로 짧아진 상승과 하락의 사이클을 각각 9회 이상은 경험해야, 적어도 단 맛과 쓴 맛을 두 번 이상은 경험해 보아야 고수의 반열에 오를 수 있는 자격이 있다고 하겠다.

그렇다면 뒤늦게 시작한 하수는 도대체 어쩌란 말인가? 하수라고 기가 죽어 고수들의 눈치만 보고 있어야 하는가? 아니다! 필자는 요즈음 프로야구 선수인 두산의 김명제와 롯데의 이대호, 한화의 김태균, 기아의 김진우, 삼성의 오승환 선수 등을 유심히 지켜보고 있다.

그들은 아직 앳된 모습에다가 경력도 일천하다. 그러나 그들이 운동장에서 힘차게 공을 뿌리고, 받아 치는 모습을 보노라면 결코 주눅든 하수의 모습이 아니다. 신인이지만 언제나 당당하게 열심히 하는 그들의 모습 앞에서 누가 감히 그들을 하수라고 얕보겠는가.

위풍당당한 하수의 모습! 언제 봐도 보기가 좋다. '나도 언젠가는 고수가 될 수 있다.'는 꿈과 야망을 가지고 무섭게 돌진(突進)하는 하수의 모습에서 멋진 고수의 모습을 그려보는 것은 너무 성급한 판단일까?

오직 반복과 숙달밖에 없다

쿵푸를 배운 사람이 거리에서 느닷없이 싸움을 하게 되면 쿵푸 폼이 제대로 나올까? 절대로 그렇지 않다고 한다. 우선 급하니까 폼이고 뭐고

다 잊어버리고 '막 싸움'을 하게 된다는 것이다. 쿵푸 폼이 제대로 나오려면 3년에서 5년은 지속적으로 수련을 쌓아야 세련된 폼이 나온다고 한다.

부동산중개업도 마찬가지일 것이다. 장기간에 걸쳐서 자기 나름대로 공부는 많이 한 것 같은데, 막상 고객이 문을 쓰윽 열고 들어서면 자신도 모르는 사이에 머뭇거리기가 쉽다. 이만큼 공부했으니 고객이 오면 '그까이꺼 대충 되겠지'라고 생각하면 큰 오산이다.

그야말로 고수처럼 여유 있게 고객을 리드하고 클로징(closing)까지 제대로 막힘없이 잘 하려면, 사전에 자기가 확보한 물건의 내용이나 사무실 배후지의 상황 등을 상세하게 조사·분석하여 숙지하고 있어야 하고 세무 상담요청 등에 대비하여 꾸준하게 반복·숙달해야 한다.

부동산교육동기생 모임이나 중개업자들의 친목모임에서도 먹고 마시며 끼리끼리만 이야기하고 헤어지는 것으로 일관하지 말고 생산적인 모임이 되도록 해야 한다.

필자가 참여하고 있는 교육동기생 모임에서는 돌아가면서 사례연구 발표(Case Study)를 하고 있다. '관리지역의 세분화에 대비한 토지 투자 전략'이나 '경매 입찰가 작성요령' 등 일정한 주제를 정하여 브리핑 연습을 함으로써 실제상황에서도 많은 도움을 얻고 있다.

고수의 자기관리

필자가 살펴본 고수들의 공통점은, 자기관리가 철저하다는 것이다. 세계적인 축구스타 차범근 선수는 전성기 시절에 밤 10시만 되면 모든 스케줄을 접고, 취침에 들어갔다고 한다. 최상의 컨디션 조절이 곧 성적으로 나타난다고 믿고 자기관리를 철저히 한 것이다.

물론 고수들의 특징 중의 하나인 자기 컨트롤은 쉬운 일이 아니다. 스케줄을 정해 놓고 스케줄대로 행동하는 것이 말만큼 쉽지 않다. 재미있는 술자리를 접고, 3차의 유혹도 뿌리치고 자기의 스케줄대로 가는 일이 고수가 아니면 결코 쉽지 않다는 말이다. 철저한 자기통제가 고수에 이르는 첫 관문이라고 해도 과언이 아닐 것이다.

지혜를 모으면 고수도 부럽지 않다

'LBA사이트 사랑방에 '고수이야기' 시리즈의 새로운 내용이 올라올 때마다 빠짐없이 출력해 놓고 읽고 또 읽으며 마음의 지표(指標)로 삼고 있습니다. 언제쯤 단행본으로 출판하실 계획이신 지요?"

산골 오지(奧地)에서 만난 중개사 한 분이 이렇게 물었을 때 필자의 마음은 부끄럽기도 하고, 한편으론 고맙기도 하며, 더 큰 책임감이 밀려왔다. 그리고 나도 모르게 진심으로 그분을 축복했다.

"선배님, 부지런히 내공을 쌓아 기필코 고수의 반열에 오르소서!"

어려운 부동산업계 현실에서 초보자가 고수로 발전해 가는 길에 필자가 조그마한 이정표 역할이라도 할 수 있다면 더 없는 기쁨이요, 영광이겠다.

현장에서 상담을 하다 보면 참으로 아쉬운 점이 많은 것이 사실이다. 경험을 통한 해박한 지식을 바탕으로 물 흐르듯이 설명을 해 주는 고수에 비해, 아직 경험이 일천한 분들의 브리핑을 들어보면 무엇인가 부족하고, 자신감 없어 보일 때 안타까운 생각이 든다.

'미리 공부(公簿)를 발급받아서 보여주며 설명해 주면 고객이 좀더 신뢰할 수 있을 것인데 아쉽다. 그리고 권리분석, 가설계, 인허가에 대한 설명은 왜 이리 미흡한지 안타깝다. 주변상황에 대한 자료를 미리 준비했다가 설명해주면 이해가 빠를 텐데, 지도나 차트를 보여주면 시각적 효과가 더 클 텐데……'

'물건이 무조건 좋다고만 하지 말고 단점도 더러 얘기해주면 공감이 갈 텐데, 현재의 상황만 나열하지 말고, 미래의 청사진을 그려주면 더욱 확신이 설 텐데. 왜 사야 하는지, 언제 어떻게 되팔 수 있을 것인지에 대한 논리를 분명하게 제시해주면 좋으련만.'

"고수가 되기 위해서는 10년 이상 산전수전을 겪어야 하고, 3년 경기 사이클의 오르막과 내리막을 최소한 두 번씩은 경험해 봐야 한다는데, 나는 이제 불과 몇 년 경력에 불과하다. 그렇다면 나는 고수가 될 수 없단 말인가?"

아니다, 길은 있다! 지혜를 모으면 된다. 3년 경력을 가진 사람 4명이 모이면 12년 경력, 아니 그 이상의 경력도 될 수 있는 것이다. 3년 경력이라지만 갑(甲)은 공법 전문가이고, 을(乙)은 토목과 건축 분야에 밝고, 병(丙)은 마케팅 경력자이며, 정(丁)은 컴퓨터에 익숙하며 운전과 입담이 좋은 사람이라면, 이들이 뭉쳐서 물건 하나를 놓고 서로 머리를 맞대고, 서류가 다 해어지도록 분석하고 또 분석하면 못 해낼 것이 어디 있겠는가?

백지장도 맞들면 낫다고 했다. 그렇다, 할 수 있다! 얼마든지 할 수 있다. 지혜와 정성을 모으면 비록 혼자서는 고수 소리를 못 들을지라도 서로 힘을 합하면 고수에게 필적할 만한 성과를 창출해 낼 수 있다.

고수의 행동양식을 분석해 보라

보이지 않는 그림을 잘 그리는 고수

초보투자자들은 대체로 인간의 오감 중에서 '시각'에 가장 의존한다. 오직 눈에 보이는 것만 믿는다. 그들은 개발 이후의 모습을 쉽사리 떠올릴 수가 없다. 그래서 과감하게 행동하지 못한다. 그러나 고수들은 다르다. 상상력을 발휘한다. 개발 이후의 모습을 찬찬히 머리 속에 그려본다. 그리고 '이거다' 싶으면 과감하게 배팅(Batting)한다.

'개발'이란, 마이너스 알파에서 플러스 알파로의 변화과정이라고 한다. 초보자의 입장에서 부동산을 보았을 때 마이너스 알파의 상태는 뭔가 부족하고, 미흡한 모습이다. 거기에서 감히 플러스 알파의 상태를 상상하기란 쉽지 않다.

그러나 고수들은 철저한 연구와 노력으로 플러스 알파의 상태를 수없이 시뮬레이션 하면서 머릿속으로 그림을 그린다. 이것이 초보자와 고수의 결정적인 차이점이다.

『가장 성공적인 사람은 장기적인 시각을 가진 사람들이었다. 성공한 사람들은 10년, 20년 후의 미래를 줄곧 생각해 왔으며, 이러한 긴 시간적 수평선 위에서 필요한 의사결정을 해온 사람들이다.』

- 에드워드 밴필드(Edward Banfield), 하버드 대학 교수 -

고수가 매일 지도를 보는 이유

일전에 삼성물산에서 주최한 'L 교수의 부동산 재테크 강의 중의 일화이다. 강사가 바로 앞에 앉아서 경청하고 있는 신혼부부에게 물었다.

"침대 머리에 무슨 액자가 있습니까?"
"결혼사진입니다."
"부동산 투자를 잘 하려면 오늘 돌아가서 당장 지하철 노선도로 바꾸어 놓고 자나 깨나 매일 쳐다보고 연구를 하십시오."

그 순간 나에게도 느낌이 왔다. 아, 그렇구나! 그 정도의 열정이 없어서야 어디 고수가 되겠나? 부동산의 기본 3제인 교통축·개발축·환경축에 대한 정보가 없이, 관심 지역의 교통이 앞으로 어떻게 발전될 것인지를 꿰뚫어 보지 못하고서야 어디 물건 추천을 제대로 할 수 있겠는가.

고수들의 조언을 받아들여 우리 사무실에서도 대상지역의 지도를 비롯하여 5개의 지도를 슬라이드로 만들어 고객설명 자료로 유용하게 활용하고 있다. 이와 같이 고수들은 매일 지도를 보면서 향후의 변화를 가늠해 보고 접근 방향을 끊임없이 모색하고 있다.

고수는 뱃살이 없다

열 개의 부동산사무실이 있으면 한두 군데는 고수급에 속한다. 그 한두 개 안에 들어간다는 것이 참으로 쉬운 일이 아니다. 그러니 어디 배에 살이 붙을 여유가 있겠는가. 그래서 고수가 되기가 어렵다는 말이다.

다음은 부동산세미나에서 특강을 한 어느 고수의 얘기다.

"저는 고수가 아니고, 다만 선수(先手)를 위해 노력할 뿐입니다. 좋은 물건이 있으면 남들보다 먼저 분석하여, 선점하려고 노력합니다. 계약에는 2등은 필요 없습니다. 선점을 위해서는 책상에서 먼저 90%의 분석을 끝내고, 나머지 10%의 분석을 위해 새벽이고 휴일이고 가리지 않고 임장활동에 나섭니다. 그러니 언제 배에 살이 찔 여유가 있겠습니까?"

고수는 항상 새로운 것을 추구한다

"선택과 집중을 통해서, 내 기준에 맞는 지역이 선택되면 밤이고 낮이고 열심히 좋은 물건을 찾아 나선다. 그러다가 간혹 모르는 길이 나타나면 꼭 그 길로 가본다. 논이나 도랑에 빠지더라도 꼭 가보고 확인하고 파악한다."

"좋은 물건에 대한 연락을 받으면 밤중이라도 달려가야 한다. 좋은 물건 있다는데 밤이면 어떻고 낮이면 어떤가. 좋은 물건이라면 금방 사라질 것이고, 어차피 더 부지런한 사람이 확보하는 것 아니겠는가?"

고수급이신 어느 선배님의 말처럼 고수들도 "이 땅을 이렇게 활용해 볼까? 아니면 저렇게 활용해볼까?" 고심하고 또 고심한다, 고수들은 이와 같이 새로운 것을 보면 그냥 지나치지 않는다. 여러 각도로 궁리를 거듭한 다음에 자기기준에 합당하다 싶으면 과감하고 부지런하게 액션(action)을 취한다.

» 작은 정보에도 예민한 촉각

고수는 작은 정보도 결코 소홀히 다루지 않는다. 어떤 정보를 대하면 내가 추구하는 일들과 어떤 관련이 있는지 재빨리 검토하고 그림을 그려 본다. 그리고 신속한 판단을 내린다. 평소에 그 정보를 분석할 수 있는 능력이 있고, 준비가 되어있기 때문이다.

설혹 스스로 그런 판단을 내리기에 미흡한 상황이라면 도움을 줄 수 있는 채널을 활용한다. 자문을 구할 고수급 부동산중개업자를 비롯하여 법무사, 세무사, 건축가 등 관련분야의 전문가를 이미 충분히 확보하고 있기 때문에 최상의 판단을 내리는 데 큰 문제가 없다.

고수는 입이 과묵하더라

부동산중개업에 종사하다 보면 입이 무거워야 한다는 것을 절감한다. 부자들은 스스로를 드러내는 것을 매우 꺼린다. '타워팰리스'나 '현대 I Park'에 사는 사람들의 신상을 잘 알 수 없는 것도 같은 맥락으로 보아야할 것이다.

고수들 주변에는 부자들이 줄을 서 있다. 이분들은 자산관리 컨설팅을 받기 위해 재산목록을 고수에게 알려주어야 한다. 그러나 외부에 그 내용이 알려지는 것은 아주 꺼린다. 고수 주변에 부자들이 많다는 것은 그 만큼 고수가 입이 무겁게 비밀을 잘 지켜준다는 반증이다.

그렇다! 고수는 입이 무겁다. 꼭 해야 할 말은 확실히 하되, 허튼 소리는 절대 하지 않는다. 자신이 고수인지 아닌지를 판단하려면 입이 무거운지 아닌지 자문(自問)해 보면 알 수 있을 것이다.

고수는 'Project Design'에 빈틈이 없다

교외의 도로를 운행하다 보면 도로변에 건축을 중단한 채 방치하고 있는 흉물스러운 건축물들을 더러 목격하게 된다. 양평에서 홍천 가는 길목에는 벌써 몇 년째 짓다 만 건물이 비바람에 낡아가고 있다. 안성시 일죽면의 도로 가에서도, 수안보 한국콘도 옆에서도 그런 흉물들을 볼 수 있다. 부도라는 최악의 상황이 빚어낸 후유증이 이런 실패의 상징물을 양산하고 있는 것이다.

어쩌면 그 건축물들은 이미 그 프로젝트(Project)의 계획단계에서부터 그런 결과를 양태하고 있었는지도 모른다. 경제분석, 지역분석, 물건분석이 철저하지 못했던 결과가 아닐까. 고수는 이런 실수를 하지 않으려고 그렇게 철저하게 분석하고 준비하며 고민하는 것이다.

『서비스 부문에서 말콤 브리지 상을 수상한 페덱스에는 '1:10:100의 법칙'이라는 것이 있다. 불량이 생길 경우 즉각적으로 고치는 데에는 1의 원가가 들지만, 책임소재나 문책 등의 이유로 이를 숨기고 그대로 기업의 문을 나서면 10의 원가가 들며, 이것이 고객 손에 들어가 클레임으로 되면 100의 원가가 든다는 법칙이다. 품질이 핵심 경쟁력이 되는 상황에서 설계 단계에서부터 불량을 제로화할 수 있도록 하는 것이 고객만족과 경쟁력 확보를 위한 최선의 방법이다.』

- 조영탁, 휴넷 대표 -

진정한 고수가 되려면 손절매를 잘해야

'경우에 따라 손절매를 해야 한다: 는 사실은 지금까지의 고수시리즈 화두 가운데 제일 마음을 무겁게 하는 것이다. 그러나 어쩌면 그중에서 제일 중요한 화두가 아닌가 한다.

주변을 둘러보면 선배처럼 '아니다 싶을 때' 재빨리 정리하고 새로운 투자처를 물색하는 기민함을 보인 분이 있는가 하면, 대조적으로 별다른 대안을 찾지 못해 안절부절못하는 선배도 있다.

필자는 증권사 근무시절에 주식의 고수를 숱하게 보아왔지만, 그중 진정한 고수는 손절매를 잘한다는 것을 피부로 느꼈다. 안된다 싶으면 즉각 손절매를 하고 다음 기회를 기약하는 발 빠른 전략을 구사하는 것이다. 냉혹하게 결단을 내려야 하는 그 순간의 아픔이야 어찌 말로 표현할 수 있겠는가?

그래도 그것이 최선의 대안이었음은 얼마 지나지 않아 입증이 되고 만다. IMF시절, 과감하게 손절매를 하지 못해서 낭패를 당한 사람이 얼마나 많았는가. 참으로 비정한 것이 투자의 세계이다. 결정한 순간 이미 돌이킬 수 없고, 오판의 대가가 너무 커서 원위치로 되돌리는 것이 쉽지 않기 때문이다.

고수는 웬만해서는 실수를 하지 않는다

고수도 어쩌다 실수를 하지만 그 횟수가 극히 적다. 웬만해서는 실수를 하지 않는다는 말이다. 물론 수많은 경험을 하며, 간혹 뼈아픈 실수도 있었겠지만 고수는 그 실수를 거울삼아 반성하고 분석하며 거듭 준비하여 다시는 동일한 실수를 반복하지 않는다는 것이다.

강남에 재건축 아파트를 소유한 고객 두 분이 있었다. 한 분은 전문가의 조언이라서 받아들인다면서 재건축 아파트를 적기에 팔고, 충남에 있는 농지를 매입하여 큰 수익을 냈다. 다른 한 분은 제 때에 팔지 못하고 지금까지 그대로 보유하고 있다가 다주택 보유자가 되어 세금 문제로 고심하고 있다.

지인 중 한 사람이 투자겸용으로 2년 전에 홍천에 전원주택지를 구입했다. 그 당시 판교택지개발지구의 보상금이 풀리면 그 여파로 주변의 지가가 상승할 것이라는 것을 예측하고 용인시 수지구 고기동 일대의 토지를 답사했지만 자금의 여력이 다소 부족하여 홍천에 있는 토지를 구입했던 것이다.

물론 홍천의 토지도 동서고속도로 개설과 관련하여 지가가 오르기는 하였지만 판교 부근의 지가 상승률에는 훨씬 미치지 못하여 아쉬워하

고 있다. 그는 그때 은행대출을 이용하고 다소 무리를 해서라도 용인 수
지의 고기동 토지를 선택했어야 했다고 자신의 경험이나 결단력 부족에
대하여 지금까지도 아쉬워하고 있다.

고수를 벤치마킹 하자

경매전문가의 조언

다음은 20여년의 중개업 경험 가운데 특히 경매 분야에서 탁월한 실력을 인정받고 있는 경매전문가인 J선배가 들려준 내용이다.

1. 자기만의 논리가 명확해야 한다

자기 논리가 없는 물건을 권유해서는 안 된다. 그 물건에 대해 자신이 먼저 좋은 물건이라는 확신이 들어서 다음과 같이 말할 수 있을 정도로 자신감이 있어야 한다.

"제가 보유한 50여개의 물건 중 가장 좋은 것을 소개해 드렸습니다. 불만이 있으면 언제든지 말씀하십시오. 물건이 마음에 안 드시면 제가 대신 사겠습니다."

좋은 물건은 결코 그렇게 될 확률이 거의 없다.

2. 직접 땅을 사고 팔아 보라

내가 직접 물건을 사봐야 주변 환경 파악에 집중하게 되고, 고객이 오면 그 지역에 자신 있게 초점을 맞추게 된다. 일단 물건이 좋으면 눈 딱 감고 사라. 일단 저질러라. 그렇게 하고나서 고민과 연구를 거듭하다 보면 최악의 경우 계약금을 잃어도 크게 가치 있는 소중한 경험을 하게 되는 것이다.

3. 선택과 집중을 하라

일단 자기 기준에 맞는 지역을 선택했으면 그곳을 수없이 다녀 보아야 한다. 때가 되면 현장에 가서 그곳 사람들과 같이 밥도 같이 먹고, 깊이 사귀라. 그러다 보면 어려운 일도 해결된다.

예를 들면, 맹지에 이르는 길을 확보할 수 있는 방법을 알려 주기도 하고 스스로 앞장서서 주선해 주기도 한다. 주의를 요하는 일이지만 더러는 관행적으로 이루어지고 있는 편법을 일러주기도 한다.

4. 고객은 자기 틀에 맞추어 접근한다

자기가 통이 크게 행동하면 그만큼 스케일이 큰 고객이 온다.

5. 자기관리를 철저히 하라

프로가 일 때문이라면 놀라도 한가하게 술을 마실 시간이 어니 있나? 부지런히 노력하라. 좋은 물건이 있으면 새벽이라도 달려가라.

6. 먼저 좋은 매물부터 확보하라

매수자 물색할 걱정은 말고 좋은 매물부터 확보하라. 물건이 좋으면 매수자를 찾기는 어렵지 않다.

7. 믿을 만한 현지 중개업자를 많이 확보하라

자기가 먼저 실력을 갖추고서 현지 부동산을 컨트롤하고, 믿을 수 있는 중개업자를 요소요소에 심어 두어라. 아파트는 감정가가 차이가 나봐야 5%정도지만, 토지는 5배까지 차이가 난다. 감정사가 평가한 가격도 천차만별이고, 예리하게 보면 저평가될 물건이 비일비재하다. 그들로부터 그런 좋은 물건을 소개받을 수도 있다.

8. 미쳐서 날뛰어야 한다

나는 20년간 앞서 말한 것처럼 했다. 모르는 길이 있으면 일부러 그 길로도 가본다. 안 된다고 바로 포기하지 않고 방법을 찾아보았다.

『"한남동 김우중 회장댁을 새벽 5시에 찾아갔습니다. '궁정동(중앙정보부)에서 왔다.'고 거짓말을 했더니 문을 열어주더군요."
그러나 신참내기 영업사원의 '진짜 명함'을 건네 받자마자 김 회장은 그의 뺨을 후려쳤다.
"결국 김 회장은 저를 집안으로 들어오게 해서 차(茶)를 주시고 사전 한 질을 사주셨죠. 나중에 대우그룹 회장실로 돈을 받으러 갔더니, '대우에서 일할 생각이 없느냐'는 권유도 받았습니다."』

- 박순욱, 조선일보, 2005.5.25 -

9. 경매물건 중 50%는 이해관계인이 사간다

활용도가 높고, 인근지역 활용 등에 유리한 땅은 관심을 접어라. 이런 땅은 필요에 의하여 이해관계인이 적극적으로 달려들기 때문이다.

10. 권리관계는 그다지 어렵지 않다, 겁먹지 말라

경험자에게 자문을 받거나 배운 지식을 토대로 권리관계를 몇 차례 분석해 보면 지레 겁을 먹고 돌아설 만큼 그렇게 어려운 것은 아니다.

매도 시나리오가 없으면 매수하지 않는다

대개의 부동산 사무실과 거래를 해보면, 대체로 추천하는 물건에 대한 장점을 나열하고, 주변지역보다 시세가 저렴하니 일단 사두면 돈이 될 것이니 매수하라고 권유한다. 말하자면 향후 시세의 흐름보다는 현재 상황을 중심으로 설명을 하는 것이다.

그러나 고수들은 미래의 시세흐름에 대해 나름대로의 플로우 차트(flow chart)를 그려보고, 어느 시기에 얼마를 받고 매도할 수 있을 것인지를 철저히 분석한 다음, 나름대로 확신이 서면 그때 비로소 매수를 검토한다. 아무리 가격이 싸다고 하더라도 매도에 대한 확신이 없으면 절대로 매수를 하지 않는다.

고수의 특성 가운데 타고난 감각도 물론 중요하지만, 많은 경험을 쌓은 것이 최대의 장점일 수 있다. 경륜이 있는 고수는 물건을 보는 눈이 예사롭지 않다. 고공에서 유유히 관망하다가 일순간에 낙하하여 먹이를 낚아채는 송골매 다운 감각이라고나 할까.

사무실에 앉아서 서류만 검토해 보아도 이미 절반 이상 그 물건에 대한 히스토리(History)를 읽어 낼 뿐 아니라, 그 물건을 확보하는 전략을 머릿속에 그리면서 현장으로 달려간다. 현장에 도착하여 물건을 보면 금방 돈이 될 물건인지, 아닌지를 판단한다.

그리고 그 물건을 당장 잡아야 활 것인지, 시일을 두고 김 빼기 작전을 구사해야 할 것인지를 판단한다. 당장 잡아 두어야 할 물건이라면 현장에서 몇 시간 안에 순식간에 처리해 버린다. 계약금 중도금 잔금 일시에 다 주고, 등기이전절차까지 일사불란하게 마무리한다. 필요한 경우에는 계약금 2배 변상까지도 감수한다.

고수는 순간적으로 그 물건은 그렇게 하지 않으면 확보하기가 쉽지 않다는 것을 보는 순간 이미 직감하는 것이다. 특히 토지는, 거래가 빈번하지 않고 가끔씩 거래가 이루어지는 지역인 경우, 주변 시세에 대한 정보가 없어져 급매물이 나오면 의외로 저가인 경우가 있다. 그런 기회를 고수는 절대로 놓치지 않는 것이다.

그리고 계약서상 잔금일이 한 달 이상 남아있더라도, 해약 가능성이 엿보이면 신속히 기일을 앞당겨 잔금처리를 해버린다. 고수는 눈과 귀를 항상 예민하게 열어 두고 있기에 기능한 일이다.

오늘 조간신문을 보니 잘못된 개발정보를 믿고 투자했다가 10년 이상 자금이 묶여 있는 사례가 비일비재 하다고 한다. '먼저 매도에 대한 시나리오를 그려보고, 매수에 대한 의사결정을 하라.' 이 말은 아무리 강조해도 지나치지 않은 말이요, 부동산 투자에 있어서 금과옥조(金科玉條)로 삼아야할 경구다.

'돈·정보·판단력' 삼박자를 갖춰라

어느 공인중개사의 실전사례다. 그에게는 유명환 변호사 고객이 한 분 있었다. 그분이 100억 정도의 자금으로 투자할 곳을 찾고 있었다. 그는 발 빠르게 움직여 서울 강서구에 60억 상당의 건물이 매우 저렴하게 나와 있는 것을 알게 됐다.

이미 2년 전 준공된 건물이고 장소는 40미터 대로변이며 건물 앞에는 버스 정류장이 있었다. 건물은 공실이 없고 절반은 병원으로 임대중이었다. 이만한 여건을 가진 건물은 쉽게 찾기 어려운데다 건물 주인이 자금 문제로 서둘러 매각하려는 상황이라 가격도 적당했다.

마치 보물이라도 발견한 듯 기쁘게 그 고객에게 연락을 취해 위치, 교통, 임차 관계 등을 자세하게 설명하는데 도중에 그가 전화를 끊어버리더라는 것이었다. 더 이상 물어볼 필요가 없다는 것이었다. 한번 가서 보시기나 하라고 종용했지만 단호히 거절했다고 한다.

고객의 그러한 행동이 서운했으며 이유를 알 수 없었다고 한다. 얼마 후에 그 고객은 용인에 있는 토지를 매입했다는 것이다. 그 후에 만나서 "지난번에 그 건물을 왜 선택하지 않았는가?" 질문을 했더니 그가 다음과 같이 대답하더란다.

"부동산 투자에 성공하려면 반드시 삼박자가 갖춰져야 한다. 돈, 정보, 판단력 이 가운데 하나라도 모자라면 투자는 성공하기 어렵다. 내판단으론 그곳에 있는 건물은 미래가치가 떨어지는 물건이라고 봤다.

'그래도 서울시 안에 있는 물건인데 용인 쪽 땅보다는 낮지 않겠느냐?'고 일반인들은 말할지 모르지만 전문 투자자는 그렇게 생각하지 않는다. 강북이나 강서 쪽으로는 절대 눈을 돌리지 않는다. 오히려 강남, 분당을 비롯해 용인, 화성, 평택, 천안 등 경부고속도로 라인으로 투자한다. 그곳이 미래가치가 확실하며 현재 모든 개발도 그곳 중심으로 이뤄지고 있지 않은가?"

그런 이유였단다. 그분은 전문투자자들의 투자성향을 알고 매입 때부터 매도할 준비를 한 사람이었던 것이다. 이미 절반의 성공을 거두면서 시작하는 것이다. 그분이 그때 구입한 용인 토지는 이미 40%이상 지가가 상승했고, 매수자도 있었으나 추가상승을 기대하며 당분간 팔지 않을 예정이라고 한다.

매월 받는 임대료가 연금보다 낮다

계속되는 경기침체로 연금 거출이 잘 안 되는 데다가, 명퇴자가 증가하고 고령사회에 진입하면서 수혜자는 늘어나고 연금 운용자들의 능력은 신뢰를 얻지 못하는 등 국민연금이 국민들로부터 외면을 당하고 있다.

국민연금을 믿지 못하고, 괜찮은 개인연금마저 들지 않고 있다면 과연 어떤 방법으로 노후를 준비해야 할까? 노후에 최소한 매월 200~250만원은 있어야 기본적인 품위유지를 할 수 있다고 하는데 그런 준비가 안 되어 있고, 국민연금을 믿지 못하겠다면 대안은 무엇일까?

필자는 월세를 받을 수 있는 부동산을 권하고 싶다. 그런데 문제는 말처럼 안정적인 월세를 보장해주는 물건 잡기가 그리 쉽지 않다는 점이다. 경기침체로 월세를 제대로 내지 못하는 세입자가 늘어나고 있고, 기간 만료 시 새로운 세입자가 들어올 때까지의 공실(空室) 비용이 만만치 않다. 역세권이나 인구 밀집지역의 안정적인 월세 상가나, 임대 주택을 잡으려면 일반경기, 금리, 부동산시장전망, 상권분석은 물론, 업종별 전망, 임차인 성향까지 꼼꼼히 짚어 보아야 한다.

최근 인터넷이나 출판계에 '10억원 벌기' 열기가 대단하다. 10억원은 퇴직 후 어느 정도 안정된 생활을 할 수 있는 기준이 되는 금액으로 보이기 때문이다. 10억원 이상의 돈으로 직접 영업하는 경우와 임대수익을 노려 상가에 투자해 성공한 각각의 경우를 살펴보자.

서울 신림동에 사는 김모씨(60세)는 20여년간 작은 출판사를 운영하며 제법 큰 돈을 벌었다. 40대 초반에 50평형대 아파트도 마련했으며 자식들이 출가한 후 출판사 경영도 그만둘 생각이었다. 김씨가 일을 그만두기에 앞서 관심을 가졌던 것은 임대사업용 건물을 매입하는 것이었다. 얼마 후 그는 운영하던 출판사를 순조롭게 정리하였다. 그런데 마땅한 수익형 부동산으로 무엇을 살 것인지 결심이 서지 않았다.

단지내 상가와 대로변 상가, 다세대 주택 등 여러 가지를 물색했다. 그러던 중 김씨에게 매입 권유가 들어온 것은 서울의 대로변에 위치한 중형급 건물과 경기도 부천의 한 대형 쇼핑센터의 1층 점포였다. 김씨가 의뢰했던 중개업소에서는 중형급 건물을 매입해야 나중에 되팔 때 매수자도 쉽게 나타나고 시세차익도 얻을 수 있다고 설명했다.

하지만 김씨는 결국 대형 상가 1층의 점포를 매입하기로 했다. 상가의 위치는 수도권 신도시에 있는 대형 쇼핑센터 내의 1층 58평형으로 예전에 패스트푸드점으로 이용되던 곳이었다. 김씨는 쇼핑센터 내의 상가는 활용하기에 따라 얼마든지 수익을 높일 수 있을 것으로 판단했다. 만약 임대가 쉽지 않다면 직접 직원을 두고 상가를 운영하는 것도 괜찮을 것으로 생각했다.

김씨가 매입한 상가가 있는 건물은 12층짜리로서 위층에는 수영장과 영화관까지 갖춘 복합 상가였다. 새로 개발 중인 택지 개발지구 내에 위치해 주변에는 대단위 아파트들이 속속 들어서고 있었다. 아직 상권이 자리잡지 않은 상태여서 어떤 업종을 선택하느냐에 따라 젊은층 유동인구 확보도 쉬울 것으로 판단했다. 상가 매입비용은 15억원, 김씨는 결국 직접 운영할 수 있는 패스트푸드점을 열었다. 한 달 평균 매출액이 1억 1천만원 가량이다.

직접 영업하지 않고 임대수익만 노릴 수 있는 부동산 상품도 있다. 증권회사 지점장 출신인 이모씨(50)는 용인시 수지 택지개발지구 내 아파트의 단지내 상가를 분양 받았다. 배후 가구가 1천 800가구나 되는 대단지의 8층에 위치한 200평짜리 점포로 평당 600만원에 분양 받았다. 그 당시 서울 강북의 한 상가를 두고 저울질하고 있었으나 장래 발전 가능성으로 보아 택지지구 내 상가가 유리하다고 판단했다. 이씨는 200평을 식당과 한의원, 치과의원으로 나눠 임대해 세 점포로부터 보증금 2억원, 월 2천 100만원의 수익을 얻고 있다. 연 수익으로 따지자면 수익률이 20%가 넘는 셈이다.

10억~20억원 가량의 자금능력이 있는 사람은 대개 단독 건물에 투자하는 성향이 있다. 수익이 특별히 높다기보다 관리하기 쉽고 되팔기도 쉽기 때문이다. 하지만 외관이 번듯하다고 임대수익률이 높은 것만은 아니다. 반면에 발전 가능성이 있는 지역의 상가를 매입하면 이보다 훨씬 높은 수익을 얻을 수 있다. 서울에 거주하더라도 수도권에서 개발이 한창 진행 중인 상가를 매입하면 서울 상가보다 의외로 높은 수익을 얻을 수도 있다.

우리 사회에서의 부동산 투자는 연령에 따라 어느 정도 유형이 정해져 있는 듯하다. 직장 생활을 시작한 20대 말에는 주택청약저축에 가입하고 매월 일정액의 적금을 든다. 30대 말~40대 초에는 30평대 아파트를 장만했다가 40대 말이면 평형을 넓혀 이사를 간다.

50대에는 퇴직 후 어떻게 생활할 것인지 고민하며 임대수익을 얻을 수 있는 부동산 상품을 살펴본다. 주위에 임대료를 많이 받는 사람을 보면 부러움이 앞설 것이지만, 실은 이런 보이지 않는 노력이 전제되었다는 것을 알아야 한다. '세상에 공짜는 없다!' 만고의 진리다.

잘 나가는 여성공인중개사들의 성공담

믿음이 있기에 모든 걸 맡깁니다

일전에, 제가 빅5로 여기며 관리하고 있는 고객으로부터 김해의 토지 시장 동향을 알아보고 좋은 매물이 있다면 구입하겠다는 의뢰를 받았을 때, 지난 해 LBA부동산교육 세미나에서 옆자리에 앉으셨던 부산의 Y선 배가 제일 먼저 떠올랐습니다. 마치 늘 공동중개를 성사시켜 오던 거래 처에 전화를 하듯이 제가 의뢰받은 내용을 모두 그 선배에게 전달하였 습니다.

제게는 워낙 중요한 고객이었기에 처음엔 부산까지 동행해 드릴까 했습니다만 스케줄이 맞지 않았던 것입니다. 고객 부부는 김해에서 가 까운 구포역에서 Y선배와 만나 김해지역에 능통한 다른 부동산 소장님 과 함께 한나절 동안 현장답사를 하였습니다.

얼마나 성의껏 브리핑을 해 드렸는지 서울로 돌아오신 고객의 칭찬 이 입에 침이 마를 정도였습니다. 사람의 진심은 통하게 마련인가 봅니 다. 연세가 60대 후반이라 부동산 투자 경험이 많으시어 처음 보는 중개업자의 진실성을 제대로 간파하시거든요.

소중한 고객으로부터 이런 칭찬을 들으니 제 자신이 직접 한 일처럼 기뻤고, 그 선배가 참으로 고마웠습니다. 모든 공동중개가 이렇게 즐겁게 이루어지면 얼마나 좋을까'라는 생각을 해봅니다.

사실 이 분들이 저를 믿고 맡기게 되기까지는 많은 노력이 있었습니다. 다복하고 화목한 집안이지만 연세가 드셨기에 나름대로 소외감을 느끼시기 때문에 희귀한 과일(남쪽에서만 재배 가능한 무화과 등)을 사 드리기도 하고, 두어 달에 한 번씩 양평, 홍천, 원주 등 현장답사 중에 알게 된 토속음식점으로 바람도 쏘여 드릴 겸 모시고 나갑니다. 모시고 오가는 차 속에서 잡담도 하고 넋두리도 들어 드립니다.

그 과정 속에서 저 역시 막내며느리나 큰딸처럼 교류하면서 아이들 키우고 곱게 나이 들어가는 지혜를 많이 배웁니다. 그분은 "이렇게 근무시간을 빼앗아 어떻게 하느냐?"고 매번 걱정을 하시지만 어느 결엔지 가까운 친척처럼 느껴지는 그분을 닮고 싶은 마음이 우러납니다.

부동산에 관해서 뿐만이 아니고 자산관리사로서 믿음직하게 자리잡고 싶어서 LBA부동산법률중개사 공부를 시작했다고 말씀드렸더니 얼마나 대견해하시고 격려해 주시는지 모릅니다. 백화점에 들러 명품 가방도 사서 선물하고 청국장을 사다 드리기도 하는 등 정말 이모나 고모님께 하듯이 우러나서 하게 됩니다.

그것이 1%이든 30%이든 이제 그분과의 관계는 영원하리라 확신합니다. 심지어 "나는 자네가 콩으로 메주를 쑨다고 해도 믿을 거야."라고 하십니다. 저는 고객을 현혹하는 일은 절대 하지 않을 겁니다. 귀중한 시간을 쪼개어 고객에게 다가가면 진심을 보게 되는 것 같습니다.

그분과의 첫 거래는 제가 입점해 있는 큰 건물의 상가였습니다. 매매와 함께 은행을 임차인으로 맞추고 수익률 12%를 달성했습니다, 운이 좋은 분이셨어요, 그 일이 진행되고 있을 때 사모님이, 제가 열심히 한다며 자기 친구 분을 소개해 주겠다고 하셨지요.

"사모님, 서울대학에 틀림없이 합격시켜 줄 족집게 과외선생님은 쉽사리 다른 사람에게 소개 하시는 거 아닙니다. 우선 사모님 일부터 성사시키고 난 후에 천천히 소개 받겠습니다. 제 능력의 대부분을 사모님의 일에 집중하고 싶습니다."

이렇게 말씀드렸는데도 결국 그분으로부터 한 분을 소개받았고 좋은 일이 있었습니다. 고객이 소개해 주시는 또 다른 고객과의 거래는 성사율이 거의 90% 이상입니다. 소개해준 분에게서 들은 새 고객에 대한 사전지식과 저에 대해 이미 50%이상의 신뢰를 가지고 오시는 새 고객님의 마음이 어우러져 빚어낸 결과라고 생각됩니다.

- 애독자 J공인중개사의 사연 중에서 -

그렇다! 이렇게 믿음이 있으니 아무리 소중한 고객인들 믿고 맡기지 못하겠는가? 이렇게 믿음이 있으면 공동중개가 얼마나 즐겁고 재미나겠는가? 믿고 맡길 사람이 있는데 아무리 먼 곳 인들 무슨 걱정이 있으랴! 믿고 맡길 사람 있는 그대, 그대는 정녕 행복한 사람이다.

봉사는 이기심의 발로(發露)

『봉사는 자기의 행복을 추구하는 최선의 행위이다. 상부상조하는 것이 이 세상의 원리다. 이웃과 친구에게 봉사하면 바로 되돌려 받는다. 특히 정신적 베품, 말 한 마디라도 따뜻하게 해주는 말 보시가 가져오는 행복은 이루 말할 수 없이 크다.』

- 김경섭, 한국리더십센터 대표 -

여성 공인중개사의 '성공학'

부동산중개 시장에 여풍(女風)이 강하게 불고 있다. 한국공인중개사협회의 조사에 따르면 2006년 상반기 현재 전체 중개업자(7만 8.448명) 중 여성의 비중이 29.5%이다. 특히 20~30대에선 여성 중개사가 절반(60.8%)을 넘었다.

부동산 관련 학원 강의장에는 직장 여성이나 주부들이 많이 눈에 띈다. 주부 공인중개사로 매달 1.000만원에 가까운 수입을 올리고 있는 서울 잠실동 K씨가 내세우는 '여성 중개사의 성공학' 포인트를 짚어보자.

1. 여성에게 유리한 직업

미국은 유명 공인중개사 중 여성이 적지 않다. 부동산중개업은 꼼꼼하고 섬세한 여성들에게 적합한 직업이다. 특히 아파트 등 수거용 거래를 할 때 여성의 강점을 잘 발휘할 수 있다. 대개 집에는 주부나 어린이들이 있기 때문에 고객과 함께 매물을 둘러볼 때 협조를 잘 구할 수 있다.

또 집을 고르는 데 주부의 입김이 세게 작용하기 때문에 계약을 할 때 서로 말이 잘 통할 수 있다. 부동산 시장의 변화도 남자보다는 여성이 더 빨리 알아채는 센스가 있다. 남성과는 다르게 여성 공인중개사라고 하면 전문직으로 인식해 주는 분위기가 있어 여성 중개사에 대한 인식이 좋다.

2. 섣부른 창업은 금물

처음 자격증을 딴 뒤 1년 정도는 경험도 쌓을 겸해서 타인의 부동산 중개업소에서 일을 해보는 것이 좋다. 부동산중개는 기법이 다양하기 때문에 실무 경험 없이 곧장 뛰어드는 것은 무모할 정도로 위험부담이 크다.

중개사무실을 내기 전에 제대로 된 중개업소를 골라 중개 기법을 익혀야 한다. 일단 위치가 좋은 부동산을 택해야 하며 면접을 볼 때 역으로 사장을 평가해보라. "당장 출근하라"고 흔쾌히 받아들이는 곳보다는 이것저것 조건을 따지는 곳이 견실한 업소라고 할 수 있다.

3. 시대의 흐름을 읽어라

처음 자기 부동산중개업소를 낼 때 기존 유명 프랜차이즈의 브랜드로 시작하는 것도 좋은 방법이다. 인맥이 구축되지 않아 고객 인지도를 높이기 위해선 유명 브랜드의 도움이 필요하다. 지역을 옮겨 다닐 때는 그 지역에 맞는 프랜차이즈를 택하는 것이 유리할 수도 있다.

요즘은 온라인 쪽에 각별한 신경을 써야 한다. 인터넷에서 부동산 매물을 검색해 찾아오는 사람이 많기 때문이다. 부동산 관련 포털에 배너 광고를 하고 매물 정보를 적극적으로 올려야 한다. 이제 동네 어르신들이 모여 장기 두던 '복덕방'은 없어졌다 변화무쌍한 시장인 만큼 발 빠르게 움직여야만 살아남는다.

4. 실적으로 말하는 직업

여자여서 어려움을 겪는 경우도 많다. '여자 사장 밑에서 일하기 싫다'며 떠나는 남자 직원도 있다. 심지어 여자 직원조차도 여자 상사를 무시하기도 한다. 이런 것을 극복하려면 실력을 키우는 것뿐이다. 탄탄한 인맥과 월등한 중개실적으로 실력을 보이면 누구나 따라올 수밖에 없다.

이를 위해서는 여러 사람을 만나 인맥을 키우는 한편 시청 민원상담실, 소비자보호원 등에서 임대자 관련 상담 같은 봉사활동을 꾸준히 하는 것이 도움이 된다. 이렇게 인연을 맺어 두면 고객이 되어 다시 찾아온다. 기왕 이 일에 뛰어들 생각이라면 일찍 시작하는 게 좋다. 어느 분야보다 '경험이 자산'인 직업이기 때문이다. 중개 업무를 하면서 방송통신대, 사이버대학 등에서 법학, 경제학 공부를 하면 이론 무장에 도움이 된다.

다시 요약하면 ① 여러 단체, 모임에 다니며 인맥을 넓혀라 ② 변화하는 트렌드에 발 빠르게 대처하라 ③ 부동산 포털이나 카페 등 인터넷을 적극 활용하라 ④ '노후대비용'이란 안이한 생각을 버리고 적극적으로 일하라 ⑤ 주부들에게 필요한 부동산 정보를 많이 수집해 두라 ⑥ 봉사활동도 많이 해 좋은 인상을 남기라 ⑦ 법학, 경제학 등 전문지식을 쌓는 데도 게을리하지 말라 ⑧ 1년 정도는 업소에서 현장경험을 쌓으라 ⑨ 경험을 쌓으려면 잘 되는 업소에서 배우라 ⑩ 가능한 빨리 시작하라. 중개 노하우는 하루아침에 만들어지지 않는다.

- 2006. 4. 13일자 중앙일보 기사를 중심으로 -

열정(熱情) 하나면 빙산도 녹인다

다음카페에 '이천 여주이야기(회원수 1,600여명)'를 운영하는 여성 공인중개사 한 분이 있다. 필자의 출판기념회에서 처음 만났는데, 그날 본인의 졸저를 구입한 후 매일 한 칼럼씩 카페에 올리고 있다. 매일 매일의 정성도 지극하지만 글마다 80여명의 회원이 열심히 탐독하며 연구하는 모습을 보니 저자로서 고맙기 그지없다.

참여하는 회원들의 자세도 매우 진지하여 글 하나하나를 음미하고 해석하며 자신의 것으로 만들기 위해 노력하는 모습이 역력하여, 무엇인가 도와주어야겠다는 마음이 저절로 우러나오게 한다.

지성이면 감천이라고 했던가! 현재는 신림동에서 부동산중개업을 하면서, 이천 여주 땅을 적잖이 거래 시키고 있는 모양이다. 요즘 부동산 업계를 둘러보면 모두 '불황'이라고 아우성을 치고 있는 마당에 참으로 귀감이 되는 분이다.

그날 또 다른 여성 동업자로부터 참으로 귀한 경험담을 들었다. 김포에서 토지와 공장 중개를 하고 있는 그분은 중개업을 시작한지 1년 남짓 되었단다. 공인중개사 자격증을 획득하고 나서 김포시 양촌면, KBS

드라마 〈대추나무 사랑 걸렸네〉 촬영지 인근지역에 무조건 사무실을 열었다고 한다.

중개업에 대한 경력이 없는 데다가, 중개업 중에서도 제일 어렵다는 분야인 공장 중개와 토지시장에서 첫 출발을 하였다. 그것도 외지인에게 너무나 배타적인 농촌지역에서 여자의 몸으로 그런 일을 한다는 것이 여간 어렵지 않아 울기도 참으로 많이 울었다고 한다.

작고 영세한 공장들을 찾아가면 다방아가씨 취급을 하지를 않나, '젊은 여자가 땅을 알면 얼마나 아느냐'며 비아냥거리기가 일쑤였다. 냉소의 눈초리 때문에 처음엔 공장 안으로 들어가기가 무서워 정문을 맴돌다가 그냥 돌아선 것도 비일비재.

그러나 여기서 좌절할 수는 없는 일. 인터넷을 뒤져 김포에 대한 자료를 모두 간추리고, 시청과 국토연구원을 방문하여 필요한 자료를 구하여 마케팅 자료를 만들었다. 한 달에 최소한 두 권 이상의 부동산 관련 서적을 읽고 - 필자의 졸저도 밤 새워 하루 만에 독파했단다.- 김포 관내의 행정지역명과 면적 등 자료를 정리하여 1시간 거리인 인천에 있는 집을 오가며 외우고 또 외웠다. LBA부동산법률중개사 과정에도 등록하여 시간과 노력을 투자하였다.

시간이 어느 정도 지나자 그녀의 성실하고 열정적인 모습이 서서히 진가를 드러내며 주변상황이 점진적으로 바뀌기 시작했다. 그 동안 기울인 노력과 재능교육 강사였던 경험을 살려 대한공인중개사협회 사전교육코스의 '중개실무' 강의를 과감하게 맡게 되었다.

열심히 연구한 통계 및 지리자료를 사무실 지도에 세심하게 표시해 두었더니 그것을 보기 위해 이제는 이웃 중개업소에서도 찾아오고, 냉

대하던 공장 사람들도 자진하여 물건 의뢰를 하게 되었으며, 부동산 교육을 함께 받았던 업계동료들도 지역탐방을 많이 오는데, 그녀의 멋들어진 브리핑에 모두 감탄한단다.

이 경험담을 듣는 순칸, 필자에게 떠오르는 단어는 오직 하나! 열정, 열정뿐이었다. 이제 그녀에게 누가 감히 하수라고 하겠는가! 그녀 앞에서 누가 감히 고수라고 으스대는가! 건장한 남자들도 불황이라고 어깨를 늘어뜨리고 있는 판국에 '열정' 하나로 희망을 열어가며 도전과 창의력으로 미래를 설계하는 그녀를 누가 감히 초보라고 얕보겠는가.

열정을 가지고 일에 몰두하시는 위의 두 분을 떠올려 보면 나도 모르게 입가에 미소가 번지고 어느 덧 내 손에도 힘이 주어진다. 그렇다, 열정 하나면 빙산도 녹인다.

우리 집이 모델하우스다

광명에서 부동산 사무실을 열심히 잘 운영하고 있는 고수급 H여선배님의 이야기다. 같이 등산을 하면서 이런 저런 얘기를 나누다 보니 좋은 얘기를 많이 들을 수 있었다.

계약을 마치고 나서 고객에게 제공하는 각종 서류를 넣어주는 서비스파일을 직접 도안하기도 하고, 표지의 명함 꽂이가 하나인 것을 개선하여 일부는 두 개를 만들어 공동 중개하는 부동산과 같이 명함을 끼울 수 있도록 제작하면 좋겠다는 아이디어를 제시하기도 했다.

또 고객에게 신뢰를 주기 위해서는 우선 복장부터 단정하게 잘 갖추어 입는 것이 매우 중요하기 때문에 유니폼을 직접 도안하고 제작을 의뢰하여 실장과 같이 입었더니 고객들의 반응이 상당히 좋다는 얘기도 들려주었다.

부동산 중개업을 시작하면서부터 계속 자부심을 가지고 충실히 일을 했기에 매사에 최선을 다하고 흐트러짐 없이 사무실을 꾸려올 수 있었다고 한다. 그렇다고 해서 가정 일을 소홀히 하는 일은 절대 없다고 한다. 아침에 일찍 일어나 하루 동안 가족들이 식사할 것도 충분히 준비해 두고, 집안은 빈틈없이 깨끗이 정리하고 출근한단다.

요즘은 맞벌이 부부나 독신가정이 많기 때문에 매매나 전세고객에게 집을 보여주는 것이 여간 신경 쓰이는 일이 아니다. 약속잡기가 쉽지 않고 우물쭈물하다가는 다른 부동산에 손님을 뺏기기 십상이다. 다행히 집을 보여주게 되더라도 방문해보면 집안이 너무 지저분해서 고객에게 민망한 경우가 한두 번이 아니었다고 한다.

그래서 가끔 본인이 살고 있는 집을 대신 보여주기도 하는데 정리 정돈이 잘 되어있고 화초도 잘 가꾸어진 상태여서 고객들의 반응이 의외로 좋았다고 한다. 보고 싶을 때 언제든지 볼 수 있고, 깨끗하고 정리된 환경에 고객들의 기분이 고무되어, 보다 쉽게 계약서를 쓰게 되더라고 한다. 그래서 고객이 오면 언제든지 '우리 집이 모델하우스'라고 자신 있게 얘기를 꺼낸다고 한다.

사실 부동산사무실을 운영하면서 그것도 고수급에 들 정도로 열심히 하면서 집안일을 잘 꾸려 나간다는 것이 쉽고 쉬운 일이 아니다. 거기에다 "부자는 죽을 때 불행해 보이더라."며 열심히 번 돈을 이웃과 나누는 일에도 앞장선다고 하니 H선배님이 또 달리 보였다. 일에 당당하게 집중하고 넉넉히 베풀 줄 아는 아름다운 마음을 지닌 그녀는 전정 고수의 조건을 지녔다.

고수는 (을)이 아니라 (갑)이다

분당의 모 부동산사무실의 C실장 이야기이다.

그녀는 일산에서 5년 정도의 경험을 한 후 분당으로 왔는데, 실장으로 근무를 시작하고 나서 3일이 지나면서부터 계약서를 쓰기 시작했다고 한다. 일단 고객이 그녀와 연결이 되면 절대로 놓치지 않으며, 매수자를 철저하게 그리고 여유 있게 리드하는 것이 그녀의 강점이란다.

일단 고객이 오면 간단히 지역 분석을 해주고 임장활동이 시작되는데, 밖에 나가서도 사무실에 있는 사장이 조사하여 알려주는 물건을 찾아 고객이 만족할 때까지 하루 종일이라도 고객을 모시고 다니며 열심히 설명을 해준다고 한다. 다른 부동산사무실에 갈 틈을 주지 않고, 자신감과 여유를 가지고, 자세하고 친절하게 설명을 해주니 고객이 미안해서라도 한눈을 팔지 못한단다.

고수의 시야를 빌려 관찰해 보니, 그녀의 성공 포인트는 자기가 계약 관계에서의 (을)이 아니고 법률적으로 우월한 지위에 있는 (갑)처럼 자신감과 여유를 가지고 매수자를 리드하여 클로징에 이르게 하는데 있었던 것이다.

오늘도 매수자 명단을 들고 열심히 전화하면서 고객관리를 하고, 계약 성사율을 높이는 적극적이고 자신감 있게 일하는 그녀가 단시일에 사무실의 보배가 된 것은 어쩌면 당연한 일인지도 모른다.

고수가 특히 강조하는 마케팅 비결은 고객에게 최선의 서비스를 제공하되, 그 흐름에 있어서는 (을)이 되지 말고 (갑)의 입장에서 고객을 리드하라는 것이다. 내재가치가 있고, 매수하면 오를 가능성이 충분하며, 내가 확신하는데 무엇이 두려워 고객에게 추천하지 못하고 우물쭈물하며 저자세가 된단 말인가!

강한 자신감을 가지고 고객을 리드해야 한다. 그렇지 않으면 늘 2등 밖에 못한다. (을)의 입장이 되어 고객에게 끌려 다니다 보면 들러리 밖에 안 된다. 부동산중개업자 열명이 있으면 일곱명은 들러리고, 두 명은 어느 정도 현상유지를 하며 나머지 한 명이 많은 돈을 번다고 한다. 그 한 명 안에 드는 비결은 무엇일까?

"C실장처럼 (갑)이 되어 고객을 리드해보라."

고수의 강조 포인트다. 하수는 기꺼이 따를 수밖에.

꿈을 간직한 자에겐 힘겨움이 없다

어릴 적 황소의 꿈

안양에 가면 한 달에 아파트 계약만 30~40건을 성사시키는 그야말로 중개의 달인이 있다하여 그 사무실을 직접 방문해 보았다. 40대 후반의 유달리 눈빛이 빛나는 그 중개사의 첫 인상은 매우 적극적이고 날렵한 모습이었다. 무슨 일을 하든지 아주 열심히 할 것 같았고, 한번 본 먹이는 절대 놓치지 않는 하이에나의 근성도 있을 법했다.

과연 그랬다. 고객이 줄을 서서 순번을 기다려야 할 만큼 그의 사무실은 분주했기에, 얼굴이라도 한번 보려고 찾아간 사람이 미안하여 인사만 하고 되돌아 나와야 할 정도였다. 한번 찾아온 고객은 절대 놓치지 않는다는 그는 이렇게 말한다.

"절대로 고객에게 빈틈을 주지 말라. 그러기 위해서는 좋은 물건을 많이 확보하고 있어야 한다. 인터넷 정보망이란 정보망은 다 가입하여 활용하라(현재 7개 부동산 포털 사이트에 가입 중). 도대체 불경기가 무슨 말인가? 열심히 노력하여 일거리를 만들라. 앉아서 손님이 찾아오기만을 기다리니 파리를 날릴 수밖에 없지 않는가?"

사무실의 가구배치는 보통의 중개사무실과 달리 마치 은행창구처럼 책상을 길게 늘여 놓고 고객에게 대기 순번을 주어 책상 건너편에 은행원처럼 마주 앉아서 대화를 한다. 세상에! 이런 부동산중개업자가 전국 어디에 있겠는가.

그는 이렇게 일로 명성이 나 있지만 일만 아는 그런 멋없는 사람은 결코 아니다. 술자리에서는 남보다 먼저 술값을 내고, 도움이 되는 정보를 자세히 설명해 주는 여유로움도 지니고 있다.

형편이 어렵던 어린시절에 청운의 꿈을 안고 고향을 떠나올 때의 꿈, 튼실한 황소 한 마리 앞세우고 귀향하는 꿈, 그 꿈을 키우며 그는 앞만 보고 달려왔다는 것이다. 남들이 놀고 쉬는 시간에 더 열심히 일을 하였고 남들이 무관심할 때 미리 관심을 가지고 주경야독 하여 1회 공인중개사 시험에 합격했다는 자부심도 가지고 있다.

"나는 일거리가 없다, 한가하다, 불경기다.'라는 말이 도대체 무슨 말인지 모르겠다. A급 임지가 아닌 것이 무슨 문제인가. 고객이든 이웃 중개입소든 열심히 전화하고 부딪쳐서 물건과 고객을 확보하라. 일단 연결된 고객에게는 순발력 있고 타이트하게, 빈틈을 보이지 말고 성실하게 안내하고, 브리핑하라."

이렇게 열변을 토하는 사이에도 그는 확보한 물건의 자료와 사진 등을 컴퓨터로 정리하여 온라인 정보망에 올리느라 눈과 손은 쉴 틈이 없다. 계약을 할 때는 핸드폰마저 꺼버리게 한 다음 집중해서 일사천리로 계약을 마친다. 계약 체결 후에는 '축하 케이크와 맛있는 치킨' 배달로 고객을 즐겁게 해 드리기도 한단다.

그러기를 5년여 세월이 흘렀다. 그동안 쌓인 경륜과 불도저 같은 적극적 마인드가 몸에 배어 있기 때문인지 그저 바라보기만 해도 신뢰의 향기가 물씬 풍긴다. 그런 성실성에 후한 평가를 하지 않을 사람이 어디 있겠는가! 꼭 성사시키고 싶은 물건을 어찌 다른 이에게 주겠는가!

지금까지 한눈팔지 않고 아파트 거래 하나에만 전력하여 쌓아온 명성, 남들은 큰 건수 하나에 투자하여 목돈을 쥐어야지 그런 작은 일에만 매달리느냐고 폄하할지도 모르지만 후회는 없다고 한다.

그는 앞으로 믿을 만한 직원에게 사무실을 맡기고 토지, 상가, 경매 분야로 시야를 넓혀볼 포부를 가지고 있다. 그 바쁜 와중에도, 언젠가는 5~6시간 정도로 시간을 넉넉히 내어, 중개실무 세미나를 열어서 그야말로 피가 되고 살이 되는 이야기를, 뜻을 같이하는 이들에게 진솔하게 들려주고도 싶단다.

그리고 정든 고향을 떠나온 이래 부동산에서 발견한 희망과 꿈, 그 꿈을 이루기 위해 남모르게 노력했던 과정을 한 권의 책에 담아 보기를 원하고 있다. 그는 이미 얼룩빼기 황소를 앞세워 귀향하고 싶었던 어릴 적 꿈을 이루었지만 업계에서 더욱 우뚝 서고 싶은 또 다른 꿈에 도전하고 있다.

"인간은 꿈과 희망을 먹고 사는 동물이라고 한다. 꿈과 희망은 오직 인간만이 가지고 있는 '보다 나음'을 바라는 특권이다. 이 특권을 초월하는 것은 아무것도 없다. 꿈과 희망이 없는 사람에게는 내일도 없다. 내일은 '내일이 있다고 믿는 사람'에게만 있다."

- 백영훈, 한국산업개발연구원장 -

월화수목금금금……

몇 해전 정월 초하룻날에 임장활동을 다녀온 적이 있다. 자산관리의 주요 고객인 S그룹 임원들에게 있어서 시간은 그야말로 황금이다. 그들이 업무 외의 시간을 내기는 매우 어려운 일이다.

등기된 임원들은 수십 억원의 연봉을 받는다. 일반 임원들의 급여도 상당한 수준이다. 일반직원의 3배 수준에서 최근엔 10배 수준으로 올랐다고 한다. 확실하게 대우를 해주고 철저하게 일을 시킨다고나 할까. 그들은 열심히 일을 하다 보면 어느새 성과급이라는 명목으로 적지 않은 목돈도 손에 쥐게 된다.

하지만 그들은 그 돈을 직접 관리할 시간이 없다. 그러다 보니 자연히 전문가의 도움을 필요로 한다. 비슷한 사유로 의사나 외국기업 임원들도 그런 필요를 많이 느끼는 부류로서 자산관리의 주요 목표고객(target customer)이 되는 그룹이다.

그들은 '일'에 있어서는 최고의 고수로 꼽힌다. 그들이 가진 경력의 값어치는 천정부지다. 마치 그들만 데려오면 모든 것이 해결될 것처럼 기업이 서로 데려가려고 안달이다. 왜 그럴까? 물론 일을 잘하는 방법을 과학적이고 체계적으로 잘 배웠겠지만, 열심히 일해서 살아남는 습성이 몸에 배인 그들에게 높은 점수를 주는 것이 아닐까.

  그들에게 주말이란 무의미하다. 그래서 그들의 일주일은 '월화수목금금금' 이란다. 언제 어떤 상황이 벌어져 호출이 떨어질지 알 수 없기 때문이다. 어떤 임원은 일년에 쉬어 본 날을 손꼽을 수 있다고 한다.

  어떤 부동산중개업 고수는 몇 주일째 주말에도 임장을 하다 보니 입술이 다 터졌다. 고객이 원하는데 일요일이 무슨 소용이냐고 한다. 고객이 있고서야 내가 있지 않느냐고, 그분은 경매 고수인데 최근에 경매장에 가보고 깜짝 놀랐다고 한다.

  몰려든 인파도 많았지만, 좋은 물건을 잡기 위한 열기도 대단했으며. 낙찰가격도 시세를 넘어서는 것도 있어 이제는 수익을 낼 수 있는 '한 건'을 한다는 것이 정말 어렵다는 것을 실감했다고 한다.

  LG전자는 그룹총수도 '독종경영'이라는 기치를 내걸고 발에 불이 나도록 혹독하게 밀어붙이고 있다고 한다. 지금의 상황을 위기로 규정하고 죽자고 뛰어야 한다며 자발적으로 남들이 쉬는 토요일에 출근하는 사람이 많다고 한다. 남들보다 더 일하고, 더 노력해야 운도 따르지 않겠느냐고 하면서 말이다:

  지금 한국 기업은 물론 사회 전체는 주5일제로 '월화수목금일일' 체제로 들어서 있다. 삶의 질을 위해서는 어쩔 수 없다고 한다. 하지만 LG전자 직원들처럼 "월화수목금금일"을 사는 사람들에게 박수를 보내고 싶다.

  지붕 서까래가 다 썩어 문드러지는데 휴일타령이나 하고 있다면 그

집은 곧 무너져 내리고 말 것은 자명한 일. 쉴 것 다 쉬고 언제 살아남겠는가. 남들처럼 해가지고서야 어찌 고수의 반열에 올라서겠는가.

물론 무조건 일요일을 반납하라는 뜻은 아니다. 상황판단을 잘 하는 것이다. 역경(逆境)에서는 밤샘이라도 마다하지 말아야 할 것이며, 일이 있으면 밤중이라도 달려 나오는 적극적인 마음의 자세가 필요하다는 것이다. 같이 일하는 파트너를 구할 때, 이런 적극적 자세가 있는지에 여부가 중요한 잣대가 될 수 있다.

고수의 꿈, 더 높이 더 멀리 날기 위한 갈매기의 꿈처럼, 꿈을 간직한 자에겐 힘겨움이 없고, 내공 쌓기 전선엔 밤낮이 없다.

따뜻한 카리스마가 넘치는 명품 고수

커다란 의욕과 꿈을 가지고 새로 시작한 사무실이 파행의 길을 걷다가 풍비박산(風飛雹散)으로 종결되는 것을 지켜보노라면 실로 마음이 아프다. 그 사무실을 이끌어가는 리더가 철학과 비전도 없이 상황과 상대에 맞게 적절하게 리더십을 발휘하지 못한 결과가 아닌가 한다.

야구경기에서 투수의 비중이 80%가 넘듯이 리더의 역할에 문제가 있는 경우가 많다. 리더십 없이 이끌어 가기에는 요즘 구성원들이 너무 똑똑하다. 크든 작든 한 사무실을 이끌어 가는 수장(首長)의 입장에선 본인의 의사와 무관하게 리더십이라는 항목은 필수항목으로 갖추고 있어야 한다.

그것이 어떤 형태로 발현되든 간에, 그 유형에 따라 사무실의 성과는 판이하게 달라진다고 볼 수 있다. 리더십이 발현되는 과정에서 주변 문화가 변화하게 되고 구성원들의 행복지수도 마이너스 무한대에서 플러스 무한대까지로 그 편차가 크다.

성공하는 리더는 어떤 유형일까?

소리 없이 강한 분, 싸우지 않고도 이기는 힘,

따뜻한 카리스마가 넘치는 외유내강형의 리더,

그런 분을 '명품 고수'라 부르고 싶다.

'카리스마'라고 하면 많은 이들이 '전제군주, 냉철함, 강력한 힘, 남성적'이라는 이미지를 먼저 떠올린다. '바람과 해님의 힘겨루기'라는 이솝 이야기를 읽어보면, 바람이 세찰수록 옷깃을 여미며 추스르던 나그네가 따뜻한 햇볕이 내리쬐자 그 옷을 벗더라는 이야기가 나온다.

이 우화는 무조건 힘으로 강요해서는 사람의 마음을 움직이기 어려우며 때로는 부드럽게 설득하는 것이 효과적일 때도 있다는 것을 깨우쳐 주고 있다. '부드러우면서도 뜻은 정확한 자기표현'이 카리스마의 기본이다.

나를 이끌어 주고 믿고 따를 만한 믿음이 느껴지게 하는 일종의 이끌림, 상대방의 공감을 이끌어 내는 것 또한 카리스마의 요건이다. 카리스마는 리더들만의 전유물은 아니다. 나만의 카리스마를 갖는다는 것은 리더십의 한 덕목이기에 앞서 개인의 이미지로 관리해야 할 덕목이다. 따뜻한 카리스마를 갖추기 위해서는 어떻게 해야 할까?

1. 긍정적인 이미시(心像)들 만들라

긍정적인 자기인식과 함께 똑똑하기보다는 친절하고, 초콜릿을 쥔 부모의 마음으로 사람과 세상을 따뜻하게 대하되, 연연해서도 소홀해서도 안 된다.

2. 매력 있는 태도(態度)와 화술(話術)을 갖추라

'눈과 귀가 두 개이고 입이 한 개인 것은 많이 보고 많이 듣고 적게 말하라'는 의미다. 진정한 실력자는 들을 줄 안다. 제대로 요구하고 드러내 놓고 칭찬하라. 입보다 눈으로 말하라. 말재주로 설득하지 마라. 짧고 짜릿하게 인상적인 메시지를 전달함으로써 따뜻한 카리스마를 소유할 수 있다. 매력 있는 태도와 화술도 때와 장소를 가려라.

3. 성공한 사람으로서 행동하라

성공한 사람에게는 여유로움이 있다. 삶에 대한 태도와 타인에 대한 태도, 물질이나 돈에 대한 태도 등 모든 것에 여유로울 수 있는 사람이 진정 성공한 사람이 아니겠는가.

행동규칙으로는, 자신감이 생기는 용모를 갖추고 온몸으로 말하라. 나누는 기쁨을 누리라. 쉴 때는 플레이보이처럼 마음껏 쉬라. 미소는 입가를 약간 구부릴 뿐이지만 많은 것을 펴준다. 의식적인 행동이 마음가짐을 바꾸고 결국엔 그 사람의 성격과 운명을 바꾼다.

» 따뜻한 카리스마의 구성요소 10가지

1. 자기 표현력 : 나를 개방하여 상대를 통제한다.
2. 공감능력 : 상대를 존중하는 데서 관계는 시작된다.
3. 신뢰 : 목숨을 걸 만한 최대의 자산
4. 설득력 : 상대가 스스로 선택했다고 자부하게 한다.
5. 겸손 : 마음의 완장을 제거할 수 있는 힘
6. 거절의 기술 : 수락하듯 거절한다.

7. 자기극복 : 새로운 자신을 발견한다.

8. 유머 : 여유 있게 세상을 품는다.

9. 인연 : 숨은 보물처럼 다룬다.

10. 비전 : 카리스마의 핵

- 이종선, 〈싸우지 않고 이기는 힘〉, "따뜻한 카리스마" -

『국내 100대 기업 최고경영자(CEO)의 비서 가운데 절반은, 자신들이 보좌하는 CEO를 '외유내강'형으로 평가한다고 한다. 자사 CEO의 패션(fashion), 화법, 매너(manner) 등 종합적인 '감각'에 대해서는 78.4%가 80점 이상의 후한 점수를 주었다. 자사 CEO로부터 배울 점으로는 (1) 탁월한 리더십, (2) 철저한 자기관리, (3) 뛰어난 경영능력 등을 꼽았다.』

- 2005.3.30 경영정보지 '월간CEO' 4월호 -

소리 없어 강한 외유내강형(外柔內剛型), 따뜻한 카리스마로 주변을 장악하여 성공적으로 이끌어 가는 리더십, 그런 리더에게 후한 점수를 주고 싶다.

» '명품 인간'이 그립다

『잘 만들어진 명품처럼 사람에게서도 명품의 특성을 느낄 수 있다. 명품이란 몇 백 년의 전통을 이어받고 한 우물만 파는 장인정신(匠人精神)의 산물(産物)로서 세대를 뛰어넘는 가치를 일관되게 표출한다. 그러한 명품들을 잘 살펴보면 공통된 5가지 특성을 발견할 수 있다. 그런 특성은 사람도 마찬가지다.

첫째, 오랜 전통 속에서도 "일관된 품질"을 유지한다는 것이다.

사람도 세월이 흘러가도 늘 한결같은 사람이 있다. 시간이 흐를수록 그 사람의 진가가 발휘되고 품성이 아름다운 사람. 이는 인격적이며 다른 사람을 이해하고 사람에 대한 배려가 섬세한 사람들이다.

둘째, 군더더기 없는 '좋은 디자인'이다.

사람으로 비유하면 세련되고 준수한 이미지를 갖춘 사람들이다. 목소리 하나까지도 세련된 미를 갖추고 있다. 부드러움과 카리스마를 적당히 사용할 줄 아는 이들이 최근 부쩍 늘고 있다.

셋째, 명품의 요인은 전통과 현대를 아우르는 '융통성'에 있다.

유행에 너무 민감하지도 않고 앞서 가지만 튀는 스타일이 아닌 심플한 감성을 소유한 사람들이 그들이다. 중용이라는 미덕으로 타인의 말을 경청하면서 어느 한쪽으로 치우치지 않으면서도 문화를 즐기며 삶과 일 속에 멋을 추구하는 사람들이다.

넷째, 공급 제한을 통해 '희소성의 가치'를 안다는 것이다.

사람으로 비유하면 이런 저런 모임에 얼굴을 내미는 것이 아니라, 적정한 네트워크 구축에 주력해 스스로의 가치를 높이는 사람들이다. 나서야 할 때와 들어가야 할 때를 구분할 줄 알고, 대체로 말이 없고 내공을 묵묵히 쌓아가는 유형이다.

다섯째, 철학과 스토리를 통한 '차별성'에 있다.

자신의 핵심역량을 '선택과 집중의 원칙'을 통해 개발하고 나만의 독특성과 차별성을 소유한 창조적인 유형이다. 이들은 새로운 것에 대한 호기심과 탐구정신이 뛰어난 속성이 있다.

오랜 세월 변하지 않고 늘 같은 격조를 유지하면서 항상 그 사람과 가까이하고 싶고, 가까워질수록 더 그리워지고, 그 사람이 사라진 뒤에 더욱 그리워지는 자신만의 향기를 가진 사람. 잘 다듬어진 내적인 풍성함과 세련된 이미지에 상대를 늘 배려할 줄 알고 이해하는 너그러움, 화려하지는 않지만 차별적인 독특한 향기가 느껴지는 사람. 생각의 끼, 행동의 끼, 사상과 철학에서도 끼가 드러

나 완강함에 부드러움, 풍부함에 절제의 미학이 잘 어울리는 사람이 바로 명품
과 같은 사람, 즉 '명품 인간 이 아닐까.』

- 홍지원, 인덕대 시각디자인과 교수, 2005.6.21 동아일보 -

제2장

중개업
창업 마인드

치밀하게 준비하고 창업에 임하라

성공의 제일 요소, '꿈(Dream)'

삼성경제연구소가 임원급 회원 549명을 대상으로 한 경영자를 꿈꾸는 후배들에게 성공하기 위한 최고 덕목으로 추천할 '가치' 설문조사 가운데 꿈이 57.7%로서 가장 결정적인 덕목으로 꼽혔다. 명확한 비전과 목표가 성공을 만든다는 속성이 그대로 입증된 셈이다.

두 번째는 '깡(24.89%)', 끈기와 소신 그리고 인내를 갖춘 자만이 성공할 수 있다는 견해다. 다음으로 자기만의 색깔과 재능을 최대화하는 '끼'(10.0%), 인적네트워크인 '끈'(3.1%), '꾀'(2.9%), 용모를 의미하는 '꼴'(1.5%)이 뒤를 이었다. 된소리로 시작하는 한 글자로 된 단어 가운데 '꿈·깡·끼·끈·꾀'의 순으로 나타난 것이다.

꿈을 실현하기 위해서는 노력이 뒷받침되어야 한다. '세계 최고의 화상(華商)', '상신(商神)', '재신(財神)'으로 불리며 "홍콩 사람이 1달러를 쓰면 5센트는 리자청 주머니에 들어간다."는 말이 나올 정도의 갑부인 리자청의 성공비결은 근면이었다. 그가 첫째로 강조하는 말이다.

"사업의 성과는 100% 근면과 교환된다."

초등학교 교육밖에 못 받고, 어린시절부터 찻집 심부름꾼, 플라스틱 공장 영업사원 등으로 전전하며 하루 열여섯 시간의 고된 노동을 했지만 이때 흘린 땀방울은 훗날 그의 성공에 큰 밑거름이 됐다고 한다.

소프트뱅크 창업주 손정의 회장 역시 어린시절에 이미 50년 후의 자기 모습을 그렸던 것으로 알려져 있다. 일단 목표나 전략 등이 없는 백지상황이라면 밑그림부터 크게 그려 나가야 한다. 그런 다음 뚜렷한 색으로 확실하게 실선을 그리고 그 후에 색칠을 해 나가면 된다.

잠재의식은, 실패를 생각하는 사람은 실패하게 만들고 성공을 꿈꾸는 사람은 성공하게 만든다. 자신을 돌아보고 목표를 세우는 것만으로도 어느 새 성취를 향한 여정의 큰 발걸음을 내도 있는 것이다. 사람도 그렇고 조직도 생각하는 만큼 이루어지게 되어 있다.

» 절대로 포기하지 말라

처칠이 말년에 모교에서 연설하려 할 때 교장이 이같이 말했다.

"역사적인 순간이다. 윈스턴 처칠은 가장 훌륭한 연설가다. 그의 연설을 모두 받아 적도록 하라. 잊을 수 없는 연설이 될 것이다."

처칠은 안경 너머로 학생들을 바라보며 말했다.

"절대! 절대! 설대! 절대로 포기히지 마십시오!"

그는 이 말만을 남기고 자신의 자리로 가 앉았다. 청중들은 잠시 의아해했지만 이윽고 모두 일어서서 우레와 같은 박수를 보냈다.

『성공을 막는 가장 무서운 병은 쉽게 절망하는 버릇입니다(키에르케고르).

포기하기 시작하면 그것도 습관이 됩니다(번스롱 바르드). 마스시타 고노스케는 사업에 실패하지 않는 유일한 방법은 성공할 때까지 포기하지 않는 것이다."라며 절대 포기하지 않는 근성을 강조하고 있습니다.』

- 조영탁, 휴넷 대표 -

창업 전에 현장실무 경험부터 쌓으라

최근에 필자는 명퇴자들로부터 중개업과 관련된 진로상담 요청을 자주 받는다. 적게는 몇 년, 많게는 수십 년 영위하던 분야를 그만두고 새롭게 일을 시작하려는 분들을 보면 남의 일 같지가 않아서 이런저런 조언을 많이 하게 된다. 물론 중개업을 시작하고 바로 돈을 벌 수도 있지만 실패할 확률이 더 크기 때문에 처음부터 신중하게 준비할 것을 권유한다.

부동산 중개업도 하나의 사업이다. 그러니 어찌 위험부담을 생각하지 않겠는가. 중개업이 자신의 적성에 맞는다고 판단하고 공인중개사 자격증을 어렵사리 취득하였지만 고민거리가 한두 가지가 아니다. 곧바로 사무실을 얻어서 사업을 시작해야 할지, 혼자서 사무실을 운영할까 아니면 누구와 동업을 할까, 그리고 어디에다 사무실을 열면 좋을지 생각이 많아진다.

그런 고민을 해결하기 위해 창업 준비자들이 가장 먼저 해야 할 것이 현장실습이다. 부지런히 신문광고, 생활정보지, 부동산 전문지 등을 보면서 실습할 곳을 찾는다. 그러나 현실은 그렇게 만만치 않다. 나름대로 명성이 있는 중개업소들은 아무리 사정을 해도 일자리를 쉽게 내주지 않는다. 그런데 평범한 중개업소는 배울 게 별로 없다.

그렇더라도 창업 준비자들은 너무 겁먹지 말고 과감하게 문을 두드리라고 조언하고 싶다. 자신이 가장 잘 아는 지역을 중심으로 자신이 창업할 지역을 선정하고 우선 일하고 싶은 중개업소가 있으면 대표를 만나 진솔하게 자신의 처지를 설명하고 무급으로라도 연수를 부탁해 보라, 그러다 보면 그 중개업소가 일터가 되고 나중에 자신이 그 자리를 인수하게 될지도 모를 일이다.

또 하나 강조하고 싶은 것은 창업 전에 충분한 실무교육을 받으라는 것이다. 토지시장에 진입하려는 사람은 법률지식이 중요한데, LBA부동산법률중개사 교육과정(www. Iba21.com)은 많은 도움이 되리라 믿는다.

타인의 중개사무실에서 최소한 3~6개월 동안 실무를 익히는 연수 과정이 절대적으로 필요하다. 중개업은 막대한 고객의 재산을 다루는 분야인 만큼 충분한 지식과 경험을 쌓아야 한다: 오피스텔, 아파트, 상가, 토지 등으로 순차적 경험을 쌓는다면 독자적인 창업에 큰 도움이 될 것이다.

부동산중개업이라는 것이 커다란 액수의 금전을 다루는 일이다 보니 이해관계가 복잡하고 다른 사람과 더불어 일을 하는 것이 쉽지 않다. 어차피 창업을 하겠다고 마음을 먹었으면 일단 각오를 가지고 철저히 준비하고 과감하게 뛰어들어야 한다.

중개업, 자신 있는 분야에 특화하라

대다수의 중개업자는 주택, 상가, 건물, 토지 등 모든 부동산을 취급하는 만물상이 되려고 한다. 아파트를 주로 취급하지만 상가건물도 거래하고 싶고, 수수료를 아주 많이 준다고 하니까 땅도 팔고 싶어 한다.

그러나 이제는 이런 만물상 형태의 중개업은 결코 바람직하지 못하다. 요즘은 자신이 가장 적합한 분야에 최고 전문가가 돼야 한다. 그 전문분야를 고를 때 몇 가지 염두에 두어야 할 대목이 있다.

처음 중개업을 시작하는 사람은 중개대상물의 기본이 되는 주택과 아파트 중개에 1년 이상 종사하면서 기본적으로 숙지해야 할 일들을 익힌 뒤에 전문 분야를 고르는 게 좋겠다.

주택이나 아파트를 전문적으로 중개하면 적은 금액이지만 일정 수입이 보장된다는 게 장점이다. 하지만 중장년층 남성이 젊은 고객을 방 구석구석까지 데리고 다니면서 설명하기란 쉽지 않고 고객들도 불편 해한다. 이 때문에 아파트 단지 중개업소는 여성들의 주된 영역으로 자리 잡은 지 이미 오래다.

상가건물은 단가가 높기 때문에 건당 중개수수료도 많다. 하지만 거래 횟수가 적다는 게 역시 단점이다. 이런 분야는 생활에 여유가 있고, 대기업 부동산 분야에서 근무한 경험이 있거나 사회적으로 대인관계가 좋은 사람들에게 적합하다.

토지나 전원주택도 거래 횟수가 적고 수입이 불안정하다. 현장답사 등에 시간과 경비가 많이 소요되지만 수수료가 많기 때문에 젊은 중개인들에게 선호도가 높다. 하지만 경험부족으로 수수료에 유혹되다 보면 한탕주의에 빠져 자신도 모르는 사이에 사기꾼으로 전락하는 사례도 많으므로 주의해야 한다.

이제는 부동산 중개업도 분업화 경제원리처럼 전문분야를 특화하여 전문성을 함양해야 하며, 네트워크를 통해 부동산 물건을 공동 중개하는 공생의 원리를 적극적으로 활용하는 중개업소만이 장기적으로 살아남을 수 있는 시대가 된 것이다.

틈틈이 생각의 근육을 잘 단련해보자. 편안한 음악과 함께 하는 하루 10분간의 명상이 두뇌를 젊게 유지하는 특효약이란다. 그러다 보면 "Dream is nowhere. (꿈은 아무데도 없다)"가 아니라, "Draem is now here! (꿈은 바로 여기에 있다)"라고 저절로 외치게 될 날이 올 것이다.

전업(轉業)엔 의식구조의 전환이 필요하다

결국 5%만 살아 남는다

우리 나라는 음식점 천국이다. 상가 건물이 있는 곳이면 어김없이 음식점이 들어선다. 전국적으로 60만개가 넘는 식당이 영업을 하고 있다. 경제활동 인구를 3,000만명이라고 본다면 인구 50명당 식당 한 개가 있는 셈이다. 여기에다 매달 9만개의 식당이 새로 생기고, 매년 50만명의 예비 외식 창업 희망자가 대기하고 있다.

식당수가 너무 많다 보니 경쟁은 치열해지고 경험 없이 뛰어든 사람은 서서히 망한다. 매달 15,000개의 식당이 문을 닫는다. 식당 창업 후 3년 이내 투자금을 회수하는 성공확률은 10%가 안 된다. 이익을 내지 못하는 식당이 전체의 60%를 넘어섰다. 전국적으로 400만명 이상이 영업 부진으로 생계가 어려운 형편이다.

부동산중개업의 실상은 어떠한가? 어딜 가나 상가건물 1층을 도배하듯 밀집되어 있고, 전국적으로 7만 6천여개인 부동산중개업소 종사자가 줄잡아 20만명이 넘는다. 경제 인구 400(유효인구 250명)명당 중개업소가 하나로서, 선진국의 몇 배가 넘는 숫자다. 이와 같이 부동산유통업은 포화상태로 제 살 깎기 경쟁이 시작된 지 이미 오래다.

매년 수많은 중개업소가 폐업하고 있으며, 이러한 실상을 모르는 이들이 새롭게 진입하는 악순환이 거듭되고 있다. 더군다나 인터넷을 통하여 부동산 매물을 누구든지 쉽게 검색하게 됨에 따라 거래자 당사자 간의 직거래가 왕성해지고 있어, 부동산중개실적이 감소할 수밖에 없다. 8.31조치 이후에 거래가 급감하여 폐업과 존속의 기로에 놓인 곳이 한두 군데가 아니다.

일본의 경우 부동산 거품(Bubble)이 꺼지면서 가족형 부동산의 90%가 피합병 되거나 도산하였다고 한다. '파레토의 법칙(Pareto principle)'을 적용하면 20%가 시장을 장악하고 나머지는 들러리라고 보면 될 것이다. 극단적으로 말하면 20%가 아니라 10%, 아니 5%의 고수급들이 시장을 장악하고 있다고 봐야할 것이다.

주식투자에서도 마지막까지 이익을 내는 사람이 5%는 될까. 이들 시장이 아무리 침체하고 장기간 불황에 빠져도 살아남을 사람들이다. 어쨌거나 우선 살아남아야 후일을 기약할 수 있다. 어떤 중개업소는 1년간 계약서를 한 건도 못써서 답답하니까 막노동시장에서 몇 달간 일을 해 수혈을 받은 다음 다시 문을 열기도 한다는 것이다.

궁하면 무슨 일이든 못하겠는가. 희망의 끈을 이어갈 수만 있다면야, 치열한 생존경쟁의 장에서 5%의 살아남는 범주에 들어가기 위해서는 강해져야 하고 끊임없이 변하고 혁신하는 방법밖에는 없다. 명함첩이 다섯 권이 넘더라도 모두 외우고 고객들의 얼굴을 일일이 기억할 정도

로 고객관리에 철저해 보자. 그러면 아무리 핏빛 레드오션인들 헤쳐 나
가지 못하겠는가.

1층 부동산 사무실의 불문율은 깨지는가

우리 사무실은 오피스텔의 2층에 위치하고 있다. 부동산 사무실은 1
층에 입지해야 성공한다는 불문율을 한번 깨뜨려 보고도 싶었고, 1층
부동산의 비능률성을 개선해 보겠다는 의도가 반영된 것이다.

중개수수료 50%덤핑 광고가 자주 눈에 띈다. 중개수수료 시장은 이
제 거의 한계에 이른 듯하다. 유망한 물건을 찾아내는 분석력과 자료 편
집능력, 실제 투자능력이 있는 인적네트워크가 잘 갖추어진 분이라면
이제 종합적인 자산관리로 눈을 돌려야 할 때가 아닐까 싶다.

한 분의 고객을 선택하여, 좋은 물건을 매입하고, 그 물건의 사후관리
를 하여 목표수익률이 달성되면 매도 포인트를 같이 찾고, 다시 새로운
물건에 대한 투자를 협의하는 투자의 프로세스를 같이 공유하는 동반자
가 되는 시스템이 주요 컨셉이 될 것이다.

얼마 전에 개업한 선배님의 사무실은 오피스텔 16층이다. 새로운 시
도를 해 보고자 하는 그분의 결의는 대단했다. 인적 네트워크를 누구보
다 잘 구축해 놓은 분이라서 성공하실 것을 확신한다.

오피스텔을 새로운 부동산중개업을 펼쳐갈 근거지로 선택하는 일,
그 시도는 결코 쉬운 일은 아닐 것이다. 오는 손님을 맞이하는 일에만
익숙한 탓에 유망한 고객을 찾아오게 하거나, 내가 먼저 선택하는 일은

어쩌면 낯선 시도라고도 할 수 있을 것이지만, 장단점은 있다.

결국 성패는 자기관리에 있다고 본다. 주위 부동산의 눈초리를 의식하며 아침부터 긴장하는 1층 부동산과는 달리 적막한 사무실에서 홀로 분위기를 조성하고 개척해 나가야 하기 때문에 자기관리에 철저하지 않으면 안 된다.

『홀로 사는 사람은 고독할 수는 있어도 고립되어서는 안 된다. 고독에는 관계가 따르지만, 고립에는 관계가 따르지 않는다. 모든 살아 있는 존재는 관계 속에서 거듭거듭 형성되어간다. 홀로 있을수록 먼저 '자기관리'가 철저해야 한다. 자기관리를 소홀히 하면 그 누구를 물을 것 없이 그 인생은 추해지게 마련이다.』

- 법정스님. (홀로 사는 즐거움) -

복장을 잘 갖추면 신뢰받는다

단돈 300불로 미국에 들어가 23년간 각고의 노력 끝에 25억불이라는 거금을 손에 쥐게 된 입지전적 인물인 N회장은 이런 말을 한다.

"부동산 세일즈는 첫째가 복장이고, 둘째가 지식(knowledge)이며, 셋째가 주변 부동산 물건 소유주의 강아지 이름, 대문 색깔까지 외울 정도의 성실과 열성이다. 복장을 잘 갖추면 일단 고객이 신뢰를 한다.

우리 회사는 유니폼을 입는다. 청색 양복에 흰 와이셔츠, 빨간 넥타이를 맨다. 청색 양복은 신뢰를, 흰색 와이셔츠는 순수성을, 빨간 넥타이는 열정을 의미한다."

새겨들을 만한 얘기다. 장기간 시장이 침체하다 보니 생활 리듬이 깨지고, 출퇴근 시간도 불규칙해지고, 복장도 흐트러지기 쉽다. 필자의 학창시절에는 학급의 분위기가 흐트러졌다 싶으면 담임선생님께서 어김없이 용의검사와 복장검사를 실시하여 분위기를 다잡으셨다.

어려울수록 복장을 단정히 갖추고 고객의 신뢰를 얻어야 하지 않을까. 불황기에는 단골고객이 먹여 살린다. 고정고객이 주는 전세나 월세 물건이라도 확실히 챙기자. 사무실 월세라도 벌어야 하지 않겠는가? 그러다 보면 거물급 고객도 확보되고 좋은 시절도 오는 것이다.

사고 방식을 바꾸라

오랫동안 공직이나 대기업에 근무하다가 부동산중개업을 해보겠다고 새로 뛰어드는 사람이 있다면 일하는 방법을 모두 바꾸어야 한다.

늘 변하지 않으면 새로운 것을 얻을 수 없고, 지금 갖고 있는 것마저 빼앗길 수 있다. 내가 하고 있는 방식이 가장 효율적이라는 생각을 버리고 일에 대한 사고방식을 모두 바꿔야 한다. 성공비결을 이야기하는 전문가들이 이구동성으로 강조하는 점은 다음과 같이 한결같다.

"긍정적인 사람이 성공한다. 성공한 사람은 모두 긍정적이다."

『필자가 은행에 근무할 당시 확인할 일이 있어서 창구에 있는 직원을 부를 때가 종종 있었다. 그런데 그 짧은 인터폰 멘트 속에서도 사람의 기질을 읽을 수가 있었다.

"지금 손님이 있어서 못 들어가겠는데요"

"지금 손님이 계시니 가시면 곧 들어가겠습니다."

이와 같이 몇 글자 다른데 불과한 두 대답은 하늘과 땅만큼이나 큰 차이가 있다. 처음 대답은 못 들어간다는 데 초점을 맞추고 있고, 두 번째 대답은 들어가겠다는 데 초점을 맞추고 있다.

이는 단순히 말하는 방법의 차이나 예의범절의 문제가 아니라, 그 사람이 얼마나 긍정적인 마인드를 가지고 있느냐를 단적으로 보여주는 것이다.』

- 이태규, '한국의 부자인맥' (청년정신, 166p) -

목소리 좋으면 '설득력·신뢰성' 높다

『광고대행사의 김 대리가 주간 철야를 거듭하며 뽑아낸 광고시안이 내부 경쟁 프리젠테이션에서 후배의 시안에 밀리고 말았다. 허탈한 심정으로 화장실에 쭈그리고 앉았는데, 밖에서 들려오는 동료들의 수군거림에 김 대리는 고개를 푹 숙이고 말았다.

"저는 김대리 시안이 괜찮던데요."

"내용이 좋으면 뭐하나? 발표가 설득력이 떨어지는데, 빛 좋은 개살구지."

"참 안됐어요. 실력은 좋은데."

진땀나는 면접시험, 프리젠테이션 밤샘 작업, 첫 눈에 반한 이성과의 데이트……. 이러한 중요한 자리에서 잔뜩 긴장되고 떨리는 목소리 탓에 일을 망쳐버린 뼈아픈 경험들이 얼마나 많은가! '메라이언의 법칙'에 따르면 메시지 전달의 중요도에 있어 '내용' 은 겨우 7%에 불과한 반면, 목소리가 무려 38%를 차지한다고 한다. 기존 상식을 깨뜨리는 얘기다.』

이상은 목소리를 통해 사람의 인생을 변화시켜온 대한민국 제1호 보이스 컨설턴트로 활동 중인 김창옥씨의 저서에 나오는 얘기다. 훈련을 통해 신뢰감 있고 설득력 있는 목소리를 얻을 수 있다니 참 새롭고 재미있는 착상이다.

음식물이 고유한 맛을 뽐내는 온도가 제각각 다르듯 목소리 또한 자신만의 고유한 색깔이 있으며 자신에게 맞는 목소리를 찾았을 때 설득력과 신뢰감이 배가(倍加) 된다고 한다. 목소리가 인생을 바꾼단다! 자기만의 고유한 멋진 목소리를 찾아서 방문 고객에게 멋진 브리핑을 해보자!

『인간에게 가장 중요한 능력은 자기표현이며, 경영이나 관리는 커뮤니케이션에 의해 좌우된다.』

- 피터 드러커 -

끊임없이 자기최면(Self-Hypnosis)을 걸어라

정부의 계속되는 규제로 인하여 부동산 거래가 소강상태를 보이는 국면이 지속되고 있다. 간혹 터지는 한 건의 거래를 위하여 시장은 그야말로 피 튀기듯 경쟁을 벌이고 있다. 이런 상황이 계속되다 보면 자칫 자신감을 잃어버리고 방황하기가 쉽다.

힘들고 마음이 흐트러질 때는 끊임없이 자기최면(自己催眠)을 걸어야 한다. 최면을 건다는 것은 무의식과 대화를 하는 것에 불과하다. 대단한 기술이 필요한 것도 아니고, 복잡하게 생각할 필요도 없다. 자기최면은 자기 자신과 단순히 대화하는 것이기 때문이다.

아침마다 거울을 보며 "할 수 있다(Yes, I can)"라고 되뇌는 것도 시험장에 들어서기 전에 주먹을 꼭 쥐고 "할 수 있다."라고 외치는 것도 모두 자기 최면의 일종이다. 자기최면은 일상의 한 부분이다. 스스로에게 말을 걸며, 스스로를 다짐하는 모든 것이 자기 최면이며, 이러한 자기최면 속에서 발전의 동기와 계기를 얻게 되는 것이다.

자신이 가진 문제는 살아오면서 퇴적층 마냥 쌓인 것들이다, 이것을 한 번에 고친다는 것은 솔직히 자기 최면만으로는 불가능하다. 자신이 가진 문제가 오래된 것일수록 긴 시간의 수행이 요구되는 것이다. 인내심을 가지고 차근차근 노력하고, 변화에 대한 강한 의지를 가질 때에만 변화가 이루어지게 된다.

명예퇴직을 하신 분 가운데 부동산중개업을 하겠다며 필자에게 상담을 요청해오면, 나는 그들에게 지금까지 하던 습관과 행태를 완전히 버리고 새롭게 태어날 것을 권유한다. 그렇지 않고서는 이 피의 바다(Red Ocean)에서 절대 살아남지 못할 것이라고 경고한다.

"공인중개사 자격증만 있으면 되지, 무슨 공부가 더 필요한가?"

천만의 말씀, 만만의 헛다리. 자칫 잘못하면 중개업을 하려고 권리금 1억원, 보증금 5천만원, 월세 200만원으로 임차계약을 하는 순간 이미 5천만원 정도는 날렸다는 사실을 초보자는 알 리가 없다.

자동차 운전 면허증만큼이나 흔한 공인중개사 자격증을 땄다고 어깨에 힘줘 봐야 별 수 없다. 피 튀기는 경쟁과 학습, 밤낮을 가리지 않는 현장 경험, 그래도 고수의 길은 요원하기 때문이다. 그렇기 때문에 끊임없이 자기 최면을 걸면서 내공을 쌓아야 한다.

새로이 선택한 길을 외로이 걷는 그대여,

결코 지나온 길을 되돌아보며 한숨짓지 말지라.

자신이 없어 망설이는 자여, 오늘도 최면을 걸어라!

"나는 할 수 있다! Yes I can!"

불황기엔 단골고객이 최고

부동산업계에 진입하려는 사람들이 늘어만 가는 작금의 현실은 쏟아져 나오는 명퇴자들을 수용할 마땅한 일자리가 없는 것이 가장 중요한 원인이라고 할 수 있다. 아무튼 시험에 합격하고 개업을 해봐야 비용도 충당하지 못하는 업소가 대부분인 실태를 모르고 불나방처럼 달려드는 모습이 애처롭기까지 하다.

그리고 매년 이맘때면 새로운 합격자가 나오기를 간절히 기다리고 있는 사람들이 있으니, 그들은 합격자를 위하는 마음에서라기보다 새로 중개업에 뛰어드는 사람에게 자기 업소를 넘기고 자기는 새로운 길을 모색하고자 하는 기존의 부동산중개엽자들이다.

그러나 그 신규 진입자가 다시 일년 후 생존할 수 있는 확률은 몇 %나 될까? 기껏해야 10%나 될까? 불황의 늪이 깊을수록 지금까지 자기가 전문으로 하던 일을 팽개치고 새로운 업을 시작하여 정착하는 것이 그만큼 어려운 것이다.

일전에 수안보온천에 다녀왔다. 시장입구에 〈소문난 식당〉이라는 곳에 들렀다. 요즈음 같은 불황에 생존비결이 뭐냐고 묻는 나의 질문에 주인은 '단골고객'이라고 간단히 답했다. 자기는 오랫동안 그 자리에서 영업을 해왔으며, 전국적으로 단골고객을 확보하고 있어서 그들이 오다가다 들르고, 새로운 고객을 소개해주기도 한다는 것이다.

어차피 '꿩 샤브샤브', '올갱이 해장국' 이란 메뉴는 집집마다 비슷비슷한데 자기 집은 동동주가 특히 맛이 있고, 언제나 변함없는 친절함으로 손님을 대하여 고정고객을 확보하고 있기 때문에 이 불황에도 견딜 수 있다고 했다.

아무리 불경기라고 해도 부동산 업계에서도 상위 10%는 살아남는다. 공인중개사 시험의 새로운 합격자가 속속 신규 진입하면서 동네 슈퍼보다 그 숫자가 많아질 아수라장에서 살아남는 길은 오직 차별화 뿐이다.

그러나 차별화라고 하여 그리 어려운 것만도 아니다. 고정고객이 약 10명만 있으면 된다. 그분들을 성심성의껏 뒷바라지(support) 하다 보면 그분들 스스로는 물론이려니와 그 주변에서 끊임없는 유효수요를 창출해 준다. 고정고객이라는 든든한 배경이 있기에 고수는 그처럼 여유로워 보이는 것이다.

서로를 보완해 주는 파트너를 잡아라

화성에서 온 남자, 금성에서 온 여자

가정이나 단체에서 개개인의 특성과 견해 차이로 인하여 빚어지는 갈등은 끝이 없다. 어쩌면 각기 다른 생각과 갈등 속에서 서로 합일점을 찾아가는 것이 삶의 묘미가 아닌가 싶다.

'화성에서 온 남자, 금성에서 온 여자' 라는 책의 내용을 보면 남자는 화성에서 왔고, 여자는 금성에서 왔다. 이들은 서로 사랑을 하게 되자 매일저녁의 헤어짐이 아쉽고, 한 가정을 이루어 늘 함께 있고 싶어서 결혼을 한다. 부부가 서로 다른 환경에서 자라나서 생각이나 생활 양식이 다를 수밖에 없다는 표현을 '서로 다른 외계인'으로 표현했다.

남자와 여자가 서로 만나서 사랑을 맹세하고 행복하게 살자고 서로에게 굳은 다짐을 하지만 이혼이라는 사랑의 아픔을 간직하는 부부가 많이 있다. 서로에게도 커다란 상처가 남고, 사랑의 부산물이었던 자녀들도 고통을 가슴에 간직하며 살아가야 한다.

부동산 사무실에는 대체로 남자 사장과 여자 실장, 아니면 여자 사장과 젊은 남자 실장이 조화를 이루며 일을 한다. 이런 인적 구조는 때로는 좋은 결과를 낳기도 하고, 어떤 경우에는 상반된 결과를 초래하기도 한다. 그러나 남녀간의 차이점을 잘 활용하여 조화를 이루면 성공의 확률이 높아진다.

남성과 여성의 다른 속성을 몇 가지 살펴보자.

첫째, 남자는 분산적 시각을 가지고 있고, 여자는 집중적 시각을 가지고 있다. 자동차 운전을 할 때, 남자는 주변을 살펴가며 운전을 하므로 대체로 길눈이 밝고, 사고를 내도 주위에 신경을 쓰다가 일어나는 사고인데 반해, 여자는 가고자 하는 길만 집중해서 보기 때문에 대체로 길눈이 어둡고, 주변의 상황에 긴급하게 대처하지 못하여 일어나는 사고가 많다. 남자는 전체를 잘 보고, 여자는 구체적으로 잘 본다.

둘째; 대화의 핵심이 남자는 '정보 전달'인데 반해 여자는 '친교나 관계'에 있다. 즉 남자는 일의 과정이 중요하고 이성이나 합리성을 강조하는 반면에 여자는 직관이나 결과를 중요시한다. 아내가 자질구레한 이야기를 할라치면, 남편은 중요한 정보가 아니다 싶으면, '또 쓸데없는 소리한다.'며 말을 막기가 십상이다. 남자는 뉴스 보기를 좋아하고, 여자는 드라마를 즐겨보며 곧잘 눈물을 흘린다. 어떤 때는 합리적인 것이 정확하지만 때론 직감력이 더 정확할 때도 있다.

셋째, 남자에게는 가정이 '쉼터'이고, 여자에게는 가정이 '일터'이다. 남자는 쉬기 위해서 집에 들어가고 집을 나가면 피곤한데, 여자는 쉬기 위해서는 집을 나가야 한다. 직장이라는 환경자체가 인간에게 긴장과 스트레스를 준다. 쇼핑을 가면 여자는 즐겁지만 따라가는 남자는 피곤하기만 하다.

넷째, 남자는 인간관계를 서열관계로 보지만 여자는 평등관계로 본다. 남자는 이왕이면 윗자리에 서는 것을 좋아하고 지시받는 것을 싫어하며, 심지어 길을 물어보는 것도 양자의 관계를 상하의 관계로 인식하여 싫어한다. 직장에서도 보고하는 것을 싫어하며, 아내가 명령조로 일을 시키면 싫어한다.

그리고 스트레스를 받으면 남자는 스스로 풀려고 하지만, 여자는 스트레스를 풀어줄 대상을 찾는다. 이런 남녀 간의 속성 때문에 서로 충돌하고 행복해지기가 쉽지 않은 것이다.

중개업사무실의 사장과 실장의 관계를 혹자는 '사회적 부부'라고 한다. 각기 다른 환경에서 성인이 되고 기본적 특성이 다른 두 사람이 조화를 이루기가 쉽지는 않을 것이다. 그러나 남성의 전체를 잘 들여다보는 넓은 시각, 이성적 사고와 여성의 구체적인 것을 잘 들여다보는 집중력과 감성이 잘 조화를 이룬다면 큰 시너지 효과를 낳을 수 있다.

요즈음 어디를 가나 한숨소리뿐인 부동산사무실, 그러나 남녀가 조화를 이루어 시너지를 창출하고 판도라의 상자에 남은 마지막 희망의 끈을 놓지 않는다면 얼마든지 살아남는 5%안에 들 수 있으리라.

남녀의 조화로움이 성공의 길을 연다

중개업을 하시는 한 분에게서 기분 좋은 점심을 대접받았다. 하루 일정이 빡빡하여 정중히 거절할까 하다가 모처럼의 연락이라 어렵지만 시간을 내었다. 다들 어려움을 겪으며 표정이 밝지 못한데 의외로 그분은 밝은 표정으로 계약서 한 장을 보여주는 것이었다.

외국법인과 국내법인간의 1만여 평의 토지를 중개한 영문계약서였으며, 수수료도 적지 않은 금액이었다. 그리고 이어지는 추가 물건 확보 상황…… 의외의 성과에 나는 놀라움을 금치 못했다.

영문계약서라? 계약까지의 스토리를 들어보니 역시 쉬운 일이 아니었다. 3개월 이상 긴 기간 동안의 수많은 시행착오가 있었다. 15년이라는 긴 기간 동안 영업을 하며 구축한 실력과 신뢰의 기반이 없었으면 성사시키기 어려운 계약이었단다.

수많은 경쟁자들을 물리치고 어렵게 전속중개계약을 확보하고, 통역자를 사이에 두고 대화해야 하는 언어 장벽에다가 계약 성사단계에서의 여러 번의 좌절, 인맥을 통한 경쟁자들의 끊임없는 도전 속에서 이루어 낸 결과이니 얼마나 성취감이 크고 뿌듯했겠는가.

그런 성공의 이면에는 남녀의 조화로움이 큰 역할을 한 것 같다. 아무래도 남자들끼리는 대화하다 보면 목소리가 커지는 일도 있고, 쉽게 포기할 수도 있었는데, 여자 분이 나서서 아우르고 화해시키며 대화의 끈을 이어나갔다고 하였다.

이렇게 이루어 낸 성과로 인하여 당사자들도 한 단계 업그레이드 되는 듯한 뿌듯함과 자부심을 느끼며, 월세를 내기도 어려운 이 때에 참으로 다행한 일이라며 만족해 하셨다. 이렇게 곳곳에서 소리 없이 성과를 만들어내는 그분들이 진정한 고수라는 생각이 든다.

소리만 요란한 빈 깡통이 있는가 하면, 소리 없이 성공을 이끌어내는 이런 끈기와 집념, 이것이 이분들을 고수로 대접받게 하는가 보다. 물론 15년간이란 긴 기간동안 주위 사람들에게 믿음과 신뢰를 쌓아온 결과이리라! 남녀의 조화로움이 빚어낸 이 값진 결실, 고수의 길을 가는 또

다른 모습을 보는 듯하여 정말로 마음이 뿌듯하였다:

『일반적으로 현실감각을 갖춘 사람일수록 부동산 투자 성공확률이 높다. 주목할 점은 대체로 여성들이 남성보다 현실을 정확히 피익한다는 것이다. 여성 특유의 섬세함 때문이 아닐까 싶다. 경험적으로 볼 때 부인의 조언을 무시해서는 내집 마련의 길이 멀고 험할 수밖에 없다. 부부가 함께 노력하고 합심해야만 부동산 투자의 성공확률을 높일 수 있을 것이다.』

- 2005.5.17 한국일보 재테크 산책, 고준석 -

» 성공엔 파트너가 필요하다

부동산 일을 하면서 훌륭한 실장과 능력 있는 사장, 남녀 간의 조화, 업무적인 보완관계 등 훌륭한 파트너가 있다는 것은 얼마나 큰 힘이 되는가. 궁합이 맞아 함께하는 것만으로도 괜히 즐겁고 힘이 되는 사람이 있다는 것, 그것은 실로 커다란 행운이요, 축복이다. 좋은 파트너를 만나면 성공은 이미 보장되어 있는 것이나 마찬가지다.

부동산 사부님 '멘토'를 찾아라

80년대 초에 필자는 종합상사의 신입사원이었다. 일을 가르쳐 주는 사람을 '사수', 배우는 사람을 '조수'라 하여 3인 1조씩 조를 구성하여 같은 일을 담당했는데, 사수의 말이 곧 법이었고, 군대의 고참 못지않게 엄격한 상하관계가 존재했다. 유능한 사수를 만나면 기본을 제대로 배울 수 있고 실적 또한 좋으며, 조수의 앞날은 탄탄대로를 걸을 수 있었으니, 신입사원 입장에서는 좋은 사수를 만나는 것은 큰 행운이었다.

요즘 유행하는 멘토링(Mentoring)이란 말은 회사나 업무에 대한 경험과 전문지식을 갖고 있는 사람(멘토, 스승이라는 뜻)이 신참자(멘티: Mentee) 한 명을 일대일로 전담해 업무에 관한 문제나 고민을 조언하고 지도해주는 활동을 말한다.

미국 기업에서는 보편화된 멘토 제도는 단순한 신입사원용이 아니라 모든 직장인에게 필요한 '자기계발수단'이라고 할 수 있으며, 위대한 경영인 젝 웰치 회장도 전문경영인으로 성장할 때까지 수많은 멘토의 도움을 받았다고 한다, 멘토로 삼을 만한 닮고 싶은 상사, 각 분야 전문가를 찾는 노력 자체가 스스로를 한 단계 업그레이드하는 첫 걸음이라고 할 수 있다.

멘토링에 있어서 멘토 역할을 하는 사람에게는 시간적, 정신적으로 부담이 된다. 특정인에게 멘토를 부탁할 때는 '몇 개월간, 월 몇 회씩, 몇 시간씩' 등으로 멘토링 기간과 정규적인 만남 일정을 사전에 확정해야 멘토의 부담을 줄일 수 있다. 또 멘토링 과정에서 오고 간 개인적인 이야기를 제3자에게 옮기는 것은 절대 금물이고 반드시 지켜야할 예절이다.

부동산에 입문하는 연령이 20대에서 70대까지 다양해지고 있다. 그러나 새로 배우는 입장에선 나이를 떠나 훌륭한 멘토를 만나야 한다. 고수 반열에 들어선 멘토를 만나는 것 자체가 이미 서광이 비친 것이다.

안 된다고, 모른다고 한 숨만 쉴 것이 아니라, 지금이라도 좋은 멘토를 찾아 나서 보라! 예의를 갖추고 열심히 따르는 멘티가 되다 보면 자기도 모르는 사이에 고수가 되어 있으리라.

진정한 성공은 공존지수를 높이는 것

Red Ocean을 넘어 Blue Ocean으로

세계는 지금 침체된 경기, 과잉생산, 강도 높은 경쟁 등 열악한 산업환경을 극복하기 위한 새로운 경영 패러다임인 블루오션(Blue Ocean)에 빠져들고 있다. 프랑스 인시아드 경영대학원의 김위찬 교수와 르네 마보안 교수가 지난 90년대 중반 공동 주창한 이 전략론이 미국을 거쳐 전 세계에서 빠른 속도로 뿌리내리고 있다.

블루오션이란, 기업간 경쟁으로 붉게 물든 바다인 '레드오션'을 벗어나 현존하지 않는 미지의 시장을 창출해야 한다는 뜻이다. 시장 수요가 경쟁이 아니라 창조에서 얻어진다는 의미가 담겨 있다. '경쟁자를 이기면' 더 나은 미래가 보장된다고 믿어온 사람들에게 '경쟁을 잊어야 새 시장이 보인다.' 는 명제는 어찌 보면 지동설을 최초로 주창한 코페르니쿠스적 발상이다.

블루오션 전략이란 차별화(differenciation)와 저비용(low cost)을 동시에 추구해 기업과 고객 모두에게 가치의 비약적 증진을 제공함으로써 경쟁을 무의미하게 만드는 체계적 방법이다.

최근에 필자에게 여러 명의 명퇴자들이 "부동산 일을 하고 싶은 데 어떻게 하면 되겠느냐?"고 상담을 의뢰해오고 있다. 공인중개사 합격자 20만 명 육박,

개업부동산 7만 6천, 선진국의 10배가 넘는 수준인 경제인구 400(유효인구 250)명당 부동산 업자 1명, 피할 수 없는 과당경쟁……. 살아남기 위한 몸부림이 처절하다.

사업자체가 접근이 쉽기 때문에 경쟁자가 수 없이 밀려오면서 과당 경쟁이 결국 시장의 건전한 발전을 해치고 투자자들의 신뢰를 떨어뜨리고 있다. 부동산 시장은 결국 거대한 붉은 바다(RED Ocean)로 변모했다. 수수료 덤핑 등과 경쟁상대를 극복하기 위한 여러 가지 레드오션 전략을 사용하면서 버티고 있다.

똑같은 시장에서 동일한 무기로 경쟁해 봐야 피 튀기는 일 밖에 더 있겠는가. 같은 시장이라 하더라도 특화된 업무로 변신해야 한다. 종합 자산관리로 특화하거나 부동산펀드 업무에 종사하든지, 건축과 부동산, 세무와 부동산, 법률과 부동산, 빌딩관리, 외국인 상대 등의 전문화·세분화가 필요하다.

누구나 생각할 수 있지만 아무도 하지 않는 일을 실행해야 새로운 블루오션이 창출된다. 새 영역을 찾아내라. 노하우를 갖춰라. 매니아를 만들어라. '독립군 정신'으로 남들이 가지 않는 길 블루오션을 개척하라!

시장의 패러다임이 공급 중심에서 수요 중심으로 변하고 있다. 중요한 것은 경쟁이 아니라 고객이다. 고객들이 무엇을 원하는지, 고객 취향이 무엇이며 어떤 변화가 생기고 있는지를 정확하게 파악한 뒤 고객들이 기대하는 것 이상의 감동을 주어야 한다. 블루오션을 창출하지 못하고는 우리에게 미래는 없다. 또 하나의 전제조건은 레드오션에서 살아남지 못하면 블루오션도 기대할 수 없음을 명심하자.

- 2005.6.20 한국경제 '블루오션으로 가자' 기획특집 참조 -

상추 한 상자에 담긴 소중한 마음

어려운 시간을 쪼개어 멀리서부터 오는 여러 동료들과의 만남의 장은 만남 그 이상의 많은 의미가 있다. 얼마전 부동산 중개업 세미나 중에 '소리 없이 강한 느낌표'가 있었으니 단연 양평의 D선배였다. 싱싱한 상추를 한 트럭이나 싣고 와서 참석한 그 많은 회원들에게 선물하겠다는 발상 자체부터가 참으로 기발하고 감사했다.

소중한 이들과 나누겠다는 그 아름다운 마음을 전파하고자 나도 이웃집에 조금씩 나누어 드렸는데 여간 고마워하지 않았다. 작은 감동이 모여 큰 기쁨으로 승화되는 것이 우리네 삶이다.

남은 상추를 쳐 삼겹살과 함께 맛있게 먹었다. 인정을 베풀어 주신 아저씨의 얘기를 전하며, "맛있지?"라고 물어보니, 아들, 딸, 아내 모두 환한 미소로 화답한다. 알게 모르게 저녁 식탁은 좋은 교육의 장이 된 느낌이다. 작은 것이라도 함께 나눈다는 것은 생각은 쉽지만 실천은 그리 쉽지 않다.

소리 없이 감동을 주는 마케팅, 이를 심리학에서는 '상호성의 법칙'이라고 한다. 보험아줌마가 소리 없이 나누어 주는 상큼한 알사탕의 의미를 다시 한번 되새겨 보라. 조건 없이 나누어 주는 배려에 무서운 힘이 깃들여 있다.

"지금은 바야흐로 공동중개 시대다. 동업자인 부동산중개업자가 가장 큰 고객이다."라는 어느 고수의 말이 다시 귀를 울린다. 부동산 사무실을 운영하는 이에게는 고객이외에도 다른 사무실의 중개업자가 작은 것 하나라도 함께 나누어야 할 가장 소중한 이웃임을 잊지 말아야 한다.

작은 배려가 큰 기쁨으로 돌아온다

Little pay, much return

고수들은 대체로 어떤 상황에서도 먼저, 기꺼이, 웃으며 여유 있게 지갑을 열 줄 안다. 항상 먼저 식대를 내려 하고, 먼저 술값을 치르려 하며, 서둘러 차비를 내려 하고, 앞서서 봉사료를 주려 한다. 그것도 웃으면서 여유 있게 말이다.

그들의 행동을 곱씹어 보면 결코 마이너스가 아니라는 것을 알 수 있다. 밑지는 장사가 아닌 것이다. 왜냐하면 고수의 이런 모습을 보며 접촉하는 상대방이 언젠가는 몇 배의 보응(Return)을 하기 때문이다.

그러기에 지갑에서 돈이 빠져나갈 때 허전함을 느끼지 않고 즐겨 낼 수 있는 것이 아니겠는가.

먼저 베푸는 것은 상대성 원리에 의해 상대방의 보상심리를 자극하게 된다. 계약을 해도 좀 더 쉽게 한다든가, 이왕이면 더 큰 금액을 투자하려 할 것이고, 수수료를 지불할 때는 훨씬 더 너그러워진다는 것이다. 정보를 가지고 올 때는 양질의 정보를 가지고 올 것이고. 충성심

(loyalty)을 드러낼 때는 훨씬 더 강도가 커지게 된다.

그렇게 생각하면 고수의 품위유지비는 결코 낭비가 아니라 부메랑처럼 되돌아오는 것이다.

『과거에는 나만의 노하우가 자기 밥그릇을 지키는 가장 강력한 방패였지만, 앞으로 지식의 공유현상은 더욱 가속화될 것이다. 앞으로 노웨어(know-where)와 다양한 정보에 대한 노하우(knoe-how)를 가진 다양한 사람과 휴먼 네트워크(human network)를 구축하는 것, 다시 말해 노후(know-who)로 성공하는 시대가 될 것이다』

- 이내화, 성공전략연구소장 -

새 한입, 벌레 한입, 사람 한입

예부터 우리 농부들은 콩을 심을 때 세 알씩 심었다고 한다. 사람뿐 아니라 자연의 하찮은 생명들도 함께 나누기 위해서는 세 알이 필요했다는 것이다. 자연과 사람의 공생(共生)을 추구하는 뜻이 담긴 말이다

그러나 어느 날 새들의 공격으로 콩밭이 쑥대밭이 된다면 농부의 마음이 얼마나 비참할까? 균형이 무너지면 조화가 깨지고 모두에게 불리한 비극(悲劇)이 되고 마는 것이다.

부동산 매매도 마찬가지가 아닐까. 매도자와 매수자, 공인중개사들이 얽혀서 '매매'라는 유용한 결과물을 만들어 나가는 일, 이것이 부동산중개업이다. 이런 업(業)을 영위하면서 남들보다 뛰어나다는 소위 고수들은 무슨 생각을 할까?

"중개를 열심히 해서 나도 수익을 얻고, 같이 일을 한 상대편 중개사도 함께 과실을 나누며, 매도자도 필요한 시기에 적정한 이윤을 남기고 팔고, 매수자도 내재가치가 있는 물건을 적정한 가격에 사게 해주고……. 그러다 세월이 흘러 매수자는 어느 새 기대 이익을 충족하여, 또 다른 매도자로 변신하게 된다. 이런 사이클을 반복하다 보면 매도자, 매수자, 상대편 중개사가 어느새 나의 열렬한 고정 팬(fan)이 되는 것이다."

아마도 그들은 오늘도 이런 그림을 마음속에 그리며 넘치는 에너지를 발산하면서 풍요로움을 향유하고 있으리라. '나 혼자만 잘 먹고 잘살자 주의(主義)'로 임하는 사람은 어느새 주변에서 왕따가 된다.

서로 공생(共生)하는 길을 찾는 자, 그 가운데 스스로의 영역을 무진장 넓혀 나가는 얄밉도록 지혜로운 자, 그가 바로 고수이다. 그의 깊은 처세술(處世術)은 황새의 걸음이며 봉황의 마음인 것을 뱁새와 참새 같은 하수의 무리가 어찌 알리요!

건강한 부동산모임과 서번트리더의 역할

잘 되는 모임의 이면에는 항상 희생과 봉사를 아끼지 않는 서번트리더(servant leader)가 있다. 있는 듯 없는 듯하면서도 없으면 빈자리가 커 보이는 것이 바로 서번트 리더의 역할이다.

모임의 목표가 뚜렷하지 않고, 같이 가겠다는 정신이나 확신이 없으면 설득력도 없고 질(質)도 떨어진다. 그러다 보면 목소리 큰 사람들이 활개를 치고, 조직력이 약화되다가 해체되는 운명에 이르고 만다.

반대로 서번트 리더가 있는 모임은 떠나고 싶어도 떠날 수 없고, 미안해서라도 서로 도움을 주고받으며 상승작용을 일으켜 모임이 건강해지고 활성화될 수밖에 없다. 2+2=4 즉, 이해와 이해를 하며 서로가 사랑하게 된다. 사람이 사랑하며 살아가는 것이 우리네 삶이다.

간혹 오해가 생겨도 세 번 정도만 상대방을 생각해 주면 이해가 된다 (5-3=2). 마음엔 평화, 얼굴엔 미소(微笑)가 저절로 생겨난다. 서번트 리더가 있는 곳에 항상 미소가 있다. 웃다 보면 꼬인 일도 어느 새 다 풀린다.

21세기의 특징은 여성과 부드러움과 문화, 그리고 레저 등으로 대표된다. 리더십도 보스 스타일보다는 민주적이고 다양화된 사회에 맞는 리더십이 필요하다. 경영학계에서는 하나의 대안으로 서번트 리더십 (Servant leadership)이란 말이 유행한다. 말 그대로 머슴 같은 자세로 고객과 구성원들에게 봉사하는 리더십이다.

『서번트 리더십이 제1조로 내세우는 말은 경청이다. 상대방의 말을 주의 깊게 듣는 것만으로도 갈등이 풀리고 아이디어와 의욕이 생기는 것을 경험한 사람이라면 고개가 끄덕여지는 말이다. 지도자의 덕목은 동서양이 크게 다르지 않은 모양이다. 이병철 삼성그룹 전회장이 삼남인 이건희 회장을 후계자로 지명하면서 써준 휘호도 '경청'이었다고 한다.」

- 2004. 5.3 동아일보, 신연수 〈리더십의 조건〉 -

봉사와 현신의 바탕은 사랑이다. 서번트 리더십은 바로 그 '사랑'의 리더십을 말한다. 우리의 리더십은 그 사랑을 잃었을 때 '권력'에 의존하게 된다. 권력에 의존한 리더십으로는 어떤 조화도 이룰 수 없으며 어떤 문제도 해결할 수 없다. 사랑을 근본으로 삼은 '서번트 리더십(servant leadership)'은 세상에서 가장 강력한 리더십이다.

99와 1의 差異

- 碧 松 -

물이 수증기가 되려면 100도가 되어야 합니다.
0도의 물이건 99도의 물이건
끓지 않는 것은 마찬가지입니다.
그 차이가 자그마치 99나 되면서도 말입니다.

수증기가 되어 자유로이 날아갈 수 있으려면
물이 100도를 넘어서부터입니다.
그러나 99도에서 100도까지의 차이는 불과
1도라는 사실!

이 글을 읽고 계신 당신은 99도까지 올라가고도
1을 더 하지 못해 포기한 일은 없으신지요?
1보다 더한 99를 노력하고도 말입니다.

무슨 일이든지 끈기와 용기, 그리고 자신감을
가지고 끝까지 최선을 다한다면
못 다할 일은 없는 것입니다.
노력 끝에 기쁨이 오고 그 열매는 자신을 밝혀주며
인생에 있어서 가장 밝은 빛이 되어 줍니다.

MEMO

제3장

고객관리와
실무능력 함양

화안시(和顔施) 하면 고객이 몰린다

동대문에서 의류 사업으로 큰돈을 번 어느 사장님의 마케팅 사례다. 그분은 매장에 나오면 먼저, 아주 즐겁고 밝은 표정을 지으면서 주위를 살펴본다. 그리고 사랑과 감사의 마음으로 진열된 옷을 쓰다듬으면서 '사랑해, 고마워'라고 속삭인다. 마치 자식에게 사랑한다고 말하듯이 정말 사랑하는 마음으로 말이다.

이러한 느낌과 감정을 표정에 그대로 담아 고객에게 나누어 준다. 감사와 사랑의 마음을 가득 품고 가장 환한 얼굴로 고객을 맞는 것이다. 이것이 고객을 단골로 만들어 그를 거부(巨富)로 만든 마케팅 전략이었다.

전철에서 맞은편에 앉은 사람의 표정이 밝고 건강하면 왠지 기분이 좋아지고, 그날 하루가 즐거워진다. 이와 같이 감정과 마음은 다른 사람에게 전달될 뿐 아니라 일반 사물에까지도 영향을 미친다.

어느 보험왕은 '활기차고 건강미 넘치는 얼굴'이 자신의 영업비결이라고 한다. 그녀는 이를 위해 열심히 스포츠댄스를 하는데, 건강이 좋아짐은 물론 매사에 자신감이 솟아나고 고객들도 덩달아 좋아한단다.

매사에 실패만 거듭하던 어떤 이가 석가모니를 찾아가 물었다.

"저는 하는 일마다 제대로 되는 일이 없으니 무슨 까닭일까요?"

"그것은 네가 남에게 베풀지 않았기 때문이니라."

"저는 아무것도 없는 빈털터리입니다. 남에게 줄 것이 있어야 주지 뭘 준단 말입니까?"

"그렇지 않느니라. 아무 재산이 없더라도 남에게 줄 수 있는 일곱가지(無財七施)가 있다. 첫째가 바로 화안시(和顏施)인데 얼굴에 화색을 띠고 부드럽고 정다운 얼굴로 남을 대하는 것이다. 미소가 이에 해당되느니라. 네가 이 일곱 가지를 몸소 행하여 습관이 붙으면 너에게 행운이 따르리라."

부자의 얼굴에는 부자라인이 있다고 한다. 돈이 새지 않도록 하는 인중(人中)라인과 입가의 법령(法令)라인, 그리고 항상 미소를 머금은 입주위의 웃음라인이 뚜렷하다고 한다. 그만큼 표정이 밝고 자신감이 있어 보인다는 것이다.

고객의 눈은 예리하다. 화장발로 갈무리한 영업적 억지 미소와 건강한 몸에서 우러나오는 아름다운 자연산(自然産) 미소를 어찌 구별하지 못하겠는가! 고객이 찾아오지 않는다고 답답해 하는 이여, '옆집은 문전성시(門前成市)를 이루는데 우리 집은 왜 파리만 날릴까?'라고 고민하는 이여, 오늘부터라도 운동을 시작해서 건강미 넘치는 얼굴로 화안시(和顏施) 하여보라. 그러면 고객들도 웃으면서 몰려오리니…….

» 웃는 얼굴은 남을 행복하게 만든다

매력적으로 아름답게 웃는 얼굴은 상대방에게 호감을 줄 뿐만 아니라 상대의 마음까지 행복하게 만든다. 그 행복이 몇 배로 불어나서 다시 돌아와 내 운명을 바꿔 놓기도 한다. 그것이 바로 웃음의 힘이다.

고객의 마음을 여는 만병통치약, 웃음

"담배를 피우실 분들은 비행기 날개 위에서 마음껏 피우실 수 있습니다. 흡연하시면서 감상하실 영화는 〈바람과 함께 사라지다〉 입니다."

장거리 여행에 지쳐 있던 승객들이 기장이 던진 이 농담 한 마디에 모두 웃음바다에 빠졌단다. 승객들의 긴장이 한순간에 날아갔음은 말할 나위 없다. 세상에서 가장 강력한 치료효과를 가진 약이 있다면 바로 '웃음'이라는 만병통치약이다.

사람들의 마음을 가장 빨리 사로잡는 비결은 바로 '웃으세요. 그리고 웃기세요.'이다. 사람의 호감을 사는 일 역시, 아무리 능력이 좋은 사람이라도 그저 딱딱하기만 하다면 왜 모르게 거리감을 느끼게 되지 않던가.

한번 시원하게 웃게 만든 사람은 상대방에게 이쁜 사람으로 남게 된다. 먼저 웃어라. 그리고 마음을 열고 사람들을 웃겨라. 당신과 당신의 이미지는 어느새 '이쁜 사람'이 되어있을 것이다.

- 돈을 부르는 노장오의 '브랜드이야기'를 중심으로 -

» 상품보다 미소를 먼저 팔아라

모든 판매원들은 95%의 이성과 5%의 감성을 가지고 고객에게 다가가지만 실제로 고객들은 5%의 이성과 95%의 감성으로 판매원들을 대한다. 95%의 감성에 흔들리는 고객의 구매 결정에 직접적인 영향을 미치는 것이 바로 미소와 웃음이다.

- 한국웃음연구소, 이요셉의 '웃음 성공학' 중에서 -

『두 남녀가 영화관엘 갔다. 여자가 한 가지 제안을 했다.

"앞에 앉은 남자를 한 대 때리면 내 손을 잡게 해주겠어요."

그러자 남자가

"야, 봉수야!"

라고 부르며 그 남자를 한대 쥐어박았다. 그리고는 재빨리

"어? 아니네. 제가 사람을 잘 못 봤군요."

라고 사과를 했다. 이에 재미를 느낀 그녀가 또 말했다.

"한 번 더 때리면 키스를 허락하겠어요."

그러자 그 남자는

"야 임마, 너 정말 봉수 아냐?"

라고 하면서 앞의 남자를 한 대 더 때렸다. 마침내 머리끝까지 화가 나서 불같이 달려드는 그 남자에게

"어쩌면 내 친구 봉수랑 그렇게 닮으셨나요?"

라고 하면서 손이 발이 되도록 빌었다. 장난기가 발동한 그녀는 또 말했다.

"이제 정말로 한 번만 더 때리면 결혼을 해주겠어요."

호흡을 가다듬고 기회를 엿보던 그는, 영화가 끝난 뒤 출구를 나서던 앞줄 남자의 이마를 또 한 대 쥐어박으며 이렇게 말했다.

"야 봉수야! 나 오늘 극장에서 정말 너랑 똑 같은 놈 봤다~."』

이 이야기는 과천 관가 최고의 재담꾼으로 불렸던 임내규 전 산업자원부 차

관(현 한국카본 부회장)이 재임시절 회의 분위기가 경색되었을 때 사용했던 유머 중 하나다.

- 2005.4.30 한국일보 -

고객의 만족보다 나의 만족이 우선

아침에 나의 애거(愛車: 자전거) 블랙켓(black cat)을 타고 세 번째 출근을 했다. 애거 블랙켓이 며칠 사이에 주위 사람들에게 인기를 얻으니 더욱 애착이 간다. 사이클 복장을 갖춘 이들의 반가운 목례는 주말 아침을 상쾌하게 열어준다.

양재천의 푸르른 갈대숲과 언덕의 샛노란 야생화가 활짝 웃으며 반긴다. 녹색이 주는 편안함과 노란 칼라가 주는 밝음은 주행자의 기분을 잔뜩 고조시켜준다. 애거를 타고 사무실에 도착하여 송글송글한 땀방울을 닦으면서 산뜻한 카타르시스를 느낀다. 내면에서 은근한 에너지가 전신을 타고 올라오는 듯한 짜릿한 기분이 우러난다.

덕분에 곧 오실 고객의 상쾌함을 위해 사무실을 청소하는 움직임이 날렵하다. 주위가 깨끗하면 내가 만족스럽고, 고객도 만족스러워하실 것이다.

우리는 밤낮을 가리지 않고 고객에게 드릴 물건을 찾아다닌다. 시장에 나타나는 물건은 수없이 많다. 그러나 좋은 물건, 안전한 물건은 그리 흔치 않다. 입맛이 까다로운 고수를 만족시키는 물건은 더욱 찾기 어렵다.

그래서 자신이 보기에 놓치기 아까운 물건, 만족스런 물건을 찾았을 때 고수는 긴장하게 된다. 대상 물건이 완전하게 확보될 때까지 일종의 비상사태가 선포된다. 고수는 이처럼 자기가 먼저 만족할 수 있는 물건이 아니면 좀처럼 고객에게 권유하지 않는다. 우선 자기만족! 이것은 고객만족의 절대적인 전제조건이다.

고수는 고객을 왕처럼 모신다

내가 아는 어느 고수는 정말 고객을 끔찍이 생각한다. 상담 중에 고객이 좋아하는 꽃 얘기가 나오면 다음 번 상담 때는 꼭 그 꽃을 사다가 꽃병에 꽂아 둔다. 고객이 맛있다고 하는 빵이 있으면 기회가 되는 대로 꼭 사다 드린다.

고객이 혹시 인감도장을 잊고 사무실에 두고 가면, '고객이 얼마나 걱정하실까?' 염려하며 만사 제쳐 두고 최우선적으로 신속하게 갖다 드린다. 뿐만 아니라 여행을 가면 고객이 무엇을 좋아하는지를 염두에 두었다가 고객의 선물부터 먼저 챙긴다.

그러나 무엇보다 우선순위에 두는 것은 상담이다. 고객에게 유익한 자료를 만들기 위해 밤잠 안자고 연구하고 또 연구한다. 고객과의 상담 일정이 잡히면 미리 철저히 자료를 챙기고, 좋은 물건이 아니면 절대 권하지 않는 것은 물론이거니와 기대수익을 충족시키며 되팔 수 있는 물건인지를 머리 속으로 수없이 시뮬레이션 한다.

불황탈출의 3비법, 심(心)·기(技)·체(體)

경기가 장기불황에 접어들면서 너도나도 수익성 증대와 경비절감을 위해 고객에 대한 각종 서비스를 줄이고 있다. 이와 같이 비용절감에만 신경을 쓰다 보면 점차 서비스의 품질이 떨어지게 된다. 그런 사무실은 고객들이 차갑게 등을 돌림으로써 더 큰 불황을 겪을 수도 있다.

서비스에 대한 필자의 견해를 구보야마 데쓰오의 저서 '서비스 철학'을 근간으로 하여 피력해 본다.

고객에 대한 서비스야말로 최고의 마케팅 전략이며 불황 타개에 있어서 필수 불가결의 요소이다. 서비스는 '어머니의 무조건적인 사랑'과 같은 것으로서 고객을 아끼며 진정으로 대하는 마음이다. 특히 고객을 뭉뚱그려 서비스했던 과거와는 달리 요즘에는 고객 한 사람 한 사람의 개성을 살리는 차별화된 서비스를 제공하지 못한다면 고객들로부터 외면당하게 된다.

차별화된 서비스를 제공하기 위해서는 누구에게라도, 어떤 경우에라도 흔들림 없는 서비스 철학이 있어야 한다. 왜냐하면 서비스는 감정의 동물인 인간이 행하는 행동이기 때문에 표준화가 어렵고, 눈에 보이지 않는 상품이기에 확인하기도 어려우며, 보존이 어려운 상품인 동시에 매순간이 중요한 승부의 장이기 때문이다.

그래서 서비스의 세계에서도 무도의 세계와 마찬가지로 상대와 맞서 싸우는 강한 정신력과 피나는 연습으로 배양한 훌륭한 기술 그리고 튼튼한 체력 '심, 기, 체'를 필요로 한다.

용인에 있는 S부동산 사무실에서는 봄과 가을, 연중 두 번 정도 고객들과의 만남의 호프day, 운동회, 맛있는 먹거리 잔치, 명승지 관광 등 고객들을 위한 이벤트 서비스를 하는데, 비용이 만만치 않게 들지만 사무실의 개성을 고객에게 전달하고 좋은 사무실이라는 인상을 심어준다는 점에서 투자비용 이상의 효과를 올리고 있다.

» 돈이 아닌, 고객에게 집중한다

『회사가 돈버는 데 집중하면 고객이 도망가고 고객에게 집중하면 돈은 저절로 따라온다. 돈이란 게 네발 달린 짐승 같아서 두 발 달린 인간이 아무리 쫓아가도 되는 것이 아니다. 고객을 열심히 쫓아가면 돈은 따라온다.』

- 교보생명 신창재 회장-

"마케팅이란 제품을 팔아 돈을 버는 것이 아니라 수익성 있는 고객을 찾아내고 유지하고 키워 나가는 '과학과 예술' 입니다. 그리고 장사는 이문을 남기는 것이 사람을 남기는 것입니다. 돈이 아닌 고객에 집중하는 기업이 장기적으로 살아남을 거라는 데 동의합니다."

- www.hunet.co.kr -

입소문이 고성장의 비결

현대는 광고에 있어서 최첨단 기법이 동원되는 시대이지만 지금도 입소문 마케팅은 여전히 위력을 발휘하고 있다. 등산복 업체 '레드페이스'의 판매 전략은 그리 특별할 게 없다. 대문짝 만하게 광고를 내거나 유명모델을 쓰지 않고도 한번 써본 사람들이 내는 입소문을 통해 지난 5년 동안 평균 40%의 성장률을 기록하고 있다.

불특정 다수보다는 주요 타깃인 등산객들에게 알리자는 차원에서 2001년 등산로 입구에 매장을 낸 것이 주효했다. 등산객들이 퍼뜨리는 "품질이 좋더라."고 하는 구전마케팅 덕에 E마트에 매장을 개설하게 되었고 현재는 57개 매장에 입점해 있다.

부동산 사무실의 고객들도 별반 다르지 않다. "○○부동산에 갔더니, 서비스 품질이 대단하더라."라는 입소문이 나기 시작하면 고객들은 오지 말라고 해도 오고 싶어 안달을 할 것이다.

『2001년 7월 30일자 Business Week에 'buzz marketing'이라는 커버스토리가 실리면서 미국에서 '버즈 마케팅'이 많은 관심을 불러 일으켰다. 버즈마게팅은 인적 네트워크(social network)를 통해 마케터가 원하는 정보를 소비자들에게 전달하는, 일종의 구전 마케팅 기법이다.

전문가들은 성공적인 버즈마케팅을 위한 공통요소로서 다음과 같은 다섯 가지를 제시하고 있다.

1. 여론 선도자(opinion leader)를 잡아라

여론형성에 있어 주도적인 역할을 하는 영향력 있는 소수, 핵심적인 부류의 사람을 나의 편으로 만들면 다수에게 좋은 영향을 준다.

2. 특권처럼 생각할 수 있도록 공급을 줄여라

사람들은 누구나 자신이 아주 특별한 경험을 했다고 느꼈을 때 이를 다른 사람에게 얘기하고 싶어 한다.

3. 광고와 매스미디어를 적절히 활용하라

입소문을 이용할 때 광고와 미디어의 적절한 동반 활용은 그 효과를 배가시킨다. 너무 일찍 시작된 광고는 소문이 시작되기도 전에 모두에게 실체를 알려버림으로써 버즈의 발생을 아예 막을 수가 있다.

반대로 너무 늦게 집행된 광고는 뒷북치는 꼴밖에 안 되지만 적당히 감춤으로써 호기심을 자극한 티저(teaser) 광고는 버즈효과를 증폭시킨다.

4. 커뮤니티를 활용하라

대개의 여론 선도자들은 자신만이 특별한 것을 한다는 일종의 특권의식에 사로잡혀 있다. 다른 이들이 자신과 같은 상품이나 품목에 관심을 보이고 이를 소유하기 시작하면 다른 곳으로 관심을 돌려버린다.

커뮤니티를 활용하면 이와 같은 단점을 극복할 수 있다. 자신과 같은 질병으로 고민해 온 사람이 직접 신약에 대한 효능을 얘기해 주는 것은 TV광고를 백 번 보는 것보다 훨씬 설득적일 수밖에 없다.

5. 만약의 사태에 항상 대비하라

버즈마케팅은 마케터가 마케팅 메시지를 통제할 수 없다는 특징이 있다. 소문이 꼬리를 물고 갖가지 다양한 소문이 퍼지는 일련의 과정이 마케터가 원하는 방향으로 진행되지 않을 경우에는 오히려 막대한 역효과를 낼 수도 있는 것이다.』

- 조희창, '입소문의 가공할 위력, 그 양면성을 보라' -

좋은 소문은 7명에게 전하지만, 나쁜 소문은 11명에게 퍼진다는 통계가 있다. 세간에 이르기를 '도와주기는 어려워도 재 뿌리기는 쉽다.'는 말이 있다. 나쁜 소문이 나지 않도록 항상 조심해야 함은 물론 좋은 소문이 퍼져가도록 적극적인 노력을 기울여야 한다.

하루에 점심을 세 번 먹을 수도 있다

　일반 고객들은 토지를 고를 때 우선 시각적으로 모양이 좋고 예쁜 땅, 도로 옆 교통이 좋은 곳, 앞이 탁 트이고 유유히 강물이 휘돌아 나가는 곳, 멀리 아름다운 조망이 있으며 뒤로는 병풍처럼 산이 둘러쳐진 그야말로 이상적인 남향의 배산임수의 입지를 선호한다. 가격은 그 다음이다. 땅이 마음에 들고, 브리핑이 시원시원하고 만족스러우면 가격에 대한 협상의 길은 언제든지 열어둔다.

　그러나 고수의 시각은 다르다. 우선 환금성을 생각한다. 땅은 왜 사는가? 대부분 적당한 시기에 되팔려고 사는 것이다. 수익률은 그 다음 문제다. 물론 50%, 100% 수익률도 중요하지만 자기가 자금이 필요하여 팔고 싶을 때 팔 수 있는 땅, 그런 환금성이 있는 땅을 사는 것이다. 가상으로는 수백%의 수익률을 내고 있다손 치더라도 팔리지 않으면 무슨 소용이 있단 말인가?

　당장은 모양이 어수룩하고 보잘 것 없어 보여도 토목을 하고 화장을 하면 굉장히 좋은 땅이 될 수 있는 저평가된 땅, 그런 땅을 고수는 최고로 친다. 하지만 그런 땅을 찾기가 쉬운 일이 아니다. 물건 100개를 봐야 마음에 드는 땅이 한 개가 나올까 말까 하다. 고수는 오늘도 새벽부터 밤중까지 그런 땅을 찾아다니는 것이다.

몇 분 고수들은 한결같이 고객이 원하면 하루에 점심을 두세 번씩 먹는 것도 불사한단다

"고객이 원하면 아무리 배부르게 점심을 먹은 후라도, 그대로 얘기해서는 절대 안 된다. 그래서는 결코 프로가 될 수 없다. 화장실에 가서 토하는 일이 있더라도 고객이 원하면 하루에 세 번이라도 점심을 같이 먹어라. 거기서 거래의 싹이 트는 것이다."

중개업을 하는 친구와 함께 전세물건 중개를 위해 다른 업소를 방문한 적이 있다. 실장이 반갑게 맞이하며 커피를 내 놓는데, 친구가 자기는 커피를 잘 마시지 않는다며 굳은 표정으로 거절을 하였다. 필자는 나중에 그 친구에게 이렇게 조언을 하였다.

"나도 커피를 잘 마시지 않지만 아까와 같은 상황에서는 아주 맛있게 먹고, 활짝 웃으며 감사표시를 한다. 잘 생각해 보게. 공동중개에 있어서는 부동산중개업자가 최고의 고객이 아니겠는가?"

이와 같이 행동한다는 것이 말처럼 쉬운 일은 결코 아니다. 수 없는 부동산업소가 우후죽순처럼 생겨났다가 줄줄이 문을 닫고 있는 현실에서 살아남는 10%가 되기 위해서는 때로는 자신의 기호도 잠시 접어 두어야만 하는 경우가 있다.

» 고객의 법칙 10-10-10

『고객 한 명을 데려오는 데는 10달러의 비용이 들고 고객을 잃어버리는 데는 10초의 시간이 걸리며 잃어버린 고객을 다시 데려오는 데는 10년이 걸린다는 말이 있다.』

- 안종운, 농업기반 공사 사장 -

대화의 원리를 숙지하고 적용하라

까다로운 고객과 협상을 할 때, 호의를 거절해야 할 때, 사과의 말을 전해야 할 때 등, 우리는 매일 어려운 대화를 한다. 현대사회에서 '말'을 잘하는 것은 엄청난 메리트다. 의사전달을 효과적으로 할 수 있는 "말하기"의 방법을 살펴보자.

우선, '말할 거리'를 찾아야 한다. 재료가 없으면 요리를 할 수 없듯이 '말할 거리'가 없으면 말을 할 수 없는 것이다. 이것은 직접 체험에서 얻는 것이 중요하다. 시간이 없으면 TV, 영화, 연극 등을 많이 보고 간접 체험의 효과를 높일 수 있다.

특히 한 권의 책에는 저자의 사상과 지식이 고스란히 담겨 있다. 폭넓은 독서를 통해 그 시대에 필요한 다양한 지식을 습득하면 말하는 것에 자신감이 생기게 마련이다. 이런 이유에서 지적(知的) 사냥을 많이 하는 사람은 내부뷰 밀도 잘한다.

또 깊이 생각하는 것이 중요하다. 아무리 많이 읽고, 많이 보아도 자신만의 사고가 없다면 단순한 의미만 전달할 뿐 깊이 있는 말을 할 수 없다. 사냥한 "말할 거리"에 자기 생각(양념)을 넣으면 더욱 맛있는 요리가 되는 것이다.

『말을 시작할 때는 미소를 짓고, 그 사람의 눈을 정면으로 바라본다. 굳이 톡톡 튀는 말을 하거나 심각한 의미가 담긴 말을 할 필요는 없다. 평소와 다름없이 말을 하면 그것으로 충분하다.

기본적으로 상황, 상대방, 자기 자신의 세 가지 화제를 선택한다. 그 다음 질문을 던지고 견해와 사실을 말하는 세 가지 방법을 취한다. 대화를 시작할 경우 자신의 관심을 표현하거나 상대방을 대화에 끌어들이는 것이 필수다.

그래서 사람들은 흔히 질문하는 방식의 말로 인사를 한다. 하지만 견해를 표명해서 대화를 술술 풀어가는 것이 좋은 방법이다. 이는 상대방이 대화에 끼어들 여지를 마련해 놓는 방법이기 때문에 사실만을 말하는 것보다 훨씬 바람직하다.

목소리는 첫인상에서 10~20%의 영향을 주기 때문에 스피치에도 관심을 두어야 한다. 거의 모든 비즈니스는 전환에서 시작되므로 밝고 아름다운 목소리가 상대방에게 전해지면 50%는 성공한 셈이다.』

- 정연아, 이미지테크 연구소장 -

대화를 잘 하기 위해 '하버드식 대화법'을 실천해 보는 것은 어떨까.

- 대화의 목적: 거론해야 할 때와 포기할 때를 안다
- 대화 시작하기: '제3의 이야기'로부터 시작하라
- 대화에서 배우기: 경청이 최고의 대화 기술이다
- 표현하기: 당당하게 표현하라
- 문제해결: 대화를 주도하라

의사소통(communication)의 시작은 상대방의 마음을 읽는 것, 말하기도 중요하지만 상대방이 어떤 의도를 가지고 무슨 말을 한 것인지, 그래서 감정이 어떤 지, 그리고 성격, 숨은 뜻이 무엇인지를 아는 것이 중요하다. 그러하기 위해서는 잘 듣는 것이 중요하다.

그리고 대화의 어려움을 극복하기 위해서는 자기 자신과 상대방의 심리에 대해 깊이 이해하려는 태도를 가지라는 것이다. 대화시 상대방의 변화를 불러일으키는 가장 효과적인 방법은 칭찬임을 명심하자.

'칭찬은 고래도 춤추게 한다.'고 하지 않는가!

아집을 피우고, 분노하며, 갈등과 상처를 겪는 대화를 극복하고 상대방을 인정해주고, 경청하며, 질문하고, 바꾸어 말하는 마음가짐과 기술을 습득하여 '존경받는 대화'를 꽃피워 보자. 말 한마디 잘하면 그대는 언제나 승자다!

» 효과적인 의사소통

『현대사회에서 커뮤니케이션은 가장 중요한 요소다. 어떻게 하면 상대방과 효과적인 대화를 나눌 수 있을까.

먼저, 3분 스피치 연습을 하자. 3분 스피치는 어떤 사물이나 사건에 대한 하나의 주제를 정해 짧고 간결하게 표현하는 것으로 순발력과 재치를 갖추게 하는 고감도 화술 연습법이다. 가족, 친구, 동료와 함께 혹은 혼자서 가벼운 마음으로 꾸준히 연습하면 조리 있고 명쾌한 말솜씨를 갖출 수 있다. 명언이나 고사성어를 외워 두면 대화의 좋은 재료가 되고, 유머감각은 인간관계를 부드럽게 해주는 윤활유 역할을 한다.

또 상대방의 말은 최선을 다해 듣자. 다른 사람이 말할 때는 눈을 쳐다보지 않고 습관적으로 주위를 두리번거리면 상대는 무시당하는 기분이 들 수도 있다.

상대방의 말을 들을 때는 온몸으로 들어야 한다.』

- 정연아, 이미지테크 연구소장 -

» 브리핑(briefing)만 잘 해도 50%는 성공이다

『사무실을 방문한 고객의 마음을 사로잡으면 일단 50%는 성공한 셈이다. 고객의 마음을 사로잡는 중요한 방법 중 하나가 브리핑이다. 브리핑을 잘하기 위한 가장 중요한 요소는 주제의 명확성이다.

이를 위해서는 자신이 설명할 내용의 전체 구조, 각 내용 간의 상호 관계, 이유와 근거 등을 확실히 파악하고 이를 쉽게 말할 수 있어야 한다. 이와 함께 설명에서 가장 신경 써야 할 부분은 상대방의 이해도에 맞춰 이야기를 전개하는 것이다.

자신이 말하려는 내용에 예비지식이 있는지 파악한 뒤, 반응을 확인해 가며 설명할 필요가 있다. 이 밖에 서론을 줄이고 핵심을 이야기하기, 사례를 들어가며 이해시키기, 비교를 통해 특징을 부각시키기 등도 설명에서 중요한 노하우 중 일부다.』

- 2005.5.3 am7 김종락, '브리핑을 잘하는 방법' 참조 -

» 굿 리스너(Good listener)가 굿 스피커(Good speaker)

말을 잘하는 사람이라고 해서 반드시 대화의 주도권을 가진 사람이 아니다. 성공한 사람은 절대 자기 이야기만 해서 듣는 사람을 지루하게 하지 않는다. 우리 사회에서는 일방적으로 말하기를 좋아하는 사람이 있는데 이는 머지않아 한계에 부딪힌다.

전문 분야에 관해 설명할 때도 반드시 주변 사람에게 의견을 묻는 습관을 갖는다면 좋은 인상을 남길 수 있다. 가장 말을 잘하는 유형은 남의 말을 열심히 듣고 그 중 한 가지를 꼬집어 되묻는 것이다. 모임에서 가장 말이 없는 사람을 띄워주는 것도 훌륭한 대화의 방법이다.

» 달변보다는 진심 어린 한마디가 어필한다

자신이 대화의 주도권을 잡아야 한다는 강박관념에 사로잡혀 쉬지 않고 떠드는 사람이 있다. 그것은 대화가 아니라 수다일 뿐이다. 진정으로 말하는 기법을 아는 사람은 듣는 사람을 즐겁게 하는 것은 물론 상대방을 설득하고 행동에 옮기도록 힘을 발휘하는 사람이다.

내가 한 말로 상대의 행동까지 바꿀 수 있어야 말을 잘한다고 할 수 있으므로 상대방의 반응에 맞추어 말의 양을 조절해야 한다. 또한 쉬지 않고 말하는 것보다 적당한 때 끊고 숨쉬는 말투가 더 효과적이다. 말의 리듬이 살아날 뿐만 아니라 듣는 사람에게도 내가 한 말에 대해 생각할 기회를 주기 때문에 효과가 있다.

» 남보다 반 박자 앞선 화제를 구한다

한 그룹 안에서 인기가 좋은 사람은 대부분 이야기를 잘한다. 금기에 관련된 이야기 뿐만 아니라 다른 사람들이 알고 싶어 하는 궁금증도 쉽게 설명해 준다. 알아듣기 쉬운 말로 설명하기 때문이다.

아무리 풍부한 지식을 가지고 있을지라도 자기만 아는 용어로 이야기한다면 다른 사람의 의문을 풀어주기 힘들다. 어려운 이야기도 상대편의 입장에서 말한다면 대화를 이끌어 가는 주인공이 될 수 있다.

» 브리핑을 잘 하는 사람이 대우받는다

따뜻한 카리스마를 풍기는 고수가 자신감에 넘쳐 멋진 브리핑으로 고객들의 마음을 사로잡는 모습은 언제 봐도 멋지다. 이미 고수에게 송두리째 마음을 빼앗겨버렸는데, 당장 부자가 될 것 같은 핑크 빛 꿈에 사로잡혀 있는데, 고수가 하자는 대로 할 수밖에 달리 방법이 있겠는가.

협상(協商)은 심리전(心理戰)이다

계약(契約)은 협상이 낳은 값진 성과물이다.

협상의 기본은 커뮤니케이션(communication)이다. 내가 원하는 것, 상대방이 원하는 것의 절충점에 어떤 방식으로든 도달해야 협상이 완결된다. 협상은 기본적으로 심리전이다. 기(氣)싸움이 되기도 한다. 협상의 판이 벌어지면 판세를 몰아야 하고, 기(氣)를 모아야 한다.

사람의 심리란 묘해서 '틀'을 어떻게 짓느냐에 따라 생각의 방향이 달라진다. 매도가격을 확정 짓는 협상을 할 때, 매수 가격에 적정이윤 (경제성장률+물가상승률+α)을 기준으로 하면 웬만한 가격이면 이득이 되는 가격이 된다.

하지만, 최초에 마음에 둔 자릿수의 기대가격을 기준으로 하면 거기에 못 미치는 가격은 심리적으로 받아들이기 힘들다. 협상의 틀을 어떻게 잡아가느냐에 따라 받아들이는 마음이 달라진다.

『협상은 이성적인 과정이지만, 감성의 힘도 크게 작용한다. 상대방에 비해 내가 공평하지 않은 결과를 수용해야 한다면 감성적(感性的)으로 받아들이기 힘들다.

'공평성(公平性)의 원칙'에서 감성은 중요하다. 친구 두 사람이 길을 가다가 우연히 10만원을 주웠다고 하자. 한 친구가 9만원을 갖겠다고 하면서 다른 친구에게 일방적으로 1만원만 준다면 화가 나게 마련이다. 없던 돈 1만원이 생겼는데도 화가 나는 것은 공평성의 원칙이 무너졌기 때문이다.

사람마다 공평성에 대한 잣대는 조금씩 다를 수 있지만, 자신이 생각하는 공평성에 위배된다고 생각할 때는 감성적으로 받아들이기 힘들다. 협상은 심리전이기 때문에 이성만이 아니라, 감성적으로도 서로 수긍할 수 있어야 받아들인다.

매매 협상에서도 명분(名分)과 실리(實利)는 분명히 따져야 한다. 명분도 얻고 실리도 취하면 좋지만, 사안에 따라 무엇을 우선순위로 삼아야 할 것인지 전략이 필요하다. 협상에서 자신에 대한 과신은 위험하다. 내 입장만 보느라 큰 그림을 못 보게 되면 심리전에서 진다.』

- 2005.4.30 중앙일보 숙명여대 강미은 교수의 '삶과 문화' 참조 -

협상을 하기 전, 목표를 명확히 정하고 상대를 파악하는 것은 기본 중의 기본, 협상 장소는 홈그라운드(home ground)로 정하는 것이 좋고, 우호적인 분위기를 유지하는 것도 협상의 성패를 좌우한다.

로버드 치알디니는 「설득(設得)의 심리학(心理學)」에서 6가지 법칙을 알면 설득의 전문가가 될 수 있다고 말하고 있다.

» 6가지 설득의 법칙

(1) 상호성(相互性)의 법칙: 무료 사은품은 공짜가 아니다.

(2) 일관성(一貫性)의 법칙: 내가 선택한 것이 최고라고 믿고 싶다.

(3) 사회적 증거(社會的 證據)의 법칙: 유행이 유행을 만든다.

(4) 호감(好感)의 법칙: 미인은 무죄판결을 받을 가능성이 높다.

(5) 권위(權威)의 법칙: 하느님의 말에는 목숨을 걸 수도 있다.

(6) 희귀성(稀貴性)의 법칙: 백화점 세일 마지막 날 사람이 몰린다.

보험사 영업사원들은 '상호성의 법칙'을 곧잘 활용한다. 사무실에서 회사원들은 수시로 보험사 직원들의 방문을 받는다. 새내기 보험사 직원은 처음부터 이것저것 상품을 설명해가며 우리들을 설득하려 하지만 대부분 실패하곤 한다.

그러나 베테랑급 보험사 직원은 처음엔 그저 호의(好意)를 보일 따름이다. 그들은 사탕 또는 포스트잇 같은 것을 무료로 나누어 주고 짧은 담소를 나눈 후 사라진다. 그런 일이 몇 달 되풀이되다 보면 우리는 그 보험사 직원에게 고맙고 미안한 마음이 들어 결국 값싼 보험 상품 하나라도 들어 주게 된다는 것이다. 사람은 누구든지 '빚지고는 못산다'는 심리가 작용하기 때문이다.

» 호의적인 자세

『자세를 보면 그의 말에 어느 정도 관심을 갖고 있는지를 알 수 있다 우선 팔짱을 낀 채 다리를 꼬아 한 데로 모으는 '닫힌 자세'를 하고 있으면 긴장하고 있거나 관심이 없다는 것을 나타낸다.

계약을 성사시키거나 초대를 해야 할 경우, 상대방이 열린 자세가 될 때까지 기다려야 한다. 열린 자세란 마음이 편안한 상태라는 뜻으로, 상대방이 이러한 상황일 때 제안을 더욱 더 쉽게 받아들인다.』

– 정연아, 이미지테크 연구소장 –

『실제로 어떤 말을 제대로 듣고 그대로 실행하는 것도 중요하지만 단지 상대방이 내 말을 진지하게 들어주는구나 하는 느낌을 주는 것만으로도 큰 효과(신뢰)를 거둘 수 있습니다.

대부분의 사람들이 남의 말을 잘 듣지 않기에 남의 말을 잘 들어준다는 평판 하나만으로도 차별화된 경쟁우위를 가질 수 있습니다.』

- www.hunet.co.kr '행복한 경영이야기' -

지극 정성으로 최선을 다하라

중개업을 하시는 Y선배의 경험담이다. 어느 날 고객에게 열심히 수십 억짜리 건물 브리핑을 하고 있는데, 마침 사무실에 놀러왔던 친구가 물끄러미 경청을 하고 있다가, 고객이 가고 나서 다짜고짜로 내일 그 건물을 사겠다고 하더란다. 결국 일사천리로 일이 잘 진행되어 갑작스레 큰 건을 연결하는 성과를 올렸다고 한다.

일에 집중하고 최선을 다하다 보면 의외의 곳에서 계약이 터진다. 우선 일 하나하나, 상담 한 건 한 건마다 최선을 다해보자. 의외의 좋은 결과가 기다리고 있을지도 모를 일이다. 아무리 어렵더라도 최선을 다하고 그 결과를 기다려 보자.

» 지역생활 잡지를 적극 활용하라

전화기와 책상이 주요 자산인 부동산 사무실을 운영함에 있어서 가장 중요한 것은 홍보이다. 홍보수단 중에서 유용하게 활용할 수 있는 것이 지역의 생활 잡지이다. 이것을 잘 활용하면 저렴한 비용으로 효과 있게 자신을 지역에 잘 알릴 수 있다. 30~40대 여성 고개들을 타깃으로

2~3달에 한 번 발행하는 차별화된 잡지 등이 광고효과가 좋다.

요즈음은 곳간 열쇠는 물론이려니와 가장이 틀어쥐고 있던 집문서와 땅문서도 대개는 주부들이 가지고 있다. 구입과 처분권까지도 주로 여성들이 행사하는 시대인지라 여성의 마음을 읽고 그들에게 다가갈 수 있어야 원활한 부동산 마케팅이 가능한 시대가 되었다.

지역 생활 잡지에 부동산의 지역분석·시황분석·세무분석 등의 자료를 시리즈로 제시하고 부동산과 관련된 재테크 방법을 안내하며 고정 칼럼 란 등을 이용하여 자신의 경영마인드와 철학을 은연중에 전달해 두는 것도 그들에게 다가갈 수 있는 좋은 방법이 될 것이다.

절대로 3초 이상 머뭇거리지 말아라

"고객이 전화를 걸어 문의를 할 때 절대로 3초 이상 버벅대지 말라. 모르면 전화를 끊고 다시 조사하여 전화를 하라. 3초 이상 머뭇거리면 이미 고객의 신뢰를 잃어버린다."

J고수의 말이다. "3초 이상 버벅대지 말라"는 것은 평소에 그만큼 고객 맞을 준비를 철저히 하라는 뜻이다. 이론공부에도 힘쓰고 실전에 대비하여 수없이 시뮬레이션 하여 고객이 전화를 하거나 방문할 때 머뭇거리거나 서두르게 대응히지 않아야 고객의 신뢰를 얻을 수 있다.

» 전화상의 '잠깐만은 30초 이내'이어야 한다.

'잠깐만', '즉시', '빨리' 등 일상생활에서 자주 사용하는 시간과 관련된 표현에 대해 CEO들은 어떤 시간개념을 갖고 있을까? 월간 CEO가 'CEO가 생각하는 시간철학'을 주제로 50명의 CEO들에게 설문조사를 실시하였다.

"전화로 상대방이 '잠깐만 기다려 달라.'고 했을 때, 잠깐을 어느 정도의 시간으로 보는 가?"라는 질문에 `30초 이내` 라는 응답이 54%로 가장 많았다. 전화로 고객 불만을 접수한 직원이 '즉시 답변 드리겠다.'고 했을 때 '즉시'의 시간개념에 대해서는 '5분 이내'가 36%로 가장 많았다고 한다.

» 전화받느라 손님 다 놓친다

서울 강남의 주부 J씨는 최근 새로 집을 장만하기 위해 부동산 사무실에 들렀다가 불쾌한 경험을 했다. 상담을 하던 중개사가 휴대폰이 걸려오자 앞에 있는 J씨를 무시하고 오랫동안 통화를 했기 때문이다. 그녀는 참다못해 "계속 통화하세요."라는 말을 남기고 일어섰다.

고객과 얘기를 주고받는 중에 휴대폰 통화를 하면 상대방에게 크게 실례가 된다. 휴대폰 에티켓은 매출과 직결되는 만큼 매우 중요하다. 고객과 상담하는 동안 급한 연락이 오면 가급적 짧게 통화하고 나중에 매장이 아닌 후방에서 통화하도록 한다.

한번 생각해보라, 가뜩이나 불황으로 머리가 지끈지끈한데, 실장이 온종일 전화통에 매달려 사적인 전화를 하고 있을 때 그 사장의 마음이 어떻겠는가를.

중개업에서 조급함은 금물

일전에 금융업에 종사하던 후배가 부동산업계에 뛰어 들었다면서 찾아와 그간 접수한 여러 가지 물건을 소개해 주고 돌아갔는데, 며칠 사이에 몇 번이나 전화를 하여 계약 성사여부를 독촉하는 것이었다. 그래서 필자는 그 후배에게 다음과 같은 말을 해 주었다.

"부동산은 주식과 달라서 그렇게 조급해서는 안 된다. 부동산업자끼리도 평소에 친분을 쌓아 서로의 성향에 익숙해지고, 투자 지역과 물건에 대한 공감대가 형성되어야 비로소 계약이라는 성과를 얻을 수 있는 것이지, 어느 날 갑자기 문의하여 바로 계약으로 성사 되는 경우는 거의 없다."

'프레젠테이션 고수'가 되라

» 프레젠테이션 환경 미리 조사해야

현장에 미리 가 보면 실제 프레젠테이션을 할 때의 불안감이나 긴장감을 줄일 수 있다. 이때 프레젠테이션 장비들에 대한 점검도 필수. 아무리 훌륭한 프레젠테이션 내용을 준비했어도 예상 밖의 기계 오작동은 전체 프레젠테이션을 망칠 수도 있다.

» 주어진 시간보다 빨리 끝내라

주어진 시간보다 일찍 끝내는 것이 프레젠테이션의 기본이다. 독촉을 받으면 프레젠테이션을 하는 사람이나 듣는 사람도 내용에 집중할 수 없다. 5분정도 먼저 끝낼 수 있는 여유를 사전에 확보해야 한다.

» 외워서 하는 프레젠테이션은 위험!

프레젠테이션에 앞서 연습은 필수. 그러나 경험이 부족한 사람들은 경험부족을 '암기'를 통해 극복하려고 하지만 더 큰 낭패를 당할 수도 있다. 전체 시나리오를 외울 경우, 한 대목만 잊어버려도 당황하게 되어 청중의 신뢰를 한꺼번에 잃을 수도 있다.

» 발표 순서는 결론→본론→결론으로

프레젠테이션 목표는 이해와 설득이다, 중요한 주제는 서두에 전달하고 이에 대한 설명을 한 후 다시 한번 결론을 강조하는 패턴을 사용하는 것이 일반적이다. 발표 초기에 청중의 관심을 끄는 방법이면서 확실하게 메시지를 전달하는 방법이기도 하다.

» 숫자는 그래프로

짧은 시간에 내용을 전달해야 하는 프레젠테이션에서 단순히 숫자로 표시된 데이터는 청중의 이해를 막는 장애물이 된다. 시간의 흐름은 선형그래프, 항목을 비교할 때는 막대그래프, 100%와 같은 비율을 표현할 때는 원형그래프가 좋다.

» Q&A를 활용하라

질문에 대한 확실한 대응은 발표자의 신뢰성을 높이는 기회다. 예상 질문을 정리해두면, 실제 질문을 받는 것과 무관하게 자신감이 생긴다. "질문은 발표 후 한꺼번에 받겠습니다."라고 미리 알려주는 것이 전체 흐름을 이어가는 데 효과적이다.

- 2005.10.25 조선일보 염강수기자의 글을 중심으로 -

제대로 된 실무교육 프로그램 고르기

8.31대책으로 부동산 시장은 침체 조짐이 역력하지만 부동산 강좌나 학원으로 몰리는 이들은 오히려 늘어나고 있다. 부동산이 여전히 재테크의 가장 중요한 수단이라는 인식이 많은데다가 8.31대책으로 시장 규제가 강화됨에 따라 부동산 공부의 필요성이 더 커졌기 때문이다.

부동산 관련 강좌나 교육프로그램은 전문가 양성을 위한 3~6개월짜리 장기프로그램과 초보자 대상의 1~3개월짜리 단기코스 등으로 구분된다. 주말을 이용한 특강이나 세미나, 또는 부동산 물건을 직접 보면서 강의도 함께 들을 수 있는 버스 투어 등도 있다. 최근에는 바쁜 사람이나 지방 투자자들을 주요 대상으로 하는 인터넷을 통한 유명 강사들의 동영상, 사이버 강좌가 활발하다.

부동산 실무자 교육으로 유명한 LBA부동산경제연구소는 강의 과정을 인터넷을 통해 전국으로 실시간 중계하는 서비스를 하고 있어 눈길을 끌고 있다. 강의는 서울에서 이루어지지만 전국 10개이상 지역의 지정된 장소에서 대형 스크린으로 화상강의를 들을 수 있고 일부 과목은 인터넷으로도 강의를 들을 수 있다.

오프라인 교육비용은 천차만별이다. 1회 개최되는 특강이나 버스 투어 등은 3만~7만원 정도이다. 1개월 전후의 초보자 대상 강의의 경우 15만~20만원 정도의 강의료를 받는다. 여기에는 1~2차례의 현장 투어비가 포함된다. 3개월 이상의 장기프로그램은 최소 50만원에서 200만원까지 강의료가 올라간다. 1,000만원 이상의 고가 교육과정도 있다.

이와 같이 비용이 만만치 않은 만큼 자기 필요에 맞는 교육 프로그램을 골라야 한다. 일반 투자자들은 굳이 비싼 비용을 들여 전문가 과정을 공부할 필요가 있겠느냐고 반문할 수도 있지만, 투자에 적극적으로 나서려면 부동산 관련 법률에 대해서 일정한 수준의 실력을 쌓아야 한다. 부동산의 경제적 가치는 부동산 법률을 알아야 분석이 가능하기 때문이다.

부동산 침체기에 반사적으로 인기를 끄는 분야는 경매과정이다. 경매는 시세보다 싼 가격에 토지나 주택을 매입할 수 있지만, 관련 법규나 경매 과정에 대한 충분한 지식 없이는 뛰어들기 힘들어 교육 수요가 큰 분야이다. 실제로 각 대학 사회교육원이나 평생교육원이 마련하고 있는 각종 부동산 강좌 중에서도 가장 인기를 끌고 있는 강좌는 부동산 경 공매 컨설턴트 과정이다. 비용은 과목별로 7만원에서 20만원선이다.

결론적으로 말하여 부동산은 아는 만큼 보인다. 적극적으로 투자하겠다면 공부를 해야 하고, 좋은 코스를 잘 선택하는 것이 관건이라 할 것이다. 그래도 시간이 나지 않고 공부하는 것이 여의치 않다면 전문가를 활용하는 방법도 있다. 이제는 전문가 시대이니 만큼 부동산도 믿을 만한 전문가에게 의뢰하는 것이 가장 효과적인 방법이다.

기획부동산 등에서 개설하는 무료강좌 강의 중에 특정지역 투자를 유도하는 경우가 있는데, 이런 데에 현혹되어서는 큰일을 당할 수도 있으니 유의해야 한다. 유혹은 달콤하고 순간적임을 명심하라.

부동산 고수의 필수코스 LBA교육

명퇴자의 급증과 가계경제에 위기감을 느낀 주부들의 적극적인 진출로 부동산중개업계가 포화상태에 이른 지 이미 오래다. 여기에다 정부의 연속되는 강력한 부동산규제책으로 인해 시장이 침체하면서 살아남기 위한 몸부림이 눈물 날 정도다.

필자는 LBA부동산 법률중개사 과정을 이수하면서 자신감을 가지고 부동산중개업에 임하게 되었고 나름대로의 전문성을 갖추게 되었다. 부동산업계에서 살아남기 위한 고수를 꿈꾸는 분들에게는 이 과정이 필수코스가 아닌가 하여 적극 추천하는 바이다.

부동산 중개시장이 한계점에 이르면서 투자가 더욱 중요한 시점이 되었다. 투자의 핵심은 부동산의 경제적 가치 분석이며, 경제적 가치는 법률에서 나온다.

LBA법률중개사 과정은 350여종의 부동산과 직결된 법률을 분석하여 체계화한 프로그램에 의하여 중개함으로써 무하자·무사고 중개, 책임중개 구현을 목표로 강도 높은 교육을 실시하고 있다. 한 마디로 말하면 차원 높은 부동산 전문가 양성 교육과정이다.

LBA법률중개사는 배출된 인원만도 3,000여명에 달하며 전국적으로 응집력 있는 네트워크를 형성하며 지역상권을 석권해 가고 있는 추세이다. 생존의 문제가 크게 부각되고 있는 현실을 타개하려면 남들보다 한

발 앞선 실력과 정보와 네트워크를 가진 고수가 되는 수밖에 없다.

편집자 주: LBA부동산법률중개사(Law Brokerage Agency)
LBA부동산경제연구소

인생의 명암(明暗)을 좌우하는 명함 한 장

"내가 무슨 실수를 했기에?……."

클라이언트를 만나러 온 박대리는 안절부절 못하고 있다. 상대는 첫 인사를 나누고 명함을 주고받은 이후 계속 불쾌한 표정이다. 나중에 알게 된 사실이지만 명함집을 따로 준비하지 못한 박대리는 명함을 받자마자 상대의 명함을 자신의 바지 뒷주머니에 넣었던 것이다.

어느 영업사원의 실수 사례. 100마디 자기소개보다 강한 힘, 바로 '명함' 한 장이다. 유능한 사람은 명함활용법도 다르다. 명함을 효과적으로 이용하기 위한 다양한 방법들을 살펴보자.

1, 명함에 취미를 적어둔다

처음 만난 상대와 명함을 교환했다면 상대방과 관련 있는 정보를 명함에 메모하는 것이 좋다. 기록하는 정보에는 만난 일시, 장소, 대화 내용은 물론이고 상대의 개인적 취향까지 빠짐없이 적어야 의미가 있다. 누군가의 소개로 상대를 만났다면 명함에 소개한 이의 이름도 적어둔다. 기입한 정보가 많을수록 명함의 가치는 커진다. 물론 상대가 자리를 완전히 뜬 후 적어야 한다.

2. 인사이동 상황을 수시로 점검한다

거래고객의 직함이나 부서는 항상 '현재의 상태'를 파악해 꿰차고 있어야 한다. 만약 부장에서 상무로 승진한 사람을 만났을 때 정보수집을 게을리해 이 사실을 모르고 만났다면 치명적인 실수가 될 수 있다. 지위가 올라 들떠있는 상대방이 과거의 직함으로 불린다면 불쾌한 생각을 갖게 된다. 관련 업체의 인사이동 상황을 꼼꼼하게 포착해 명함에 기록하는 습관을 가져야 한다.

3. 개인 명함철을 사무실차원에서 활용한다

사무실 직원들이 각자 모은 명함은 사무실 전체의 귀중한 정보다. 개인의 명함철을 사무실 모든 직원이 열람할 수 있는 시스템으로 만들어야 한다.

4. 명함과 서류를 함께 건넬 때는 클립으로 묶는다

서류는 보통 여러 장이기 때문에 정리하지 않은 채 건네면 읽기 불편하고 분실하는 경우도 생긴다. 하나의 세트로 정리하는 지혜가 필요하다. 쉽게 구할 수 있는 젬클립을 이용해 서류와 명함을 정리한다.

스테이플러로 정리하는 방법도 있다. 그러나 복사 시 따로 분리해야할 뿐 아니라 상대 앞에서 스테이플러를 사용하면 일을 마무리하는 인상을 풍길 수 있다.

5. 개성이 담긴 명함을 사용한다

천편일률적인 명함으로는 자신의 인상을 각인시키기 어렵다. 이때 얼굴이 인쇄된 명함이 좋다. 또는 자신의 캐리커쳐가 그려진 것은 상대에게 호감을 줄 수 있다. 얼굴을 알리는 일이 그대로 비즈니스와 연결되는 사람이라면 사용해 볼 만한 방법이다. 손으로 직접 글씨를 쓰는 방법도 있다. 계절감각을 연출한 일러스트를 삽입하는 것도 나쁘지 않다.

6. 명함교환 후 7주일 안에 자신을 상기시킨다

사후관리도 중요하다. 답례편지도 하나의 방법이지만 틀에 박힌 문구를 쓴다면 기대만큼의 효과를 거두기 어렵다. 이메일을 이용하여 좋은 글과 함께 만난 인연을 강조하면 좋은 이미지를 심어줄 수 있다. 포인트는 교환할 당시 대화에 숨어 있다. 예로 출산지와 관련된 대화를 나눴다면 간단한 쪽지와 함께 현지 특산품을 보내는 방법을 생각할 수 있다.

후회없는 선택, 신중한 계약체결을 위하여

계약이 제대로 이행되지 않을 때, 계약을 체결할 때 이렇게 했으면 아무 문제가 없었을 텐데 하면서 뒤늦게 후회를 하는 경우가 있다. 계약 체결 당시 몇 가지만 주의하면 나중에 불필요한 분쟁을 예방할 수 있는 경우가 많다. 계약서 작성과 관련하여 주의해야 할 체크포인트를 살펴 보자.

구두 계약과 서면계약 사이에 효력 상의 차이가 있는지?

근대 자본주의 발전의 법률적 토대를 제공한 사적 자치의 원칙은 소유권절대주의 및 과실책임주의와 더불어 근대 민법의 3대원칙을 이루고 있다. 그 가운데서 사적 자치의 원칙은 개인의 사법관계를 각자의 의사에 따라 누구의 간섭도 받지 않고 사유로이 형성하려는 것으로서 가장 전형적인 표현은 '계약 자유의 원칙'이다.

이러한 계약자유의 원칙은 계약에 의한 법률관계의 형성은 법이 정한 일정한 제한에 부딪치지 않는 한 완전히 각자의 자유이며, 법도 그러한 자유의 결과를 될 수 있는 대로 승인한다는 원칙이다. 계약을 어떤 방식으로 체결할 것인지는 당사자들이 자유로이 정할 사안이어서 원칙적으로 당사자들이 말로 합의한 것(구두계약)과 이것을 서면으로 남긴 것(서면계약) 사이에 법률상 효력의 차이는 없다.

그러나, 소송에서는 유리한 사항을 주장하는 사람은 이를 증명할 책임이 있는데 구두계약의 경우 이를 증명하기 힘들기 때문에 사실상 서면계약이 우위적 효력이 있다.

계약서 작성시 유의사항은?

계약서작성은 가급적 공인중개사를 통하여 계약서를 작성하는 편이 좋다, 이 경우, 반드시 자격 있는 공인중개사가 직접 계약서를 작성하는지 확인하는 것이 중요하다. 계약서는 가능하면 전문가가 추천하는 양식(예를 들면 LBA부동산 전문계약서)을 사용해야 안전하다.

계약서 작성시 필수 기재사항

1. 부동산 표시 란의 물건소재지와 면적(임대의 경우 해당부분)
2. 계약 내용 란에 계약금, 중도금, 잔금 액수와 지불시기
3. 인적사항 란에 매도인(임대인)과 매수인(임차인)의 기재사항(중개업소에 의뢰한 경우, 중개업소 기재사항)
4. 부동산의 명도시기.
5. 기타 분쟁발생소지 및 책임사항, 그리고 중요 특약사항.

어떻게 위조를 방지해야 하는가?

계약서를 작성하고 나서 계약서 내용을 서로 확인한 다음, 서로가 계약서 내용을 임의로 수정하지 못하도록 장치를 마련할 필요가 있다.

그 방법은 첫째, 계약서 말미에 서명 날인하는 것 이외에 계약서가 여러 장일 경우 그 용지와 용지 사이에 간인을 해야 한다. 만일 입회인, 중개인 등이 있을 경우에는 그 사람의 날인도 받아야 한다. 둘째 계약서에 공증을 받아 놓으면 공증인이 계약서 한 부를 보관하고 있기 때문에 위조를 방지할 수 있다. 또한 계약서를 분실할 경우에도 공증사무실에서 재발행 받을 수 있기 때문에 안전하다. 셋째 중요한 계약이라면 계약서에 인감도장을 찍도록 하고 상대방으로부터 인감증명서를 받아 둔다.

상대방이 정당한 계약당사자인지 어떻게 확인하나?

법인의 경우 계약서 말미에 '○○주식회사 대표이사 ○○○'라고 기재한 다음 날인하도록 해야 한다. 만일 '대표이사' 등 대표권을 나타내는 표현이 없으면 이것은 법인이 체결하는 계약이 아니고 그 주식회사에 다니는 아무개가 작성한 것에 불과해 그 법인에 대하여 계약의 효력을 주장할 수 없게 된다.

만일 직원이 나왔다면 계약체결권한에 관한 위임장을 받아야 한다. 그러나 사실상 위임장을 받기가 곤란하다면 그 직원이 정말로 계약체결권한을 가지고 있는지 모든 수단을 동원해서 확인해야 한다. 만일 그 직원이 계약체결권한이 없었다면 법률상 표현대리 규정을 통해서도 보호받기 어렵기 때문이다.

개인인 경우 대리인과 계약을 체결할 경우에는 주민등록증을 확인하고 인감증명이 첨부된 위임장으로 대리권여부를 확인해야 한다. 인감증명을 첨부할 수 없는 부득이한 경우에는 적어도 소유자에게 전화와 팩스 등의 방법으로 대리계약의사가 있는지 여부를 반드시 확인하는 것이 기본이다. 또한 대리인과 소유자가 어떤 관계인지, 다른 계약자들도 동일한 대리인과 계약을 체결했는지 등을 확인해 두는 것도 만일의 경우 유력한 정황증거가 될 수 있다. 특히, 공인중개사를 통하지 않고 계약을 체결할 경우에는 더욱 세심한 주의를 기울여야 한다.

별첨과 특약사항의 활용

계약서의 형식에만 지나치게 치우친 나머지 정작 의무이행의 내용에 대하여는 간과하는 경우가 있다. 의무의 내용을 별지로 작성하여 최대한 자세하게 명시할 수 있을 것이다. 또 필요한 경우 계약내용을 보완하는 서식을 첨부하여 계약서 내용의 일부로 삼을 수도 있다.

계약 과정에서 별도로 약정한 사항이 있으면 구두로 약속하지 말고 반드시 서면으로 작성해야 뒤탈이 없다. 특약사항은 '계약의 꽃'이라고 불릴 만큼 중요하기 때문이다.

기타 유의사항

· 신문광고, 중개업자, 기타 이해관계 없는 사람의 말만 믿고 계약하지 말아야 한다.

・매매 목적물과 유사물건의 시가를 비교하여 시가에 비하여 현저하게 싸거나 비싼지 조사하여 보고 현저하게 쌀 경우에는 그 사유를 알아보아야 한다.

부동산 매매시 필수 체크포인트 50선

1 가급적이면 매도인을 직접 만나서 본인여부를 확인하고 계약하라.

2. 매도인의 신원을 동사무소에서 주민등록 열람·발급을 통하여 사전에 확인하라.

3. 등기부등본, 토지대장(임야대장), 건축물대장, 토지이용계획 확인서를 먼저 발급받아서 기재사항이 서로 일치하는지 확인하라.

4. 등기부에 소유권을 제한하는 권리가 존재하는지를 확인하라.

5. 토지대장에는 있어도 건축물대장에는 없는 무허가 건물은 피하라.

6. 단독주택 토지는 계약 전에 측량을 통해 경계를 정확히 확인하라.

7. 공휴일이나 연휴, 관공서가 쉬는 토요일이나 문을 닫는 오후 늦은 시간의 계약은 피하라.

8: 낯선 중개업소는 가능하면 피하는 것이 좋다.

9. 가격이 너무 싸거나 계약금으로 10% 이상을 요구할 때는 일단 의심해보라.

10. 매도 직전에 보존등기, 상속, 분리, 개명, 회복등기, 주거변경 등이 있을 때는 의심하라.

11. 해방 전부터 소유한 토지는 신중해야 하며 일단 의심해보라.

12. 사망자의 소유로 된 부동산은 의심해보라.

13. 매도인의 연령, 사회적 지위, 직업 등이 대상 물건과 부합하지 않는 것은 일단 의심해보고 확인해 봐야 한다.

14. 예고등기, 가등기된 것은 매수하지 않는 것이 좋다.

15. 이전 소유자의 주소가 불명이거나 북한으로 된 것은 피하라.

16. 법무사 사무실에서 계약했다고 안심하지 말라.

17. 등기 없이 전세 입주한 물건은 세밀히 확인해보라.

18. 물건 중에는 공법상으로 권리양도 규제가 있을 수 있으니 주의하라.

19. 부동산이 불의의 공법상의 용도규제에 저촉되지 않는지 조사한다.

20. 계약금, 중도금, 잔금을 지불하기 전에 다시 등기부등본을 떼어 계약이후 그때까지 이중계약, 새로운 저당설정 여부를 확인하고 기존에 설정된 저당권은 잔금지급 전까지 말소되었는 지 확인하라.

21. 해외 거주자의 부동산은 피하거나 의심해 보는 것이 안전하다.

22. 토지 거래시에는 평당 가격으로 계약하는 것이 좋다.

23. 원거리, 관리자가 없는 토지, 사회의 저명인사 또는 해당 부동산 소유에 부합하지 않는 명의의 부동산은 자주 등기부를 열람하는 것이 안전하다.

24. 별도 이해관계가 없는 사람이 사라고 권유하는 부동산은 피하라.

25. 상가분양을 받을 때는 건축허가가 상가지역으로 되어 있는지 꼭 확인하라.

26. 종중 부동산은 그 대표자나 관리인이 제시하는 서류만 믿지 말

고, 법인이 아닌 종중이라도 그 종중 이사회의 매도결의서를 확
인한 후에 취득하도록 하라.

27. 주민등록증을 분실한 자는 습득한 자가 몰래 부동산을 처분할 경
우에 대비해서 동사무소에 미리 신고하여 예방조치를 취한다.

28. 대지, 휴경지인 전답, 방치된 임야는 좋은 사기 대상물이 될 수
있으므로 소유자의 이동시 반드시 등기부의 소유자 주소와 일치
시켜 놓아야 한다.

29. 신개발지의 부동산은 조심할 필요성이 있다.

30. 임야를 살 때는 꼭 임야도와 발로써 직접 확인하고 주변사람의
소유 여부를 알아보는 것이 좋다:

31. 매도인의 연고자나 주변사람들에게 그 땅의 내력을 소상히 알아
본다.

32. 공증인 사무실에서 제시하는 공증 받은 자료라도 현장 확인을 꼭
해 보아야 한다.

33. 장기간 대여해 준 땅은 가급적 사지 않도록 한다.

34. 땅이나 건물을 대여해 줄 시는 보존해야 할 서류를 잘 챙겨야 한
다.

35. 공공용지로 편입된 토지소유자 등 토지 보상금을 받는 자는 수시
로 관계기관에 가서 타인이 자기보상금을 수령해 가지 않도록 대
비해야 한다.

36. 땅을 처음 구입하는 사람은 땅을 살 때 꼭 전문가를 대동하도록
한다.

37. 상대방이 제시하는 등기부등본이나 등기권리증만 믿지 말고 관

청에 가서 직접 등기부를 열람·확인하고 계약한다.

38. 비도시지역 도로변의 토지를 구입할 경우, 도로확장계획이나 접도구역 적용범위를 확인해야 한다.

39. 동사무소에 인감 개인(改印)이 되어 있다면 매도인의 현주소지로 찾아가 확인하라.

40. 적어도 1년에 한 번 정도는 자신의 부동산의 공지사항을 확인해 보는 것이 사기 예방법의 하나라고 볼 수 있다.

41. 중개업자나 소개업자에게 위임장(특히 백지위임장)이나 인감도장을 주는 것은 조심해야 한다.

42. 등기부만 믿지 말고 주민등록사항과 재산세 등 과세대장을 조사하여 서로 일치하는지 확인하는 것이 좋다.

43. 부득이 다른 사람과 계약을 하게 되면 꼭 그 사람이 소유자와 일치하거나 인척관계 또는 어떠한 관계가 있는지, 가지고 있는 위임장은 맞는 것인지 확인하도록 한다.

44. 중도금과 잔금의 기간은 좀 길게 하는 것이 안전하다.

45. 계약금은 통상 10%이지만 그 이상은 피하는 것이 좋다.

46. 광고만 믿고 계약해서는 안 된다.

47. 소송으로 확정판결을 받은 물건을 매수할 때에는 패소판결을 받은 사람을 찾아가 사실여부를 확인하는 것이 좋다.

48. 도시계획여부, 개발제한구역여부 등도 확인하라.

49. 계약서는 구체적으로 명백히 쓰고 애매한 문구로 인하여 손해를 보는 일이 없도록 하고 특히 중개업자의 신상이 인쇄되어 있는 계약서 용지를 사용하여 명확히 기재하여야 한다.

50. 모든 계약에 앞서 사전확인이 치밀해야 하고 법률중개사나 법무사, 법률상담실 등에 찾아가 전문적 도움을 얻은 후 계약하는 것도 좋은 방법이다.

계약 시 특약사항 참고 사례

1. 현 상태에서의 임대 계약이고, 제세공과금은 잔금일 기준으로 정산하고, 기본시설 등 파손·변경시 임차인이 원상 복구한다.
2. 등기부상 채권 최고액 일금 일억원정(○○은행) 근저당 설정 상태이며, 잔금 시 변제 말소키로 한다.
3. 현재 전세 상태이며, 임차인의 권리는 매수인이 승계키로 한다. (첨부: 임대차계약서사본 1부)
4. 본 물건은 매매 중으로 새로운 임대인(매수인)과 계약하며 명도 책임을 진다.
5. 임차인은 시설을 선관주의로 보존하고, 하자 시 임대인에게 직접 수리 요청 한다.
6. 내부시설상태는 현세입자와 임차인간 상호인계인수 한다.
7. 도배, 장판은 임차인이, 방문 열쇠는 임대인(○○월 ○○일 까지)의 비용으로 한다.
8. 계약을 이행하지 않은 시 당사자는 상대방에게 계약금 상당액을 위약금으로 배상한다.
9. 기타사항은 민법 임대차규정을 적용한다.
10. 융자 차액 부분은 임대인이 채무자로서 인수한다.

11. 매달(관리비 ○○만원, 청소비 ○○만원)은 별도로 한다.

12. 명도 일에 채권채무를 인계 인수하는 조건으로 한다.

13. 입주시까지 어떠한 경우에도 저당권 등 일체의 담보권 설정을 불허한다.

14. 화재 도난 등으로 인한 책임은 임차인(매수인)에게 있다.

15. 임대기간 만료 전에 계약 해제 시 중개료 등은 임차인이 부담한다.

16. 중개대상물 확인 설명서, 공제증서, 등기부등본 각1부 별첨한다.

17. 현 소재지의 물건은 매매과정에 있으며, 중도금이 지불된 상태이다.

18. 계약금은 ○○○○년 ○○월 ○○일 인터넷뱅킹 ○○은행 173-5896-258-125-012 홍길동 명의로 ○○○○년 ○○월 ○○일 16:00시까지 입금한다.

19. 계약 당시의 등기부상 권리관계 상태를 잔금 지불시까지 유지하여 양도하여야 한다.

20. 잔금지불과 동시에 등기이전에 관련된 일체의 서류를 교부한다.

21. 각종 권리제한 등에 대한 말소 또는 인수에 대한 내용을 특약 사항으로 정하여 기록한다.

경·공매 대리 허용조치를 적극 활용하라

중개업법 개정으로 2006년 1월 30일부터 공인중개사의 경·공매 대리 입찰이 가능해졌다. 정부는 [공인중개사의 업무 및 부동산거래 신고에 관한 법률]을 통해 대법원규칙에 위임한 중개업자의 매수신청 대리인 등록 및 감독에 관한 사항과 시행 필요사항을 공포함으로써 일정시간 교육을 이수한 자는 해당 업무를 수행할 수 있다고 밝혔다.

경·공매 대리 업무란, 고객의 위임을 받아 경·공매 입찰에 참여하고 수수료를 받는 것으로서 지금까지는 변호사, 법무사에 국한되었으며 공인중개사에게는 허용되지 않았었다. 이 조치는 침체기에 접어든 매매시장의 대안으로 줄어든 수익을 보충해줄 것으로 기대를 모으고 있다. 단순 중개만으로는 운영이 안 되는 중개업소로서는 여러 가지 일거리를 찾고 있는데 경·공매도 그 중 하나다.

일반인의 경우 그동안 경매물건에 대한 권리분석의 어려움이나 시간부족 등의 이유로 직접 참여가 쉽지 않았지만 중개사들이 대행해주기 때문에 경매로 내 집 마련을 원하는 실수요자들도 크게 늘어날 것으로 전망된다. 전문가들은 2005년, 감정가 총액 85조원 규모였던 경매 시장이 2006년에는 100조원이 넘을 것이라고 예측한다.

그러나 공인중개사라고 하여 아무나 할 수 있는 것은 아니며, 〈대법원 규칙〉(공인중개사의 경매 대리 입찰을 규정한 '공인중개사의 매수 신청 대리인 등록 등에 관한 규칙 및 예규')에 따라 일정 교육과정을 이수하고 손해배상을 위한 공제에 가입한 등록 공인중개사와 중개법인만 가능하다.

매수신청대리인의 요건

매수신청대리인이 되고자 하는 중개업자는 중개사무소(중개법인의 경우에는 주된 중개사무소)가 있는 곳을 관할하는 지방법원장에게 매수신청대리인 등록을 해야 한다. 매수신청대리인으로 등록하기 위해서는 ① 공인중개사이거나 중개법인일 것 ② 부동산 경매에 관한 실무교육을 이수하였을 것 ③ 보증보험 또는 공제에 가입하였거나 공탁을 할 것 등의 요건을 구비해야 한다.

등록을 할 때는 공인중개사 자격증 사본, 중개법인의 경우 법인의 등기부등본, 중개사무소등록증 사본, 실무교육 이수증 사본, 공제증서 사본 등이 필요하다.

최저 32시간 실무교육 이수

경매 대리 등록 신청 전 1년 안에 법원행정처장이 지정하는 지방법원 본원 소재 교육기관에서 부동산 경공매에 관한 실무교육을 받아야 한다.

대법원은 2006년도 매수신청대리 실무교육기관으로 전국 2개 기관을 지정 승인했다. 이에 따라 각 교육기관은 대법원 행정예규 제644호 '매수신청대리 실무교육 지침'에 따라 교육을 한다.

교육대상자는 부동산중개업을 하고 있는 공인중개사 및 중개법인의 대표자인 공인중개사만 해당된다. 실무교육기관은 교육대상 이외의 대상자에게 자격증 등의 발급을 금지하며 최저교육시간인 32시간 이상 수강한 공인중개사 가운데 평가 결과 60점 이상 득점을 한 공인중개사에게 이수증을 교부할 예정이다.

매수신청대리인 등록을 하려면 교육 이수 후 1년 이내에 해야 하며, 1년이 경과되면 실무교육을 다시 이수해야 한다. 단, 공인중개사무소 개설등록이 안된 경우에는 개설 등록을 한 이후에 가능하다. 교육내용은 직업윤리, 민사소송법, 민사집행법, 권리분석, 배당실무, 명도기법 및 항고대책, 경매 및 공매 실전기법, 매수신청대리인등록에 관한 규칙과 예규설명, 평가 등이다. 교육기간은 4일(대한공인중개사협회의 경우), 교육비는 19만원(교재비 포함)이다.

보증보험 또는 공제 가입

중개법인은 3억원 이상, 공인중개사는 1억5,000만원 이상의 손해배상 보증금액을 설정해야 한다. 보증보험료는 1년에 40~60만원 선이다.

매수신청대리 수수료

1 낙찰여부에 관계없이 상담, 권리분석 수수료를 50만원 범위 내에서 상호 협의하여 받을 수 있다.

2. 일괄매매시 물건의 3건 네에는 50만원 그 이상은 건당 5만원 추가로 받을 수 있다.

3. 낙찰시 감정가의 1% 혹은 최저매각가의 1.5% 중 적은 수수료를 받을 수 있다.

4. 경·공매에 소요되는 30만원 이하의 실비를 별도로 받을 수 있다.

매수신청대리인의 업무 범위

법원에 매수신청대리인으로 등록된 중개업자가 매수신청대리의 위임을 받은 경우 다음 각 호의 행위를 할 수 있다.

1. 「민사집행법」 제113조의 규정에 따른 매수신청 보증의 제공

2. 입찰표의 작성 및 제출

3. 「민사집행법」 제114조의 규정에 따른 차순위 매수신고

4. 『민사집행법」 제115조제3항, 제142조 제6항의 규정에 따라 매수신청의 보증을 돌려줄 것을 신청하는 행위

5. 「민사집행법」 제140조의 규정에 따른 공유자의 우선매수신고

6. 「임대주택법」 제15조의2의 규정에 따른 임차인의 임대주택 우선매수신고

7. 공유자 또는 임대주택 임차인의 우선매수신고에 따라 차순위 매수신고인으로 보게 되는 경우 그 차순위 매수신고인의 지위를 포기

하는 행위 등

경·공매 대중화시대 열린다

공인중개사의 입찰 대행이 경·공매 대중화 시대를 연다. 그동안 변호사나 법무사에 의존하던 수요자들이 가까운 중개업소에 경매 대행을 의뢰하는 일이 잦아질 것이기 때문이다. 또 2006년부터는 일반 주택의 실거래가 과세가 전 지역으로 확대되면서 낙찰가 기준으로 거래세를 내는 경매 투자의 매력은 더욱 높아질 것으로 보인다.

경매시장이 돋보이는 가장 큰 이유는 투자할 물건이 많아지는 점이다. 8.31 대책 입법화와 담보대출 규제 강화 조치 이후 부동산시장이 위축되면서 우량 물건들이 경매시장에 쏟아지게 마련이다. 2005년에 진행된 경매물건의 최초 감정가 규모는 총 85조6421억원(경매전문업체인 디지털태인 자료)이다. 경매전문가들은 2006년에는 이보다 20% 이상 늘어나 100조원을 넘길 것으로 추산한다.

경매 수익률도 높아질 전망이다. 경매는 보통 감정평가에서 입찰까지 5~6개월 시차가 벌어지는데, 부동산값 하락기에는 감정가(최저 입찰가)가 주변 시세보다 비싼 경우가 적지 않다. 2005년 하반기가 그랬다. 하지만 앞으로 나올 물건들은 2005년 8.31 대책 발표 이후 가격이 내렸을 때 감정평가가 이뤄졌기 때문에 더 싼 값에 낙찰될 수 있다. 보통 경기에 6개월 정도 후행하는 경매 특성상 지난해 하반기 이후 '사고'가 난 물건들이 2006년에 줄줄이 시세보다 싸게 경매시장에 나올 가능성이 높아지고 있다.

투자 유혹에 함정도 많다

아파트의 주요 투자 대상으로는 신분당선 등 지하철 연장 노선 주변과 경전철 개통 예정지, 강남 재건축 단지 등의 물건을 꼽을 수 있다. 서울 뉴타운 지역의 다세대, 연립주택도 노려볼 만하다. 2006년 하반기에는 물건이 많아지겠지만 경쟁도 더 치열해질 것으로 전망된다. 실수요자들은 노려볼 만하다.

상가 같은 수익형 부동산은 하반기 이후로 미루는 게 좋다. 경기회복이 가시화하지 않아 상가시장이 불안하기 때문이다. 토지를 경매로 구입하는 것도 괜찮다. 외지인이 토지허가구역에서 농지, 임야를 사려면 전 세대원이 현지에서 6개월 이상(2006. 8월부터는 1년간) 살아야 하지만 경매는 이런 규제가 없다.

그러나 무턱대고 경매시장에 뛰어들어서는 곤란하다. 무엇보다 입찰목적을 분명히 하는 게 좋다. 실거주용 주택이라면 마음에 드는 물건에 적극 도전할 만하지만 투자용은 시세차익이 없으면 과감히 포기하는 게 좋다. 부동산 시황이 불투명하기 때문에 단기차익만 노리고 빚을 내서 낙찰했다가 값이 떨어지면 낭패를 볼 수 있다. 특히 토지의 경우 8.31대책의 반사이익에 따른 과열도 예상되는 만큼 분위기에 휩쓸려 응찰하는 것은 삼가야 한다.

경매 입찰 경쟁이 치열해지면 매각가율이 상승할 수밖에 없다. 경매보다 급매물을 사는 게 훨씬 저렴한 경우도 생길 수 있을 것이다. 또 중개사들이 수수료를 받기 위해 경매 입찰 가격을 높게 써내는 부작용도 나올 가능성이 있다. 경매 입찰 대리 수수료가 매각가율 기준이기 때문에 중개사가 대리 입찰 가격을 높게 써낼 경우 매수 비용 부담이 커지는 부작용도 예상되니 유의해야 한다.

구체적으로 물건별 경매전략과 투자 유의점을 살펴보자.

대상	전망	유망 투자처	투자 유의점
아파트	· 환금성이 뛰어나 수요 꾸준 · 지역별, 평형별 양극화 심화 · 2007년부터 1가구 2주택자 이상 양도세 증과로 비인기 지역 경매 물건 증가 예상	· 강남, 분당, 용인 등 수도권 남부지역 중대형 아파트 · 지하철 연장, 경전철, 강남 재건축, 신도시 개발 재료가 있는 곳	· 재건축 아파트의 경우 정부 규제 따른 치밀한 수익 분석 요구 · 현재가치보다 미래가치 따져야 · 관리비 체납 여부 확인
다세대 연립 단독	· 지역별 차별화 심화 · 06.7월부터 도시 재정비 촉진법 시행으로 재개발, 뉴타운 수혜 예상	· 뉴타운, 재개발 지역 중 기반 시설, 학군, 교통여건 좋은 노후 주택 · 임대 수요 많은 이중 역세권 주택	· 차량 진입, 주차 공간 확보 여부 검토 · 물건별로 가격 달라 정확한 시세 파악 필요
토지	· 주택 규제 강화로 유망지역 제한적으로 덕볼 듯 · 행정도시 주변지와 공공기관 이전 대상지, 호재 있는 곳 중심으로 국지적 상승 예상	· 행정도시, 기업, 혁신도시, 신도시 주변 토지 · 군사시설보호 해제구역	· 환금성 떨어져 중, 장기 투자 필요 · 토지 매각 쉽지 않으므로 긴 안목으로 낙찰해야
상가	· 3.31 대책에 따른 반사이익 기대	· 위치, 교통여건, 유동인구 등 상권 뛰어난 곳 · 임대수요 꾸준한 단지내·근린상가	· 입지·상권에 따라 차이 큼. 임대 수요 및 시세 등에 대한 철저한 수익 분석 필요

제4장

시장의 변화와
재테크 기준

변화하는 시장의 흐름을 읽어라

　1957년 美 경제전문 '포춘(fotune)' 誌가 선정한 세계 500대 기업 가운데 오늘날까지 존재하는 기업비율은 33%에 불과하다고 한다. 80년대 미국의 베스트셀러였던 '초우량기업의 조건'에서 소개한 46개 초우량기업 중 오늘날 생존하고 있는 것은 6개 기업에 불과하다. 초우량기업이 이렇다면 일반 기업들은 더 말해 무엇하랴.

　시장은 이렇게 끊임없이 변한다. 장세는 소리 없이 왔다가 소리 없이 사라진다. 조선일보 부동산팀장 차학봉 기자는 향후 10년간 부동산 시장을 바꿀 대표적 8대 변수(factor)를 다음과 같이 제시한다.

　① 국민소득 2만 달러 진입여부 ② 통일 ③ 농지개혁 ④ 국가 균형발전과 수도권 규제완화 ⑤ 고속철도 ⑥ 쏟아지는 개발계획 ⑦ 독신남녀, 고령화 사회 ⑧ 교육제도

금리인상과 부동산시장 파장

　세계 각국의 중앙은행들이 저금리 기조에서 벗어나 본격적인 '금리

인상' 체제로 전환하면서 글로벌 자금의 위험회피 움직임이 나타나고 있다. 달러와 금 등 국제상품가격이 상승하고 그동안 강세를 나타내 온 이머징마켓(급성장하는 국가들의 신흥시장) 채권시장이 약화 조짐을 보이는 등 세계 금융, 상품시장에 변화의 움직임이 일고 있다.

2002년 5월 이후 3.25%에 묶여 있던 콜금리가 2005년 10월 11일, 3년 5개월 만에 0.25%인상된 이래 미국이 인플레완화를 위해 추가로 금리를 인상할 것으로 예상되고 있어 국내에서도 추가 인상 가능성이 꾸준히 제기되고 있다.

콜금리 인상론이 계속 제기돼 왔기 때문에 아직까지는 별다른 동요를 보이지 않고 있으나 내심 불안감이 커지고 있는 형국이다. 금리가 인상되면 잠실주공아파트 같은 경우 거의 90%가 대출을 끼고 있고 재건축하면서 이주비로 추가대출을 받아서 부담스러울 수밖에 없다.

상가 등 수익형 부동산은 불경기로 인해 상가임대수익률이 5%대에 그쳐 금리가 인상되면 이율이 높은 예금으로 자금이 이동할 가능성마저 제기되고 있다. 대출을 끼고 매입한 재건축 투자수요나 신규분양의 경우 타격이 예상되며 이자를 못 견딘 급매물이 출회(出廻)되고 가격이 서서히 하락할 것이라는 전망이 주류를 이루고 있다.

바람에 맞서지 말라

정부의 부동산 정책 칼날이 갈수록 매서워지고 있다. 2005년 8월 31일을 기점으로 언론의 과소평가가 이어지자 기다렸다는 듯 투기자를 대거 색출해내고, 주거용 오피스텔·주상복합 규제, 신도시의 임대주택화,

10년간 전매금지, 입주권까지 주택으로 간주한 양도세부과 등 결연한 의지를 보여주고 있다. 그야말로 융단폭격이다.

반면에 경기가 여전히 불투명하고 고유가(高油價) 등 글로벌 경제 여건이 여전히 좋지 않음에도 불구하고 우량기업들의 안정적 이익 증가, 주요국 증시에 비해 상대적인 저평가라는 인식, 적립식 펀드 등 꾸준한 증시 유동성 증가 등으로 주식시장이 10년 10개월 만에 사상최고점을 뚫고 올라가는 등 투자자들의 관심을 끌고 있다.

부동산 대책에 대한 역풍으로 부동자금의 증시에 대한 기웃거림은 당분간 계속될 것으로 전망된다. 골퍼에게 최대 장애물은 뱅커도, 워터해저드(water hazard)도 아닌 바람이다. 순풍, 역풍, 옆바람을 나뭇가지 끝의 움직임, 핀의 깃발 등을 관찰해 대응해야 한다. 그리고 무엇보다 바람의 세기를 느끼는 것이 중요하다. 얼굴로 다가오는 맞바람인 역풍이 가장 어렵고 힘들다. 부동산 투자에 있어서도 역풍은 잠시 피할 필요가 있다.

'소나기는 피하라'는 증시 격언이 있다. 소나기는 국지적인 일시적 호우이기 때문에 곧 그칠 것이라는 사실만 믿고 그냥 맞다 가는 강우량이 많아 옷이 홀딱 젖는 것은 물론 자칫 잘못하면 떠내려갈 수도 있다. '떨어지는 칼날을 잡지 말라'는 증시 격언도 비슷하다. 땅에 완전히 떨어진 뒤에 칼의 손잡이를 잡아야 안전하다. 위험한 일을 굳이 하려는 것은 용기가 아니라 만용에 불과하다.

바람이 거세고, 소나기가 퍼붓고, 칼날이 날카로울 때는 잠시 피해 있으라. 그리고 때를 기다리라. 쉬는 것도 투자다. 그리고 비울 건 비우라. 비워야 또 채울 수 있지 않겠는가. 기다리다 보면 골프를 하기에 좋은 날씨는 반드시 온다. 비운 자에게는 싼 시세로 다시 채울 기회가 얼마든지 있다. 다만 들여다볼 줄 아는 내공이 쌓인 자에게만 그날은 온다.

불황기 부동산 투자요령

8.31대책과 금리인상 부담으로 부동산에서 당장 큰 수익을 남기기는 어렵게 되었다. 이런 불황기에 부동산 투자자들이 염두에 두어야 할 체크 포인트는 무엇일까.

첫째, 기존 주택을 팔고 새 주택을 매입하려면 호재지역을 노려야 한다. 정부 규제의 서슬이 시퍼런 상황이 계속 전개되면서 시장이 급속도로 식어가자 투자 에너지가 크게 떨어지고 있다.

주택은 당분간 1가구 1주택으로 양도소득세 비과세 요건을 충족한 뒤에 시기를 조율해 새로 떠오르는 유망단지로 3~4년에 한 번 정도로 자주 갈아타는 전략이 필요하다.

둘째, 청약을 하려면 신도시나 택지개발지구의 분양물량을 주목해야 한다. 신도시 분양물량이나 택지개발지구에 청약해서 당첨된다면 프리미엄은 보장된 것이나 마찬가지다.

셋째, 수익형부동산은 역세권 상가를 경매로 구입하는 게 유망하다.

넷째, 토지투자는 순유입 인구가 증가 추세인 지역을 선택하라. 수도권과 향후 인구가 늘어날 기업도시, 공기업 이전 등의 호재가 있는 지역 중에서 선별하라. 구체적으로는 제4차국토종합계획 수정에 따른 수혜지역, 계획관리지역으로 확정될 곳, 수도권 비토지거래허가구역, 수도권 시가화예정용지 등을 노려볼 만하다.

다섯째, 가격이 많이 떨어진 급매물을 주목해야 한다. 투자의 메커니즘 (Mechanism)을 세심하게 들여다보면 뜨는 장세보다는 모두가 외면하는 침체

장세의 바닥은 아주 중요한 의미를 갖는다. 투자는 침체장세에서 이뤄져야 재미를 볼 수 있기 때문이다.

예를 들면 바닥권의 주택경기를 되살리기 위해 주택경기부양책을 다섯 번이나 내놨던 지난 85년. 당시 저점에서 내 집 마련이나 투자에 나섰던 사람들은 87~89년 유동성 장세를 타고 오르는 집값 상승의 반사이익을 고스란히 챙길 수 있었다. 분당 등 수도권 5대 신도시 건설로 집값이 안정되자 92년 이후 94년까지 재차 내 집 마련이나 투자 수요자가 생기를 잃었다. 그러나 이때 부지런히 발품을 판 사람들은 95년 이후 집값의 재상승기에 큰 이득을 봤다.

시장회복이나 가격상승 전망이 나오면, 팔려는 사람보다는 사려는 사람이 많아지고 매물은 자연히 자취를 감추게 된다. 매물을 쫓아 백방으로 뛰어 구했다 해도 이는 이미 가격이 올라있고, 알짜배기일 리가 없다. 자칫하면 거짓정보나 껍데기 매물에 현혹될 공산이 크다.

8.31공포에 모두가 지쳐갈 무렵, 급매물 사냥의 적기가 도래할 것이다. 투자의 타이밍을 포착하고, 발품을 팔아 투자를 실행함은 효율적 자산관리의 출발점이다.

- 2005.10.18 문화일보/10.13 매경기사를 중심으로 -

8.31부동산대책 이후 자산관리 전략

『8.31부동산대책 이후의 반응을 보면, 다주택자 중 80%는 아직 지켜보자는 추세이며, 20%가량은 집을 처분해야 하는 것이 아니냐는 분위기다. 다주택자의 반응은 대체로 4가지 부류로 나누어 볼 수 있다.

첫째, 재개발·재건축 지분(입주권) 주택 간주로 인한 매각형

둘째, 일단은 지켜보자는 버티기형

셋째, 차라리 물려준다는 증여형

넷째, 긴 안목으로 투자한다는 장기형

집을 여러 채 가졌다면 양도세 부담이 점차 늘어나므로 일단 세금 부담이 적을 때 매도시기를 조율하는 것이 필요하다. 중과세 유예기간이 있으므로 시장의 추이를 지켜보며 매도시기를 잡아 나가되, 갖고 있는 여러 주택 중 자산가지가 우량한 물건 순서대로 보유해야 한다.

자산 포트폴리오는 어떻게 가져가야 할까? 부동산 보유량을 10이라고 하면 주택 1, 상가 빌딩 6, 토지 3 정도의 비중이 세금 영향을 가장 덜 받는 최적의 포트폴리오라고 한다. 또 다른 견해로서 주택 3, 상가 빌딩 5~6, 토지 1~2로 하되 주택은 30%의 비중에 해당하는 우량물건 1개가 적당하다는 주장도 있다.』

- 2005.9.8 매일경제 -

부동산 전문가인 RE맴버스 고종완 대표는 새 판에 맞는 전략으로서 다음과 같이 5가지를 제시하고 있다.

첫째, 실수요자 입장에서 접근하라.

둘째, 포트폴리오를 재조정하라.

셋째, 금리인상에 대비하라.

넷째, 목표수익률을 낮추는 유연성이 필요하다.

다섯째, 여유자금으로 장기 투자하는 전략을 세워야 한다.

인구와 부동산의 상관관계

인구가 증가하면 수요가 많아 가격이 오른다. 대도시 아파트값이 비싼 것이나 새로운 인구집중유발시설이 들어서는 지역의 땅값이 급등하는 이유도 여기에 있다. 반대로 인구가 감소하면 부동산 시장은 큰 타격을 받는다. 집을 살 사람은 적고 오히려 팔려는 쪽이 많아지면 가격은 당연히 떨어진다. 공공기관 이전과 행정복합도시 건설에 따라 앞으로 5~10년 후면 서울·경기권에서 무려 140만 명가량의 인구가 지방으로 빠져나가게 된다고 한다. 그러면 향후 수도권 주택시장의 향방은 어떻게 될 것인가?

한국경제신문과 LG경제연구소가 심층 분석을 통해 다음과 같이 전망한 '2050년의 한국경제와 부동산 풍경'을 보면 그저 웃어넘길 일이 아닌 듯싶다.

『 '부동산 붐 옛말…. 전국이 빈집사태'
한국의 경제성장률이 경제협력개발기구(OECD) 회원국 중 꼴찌라는 뉴스가 TV에서 흘러나온다. 대학이 지원자가 없어 문을 닫는다는 뉴스는 식상할 정도다. 45년 전엔 전국적으로 부동산 바람이 강하게 붙었다지만 그때보다 인구가 1.200만 명이 줄어 곳곳마다 빈집 사태다.』

- 2005.6.28. 한국경제 -

» 주 구입층 인구감소 따라 4년 후 집값 양극화 심화

『주택구입이 왕성한 35~39세 인구가 4년 후 감소세로 돌아서 비주택의 가격은 더욱 오르고 값싼 주택의 가격은 계속 떨어져 '주택가격 양극화 현상'이 심화될 것으로 전망됐다.

2005.7.5일 통계청에 따르면 본격적으로 내 집 마련에 들어가는 35~39세의 인구는 2005년에 전년보다 1.5%늘어난 뒤 2006년 1.7%, 2007년 1.9%의 증가율을 나타낼 것으로 예측됐다. 그러나 2008년에는 0.9%로 둔화된 뒤 2009년

-0.2%, 2010년 -1.6%, 2011년 -3.0%, 2012년 -3.8%, 2013년 -3.1% 등의 감소율을 보일 것으로 전망됐다.』

- 2009-7.6. fnn.co.kr -

나홀로 가구 주택수요가 늘어나고 있다

최근 혼자 사는 가구는 독신으로 사는 30대가 늘어난 것 외에도 이혼가구 급증과 아내와 자식들을 모두 외국유학 보내고 혼자 사는 '기러기 아빠' 등이 늘어나면서 더욱 급증추세에 있다.

이는 탈산업시대 또는 후기산업시대 가족유형으로 한국사회가 바뀌고 있는 증거이며, 이혼율이 증가하고 결혼을 늦게 하거나 안 하는 비율이 늘면서 독거가구가 늘어나는 등 전통적인 가족형태가 바뀌고 있어, 이런 추세는 더욱 가속화될 것이라는 전망이다

2005년 인구주택총조사(센서스) 결과 최근 우리사회에서 독신과 이혼이 늘면서 '나홀로 가구'가 급증한 것으로 나타났다. 전체 1,700여만 가구 중에서 나홀로 가구의 비율이 다섯 가구 중 한 가구 꼴인 20%를 넘어선 것으로 조사됐다. 이와 같이 싱글 가구가 8백만을 넘어서고 여기에 싱글 가구로 완전히 독립하진 않았지만 현재 독신으로 살아가는 싱글들까지 포함하면 무시할 수 없는 규모다.

싱글 시장의 마케팅에 활력을 불어넣은 것은 소위 쌔씨(sassy)족의 등장과 이들을 동경하고 모방하는 소비자들의 급속한 성장과 관련이 깊다. 쌔씨는 싱글(single)이면서 돈이 많고(affluent) 직업적으로도 성공

한(successful) 사람이면서 외적으로도 멋있는(stylish) 젊은(young) 사람들을 일컫는 말이다.

거주 공간으로는 소위 코쿤 하우스(cocoon house)라 불리는 가구와 가전제품이 미리 갖추어진 원룸이나 오피스텔에서부터 레지던스까지 새로운 주거 형태가 생기고 있다. 학교 주변의 하숙집이나 전철 주변의 오피스텔들이 변형된 형태이다.

또, 이들 원룸이나 작은 오피스텔에 어울리는 접는 침대나 소파 겸용 침대, TV, VTR, DVD 같은 것들이 하나에 담긴 콤보 제품이나 1~3인용의 개인이 쓰는 미니 가전도 새로운 시장을 형성하고 있다.

코쿤 하우스는 점점 복잡해지는 사회생활 속에서 외부 침입자로부터 안전하게 보호받고 싶어 하는 나만의 공간을 찾고 있는 싱글족들을 위한 인스턴트 주거공간이다. 모든 가구와 생활 집기를 100%제공하는 퍼니쉬트룸(funished room), 보증금을 받지 않는 초미니 원룸이 특징이다.

이제 이들 나홀로 가구와 독신자에 대한 효율적인 접근방법을 강구하는 일이 부동산중개업자에게는 또 하나의 소홀히 할 수 없는 영역이 되어가고 있다.

쌀시장 개방과 농지의 미래

　미국 캘리포니아산 칼로스, 중국 동북 3성의 무공해 쌀, 태국산 안남미, 인도의 향미(香米) 등 세계 각국의 수입 쌀이 국내 가정의 식탁에 오르게 됐다. 2005.11.23일 국회가 세계무역기구(WTO) 쌀 관세화 유예 협상 비준안'을 통과시킴에 따라 그동안 쌀 과자 등 가공용으로만 수입되던 외국 쌀이 2006년부터 밥짓기 등 소비자 시판용으로 국내에 들어오기 때문이다.

　쌀 비준안은 정부가 2004년말 미국, 중국 등 9개국과 최종 합의한 협상안이다. 쌀 시장 개방(관세화 즉 관세를 매겨 수입을 자유화하는 쌀 시장 완전 개방)을 2005년부터 2014년까지 10년간 더 미루는 대신 미국, 중국 등으로부터 낮은 관세율로 일정량의 쌀을 의무적으로 수입한다는 내용이다.

　아울러 이 기간 중 시장개방(관세화)으로 전환할 수 있는 권리를 확보하고 시장을 개방할 때 적용할 관세율 등을 결정하는 도하개발어젠다(DDA)협상이 타결되면 그 결과를 따져 유리한 방향으로 시장 개방 여부를 결정할 방침이다.

한국은 1994년 우루과이 라운드(UR)협상에 따라 95년부터 2004년까지 쌀 시장을 열지 않는 대신 낮은 관세로 외국 쌀을 의무적으로 일정량 수입했다. 수입된 외국 쌀은 모두 과자 등 가공식품을 만드는 데만 사용됐다.

그러나 앞으로 10년간 잃을 것도 많다. 소비자들은 한국의 4분의 1 수준인 값싼 쌀 대신 한 가마니당 16만원정도의 비싼 쌀값을 계속 부담해야 하고 2018년까지 예정된 119조원 투융자(농민지원)계획 등을 위해서는 국민의 세금 부담이 불가피하다.

이 때문에 전문가들은 앞으로 10년이 농업경쟁력을 키울 마지막 기회로 보고 있다. 농업 구조조정을 통해 농업의 체질을 변화시켜야 한다고 입을 모은다. 한국과 사정이 흡사한 일본 농민들은 1999년 자진해서 관세화를 받아들이고, 살아남기 위해 품종개량에 전력을 기울인 결과 지금은 세계 최고급 쌀의 수출국이 되었다. 타산지석으로 삼아야할 일이다.

이와 같이 위기에 직면한 농가를 위한 대책 중 하나로 2006년부터 부채에 시달리는 농가가 농업기반공사에 땅을 팔아 빚을 갚고, 다시 그 땅을 빌려서 농사를 지을 수 있는 '농지은행제도'가 도입되었다. 대부분의 금융회사들이 농지 가격의 60~70%를 담보로 잡아 대출해주지만 농지은행은 시세의 100%로 땅을 사주기 때문에 부채에 시달리는 농가의 입장에서도 빚을 갚고도 다소의 여유자금을 가질 수 있다.

또 땅을 판 농가는 그 땅을 5년간 임차하면서 농사를 지을 수 있고, 5년 이후에는 그 땅을 다시 살 수 있는 환매권도 보장받는다. 이모저모로 경쟁력을 잃은 우리 농촌을 살리기 위한 대책이 쏟아지고 있다.

하지만 살릴 것은 살리고 버릴 것은 버릴 수밖에 없다. 그것이 대세이고 세계화의 흐름인 것이다. 이런 흐름을 보면 경쟁력을 잃은 농지의 갈 길은 분명하다고 하겠다. 경쟁력 있는 다른 좋은 용도를 찾아줄 수밖에 없지 않을까!

» 우루과이 라운드[Uruguay Round] : 우루과이 무역 협상(교섭)

'관세 및 무역에 관한 일반 협정(GATT)' 체제 아래에서, 1986년 우루과이에서 8번째로 열린 세계 여러 나라의 무역 교섭을 지칭한다.

보호 무역주의가 대두하는 가운데 자유무역 체제를 수호하고 무역의 새 틀을 만들기 위한 협상이었다. 이 결과 '세계 무역기구(WTO)'가 탄생하였다.

» WTO(World Trade Organization) : 세계무역기구

1994년 4월 15일 모로코의 마라케시에서 세계 125개국 통상 대표가 7년 반 동안이나 진행해온 우루과이라운드 협상의 종말을 고하고 '마라케시 선언'을 공동으로 발표함으로써 1995년 1월 정식 출범, 1947년 이래 국제무역질서를 규율해 오던 '관세 및 무역에 관한 일반 협정(GATT)' 체제를 대신하게 되었다.

우리나라에서는 WTO 비준안 및 이행방안이 1994년 12월 16일 국회에서 통과되었다. WTO는 지금까지 GATT에 주어지지 않았던 세계무역분쟁조정, 관세인하 요구, 반덤핑규제 등 막강한 법적권한과 구속력을 행사하고 있다. WTO의 최고의결기구는 총회이며 그 아래 상품교역위원회 등을 설치해 분쟁처리를 담당한다. 본부는 제네바에 있다.

» FTA(Free Trade Agreement) : 자유무역협정

국가간 상품의 이동을 자유화시키는 협정. 이 협정을 체결한 국가들은 관세나 쿼터제를 통한 무역장벽을 완전히 없앰으로써 하나의 국가처럼 자유로운 상품 교역이 이루어지게 된다. 대표적인 예로 미국과 캐나다, 미국과 멕시코 간의 자유무역지대를 들 수 있다. 이는 세계의 경제 블럭화를 가속화하여 북남미, 유럽 등 거대 단일 시장권을 형성하는 등 커다란 변화를 불러일으키는 원인이 되고 있다.

우리 나라는 이러한 세계경제환경의 변화에 대응해 아시아 지역과의 활발한 연대에 나서고 있다. 1999년 정부는 한·칠레 정상회담을 갖고 양국간 자유무역협정을 추진하기로 합의한 후 3년 동안 6차에 걸친 공식 협상과 비공식 협의를 거쳐 2002년 10월 최종협정이 타결됐다. 두 나라의 합의안에 따르면 한국산 세탁기, 냉장고 등 2개 품목과 칠레산 사과, 배, 쌀 등 3개 품목이 양허 대상에서 제외되었다.

그리고 논란을 일으켰던 금융서비스 투자문제는 협정에서 제외하되 4년 후에 다시 논의하기로 했다. 협정의 타결로 우리나라의 자동차와 휴대폰, 컴퓨터 등이 협정발표 즉시 자유화되고 전기전자, 자동차부품, 폴리에틸렌 등의 품목은 향후 5년 이후에 관세가 없어진다.

» DDA(Doha Development Agenda) : 도하개발어젠다(DDA)

2001년 11월 카타르 도하에서 열린 4차 세계무역기구(WTO) 각료회의 결정에 따라 출범한 새로운 다자간 무역협상. 상품 위주로 범위가 제한된 기존 우루과이 라운드(UR)와는 달리 상품 서비스 지적재산권 등을 포괄하고 이행 강제력도 높다.

미국·일본 부동산 거품의 교훈

우리 국민 10명 가운데 9명은 부동산 가격에 거품이 끼었다는 생각을 갖고 있다고 한다. 경제적으로 '거품(Bubble)'이란 투기로 인해 자산 가치가 부풀려져 경제규모가 실제 이상으로 커 보이는 현상을 일컫는다. 다시 말해서 실제 가치보다 가격이 너무 높게 매겨진 상태인 것이다.

실체가 없는데도 가격이 오르기 시작하면 사람들이 투기적으로 사들이게 되고 가격은 한참 올라간다. 그러다가 어느 순간 갑자기 터져 원래 상태로 되돌아가 경제 전반에 많은 부작용을 낳는 것이 거품의 특성이다. '거품'에 대해 부정적인 시각을 갖고 알레르기 반응을 보이는 것은 거품이 꺼진 뒤 많은 피해를 입었던 아픈 상처 때문일 것이다.

1. 일본의 부동산 거품 붕괴의 현주소

가까운 일본은 지난 80년대 부동산 거품 붕괴의 후유증에서 아직도 벗어나지 못하고 있다. 일본 경제는 지난 60~70년대 초고속 성장을 바탕으로 80년대에는 지가가 3배로 뛰는 부동산 폭등시대를 맞았다.

그러나 90년대 들어 '부동산 가격 진정책' 과 함께 금리를 올리면서 거품이 한꺼번에 꺼지는 심각한 후유증을 맛봐야 했다. 주가가 폭락해 닛케이지수는 4만 포인트에서 만 포인트로 추락했고, 부동산 가격이 급락하면서 은행들은 부도 위기로 내몰렸다.

80년대 중반에 도쿄 근교에 28평짜리 아파트를 한국 돈으로 1억 3천만원에 샀다고 한다. 이것이 버블 절정기에 3배 수준인 3억 6천만원까지 오르더니 그 후 10년 이상 하락을 계속하여 지금은 7천만원 수준에 와 있다는 것이다. 최고 수준의 5분의 1 정도로 하락한 것이다.

2. 일본의 '거품 투자'는 반면교사(매일경제 2005.6.30)

80년대 후반 거품경제가 한창이던 일본에서 여윳돈을 가진 기업들이 일제히 해외 부동산 투자에 나섰다. 일본 내 부동산 불패 신화에 눈이 멀어 미국을 비롯해 영국, 호주의 초고층 빌딩을 사들였다. LA의 랜드마크로 불렸던 알코 프라자, 뉴욕 엑손빌딩, 록펠러센터 등 닥치는 대로 미국의 상징적인 건물을 매입했다.

85년부터 91년까지 일본 기업이나 일본인이 미국 부동산에 투자한 금액은 무려 700억 달러가 넘는 것으로 추산되고 있다. 89년 미쓰비시 지쇼(三菱地所)가 록펠러그룹의 주식 80%를 14억 달러에 사들여 록펠러센터의 소유주가 되자 미국인들은 "일본인이 돈다발로 미국의 혼을 빼앗고 있다."고 비난할 정도였다

당시 일본 기업은 대부분 실제 가격보다 웃돈을 주고 미국 부동산을 매입했다. 하지만 91년 이후 점차 일본 경제의 거품이 걷히면서 일본 부동산 신화는 붕괴음을 냈고 미국 부동산 가격도 주저앉았다. 뉴욕 맨해

튼 오피스빌딩 가격은 1평방피트당 500달러이던 것이 90년대 전반에
는 103달러로 폭락했다. 은행에서 돈을 빌려 부동산에 투자했던 일본
기업과 금융기관은 부동산 가격 폭락으로 빚더미에 빠졌다.

미쓰비시지쇼가 록펠러그룹을 살 때 들인 14억 달러 가운데 13억 달
러가 은행 차입금이었다. 미쓰비시지쇼는 95년 5월 록펠러센터 운영회
사 2개사를 파산 신청하고 말았다.

94년 아오키(靑水) 건설은 호텔 체인 '웨스턴 호텔리조트'를 550억
엔에 매각했는데 88년 구입할 당시 가격의 10%를 갓 넘기는 수준이었
다. 일본 기업의 해외 부동산 투자 실패는 거품붕괴로 흔들리는 일본 기
업의 어깨를 더욱 짓눌렀고 일본 경제는 '잃어버린 10년 세월'의 늪에
빠져들었다.

3. 2005.7.1 한경포럼, (이봉구 논설위원)

가. 특파원으로 도쿄에 주재했던 지난 90년대 중반의 상황

당시 특파원이 곁에서 지켜본 일본인들의 생활형편은 하루가 다르게
악화돼 갔다. 욱일승천(旭日昇天)의 기세로 뻗어 나가던 일본경제의 거
품이 터지면서 보유자산이 급격히 줄어든 결과다.

한때 4만엔선을 넘보던 닛케이 주가지수가 1만엔대로 폭락했고 92
년 천장을 친 부동산가격도 내리막길로 줄달음쳤다. 특히 부동산 가격
폭락은 충격 그 자체였다. 당시 일본인들은 부동산은 사두기만 하면 무
조건 오른다는 불패신화를 믿어 의심치 않았지만 끝내 거품은 터졌고
결과는 처참했다.

은행돈을 최대한 끌어대며 내 집 마련에 나섰던 샐러리맨들은 팔아

도 융자금조차 갚을 수 없는 현실에 피눈물을 흘렸고 부동산을 큰 투자 수단으로 삼았던 기업들도 치명적 타격을 입었다.

나. 도쿄의 아파트값을 훨씬 능가하는 강남 아파트값

오랜만에 한국을 찾은 일본인 친구에게 물어봤다, 요즘 도쿄의 집값은 얼마나 되느냐고. 30평 아파트가 보통 3,000만엔 안팎, 비싼 경우는 5,000만~6,000만엔을 호가한단다. 우리 돈으로 3억~6억원선이다.

일본은 아파트 평수를 전용면적 기준으로 따지기 때문에 한국에선 40평형 정도에 해당한다. 서울 강남 지역의 같은 평형대의 아파트 호가가 10억 원을 훌쩍 넘어선 사실과 비교하면 그야말로 헐값이 된 셈이다.

강남 아파트값이, 세계 최고수준의 물가를 자랑하는데다 경제규모는 우리의 10배, 1인당 국민소득은 3배에 육박하는 일본의 집값을 단숨에 제압했으니 참으로 대단한 폭등세가 아닐 수 없다.

다. 현재의 부동산 가격이 거품이라고 보는 근거

강남 등 일부지역의 부동산 가격이 높은 것은 거품보다는 차별화의 성격이 더 강하다고 말하는 이들이 있다. 정말로 다른 지역에선 진입 자체가 불가능할 정도의 가격차를 충분히 설명해줄 만한 혜택이 과연 있는 것일까? 공급 부족을 들먹이지만 그보다는 오히려 다주택자들의 가수요와 아파트 부녀회의 가격담합이 더 큰 원인은 아니겠는가.

부동산 가격이 급락한다 하더라도 일본처럼 경제가 치명상을 입는 일은 없을 것이라고 말하는 사람도 적지 않다. 한국의 은행들은 담보 비율을 낮게 책정하고 있기 때문에 개인들의 파산이 금융부실로 연결되지는 않을 것이란 논리다. 그러나 그들은 과연 제2금융권 업체들이 제2, 제3의 담보를 설정하며 경쟁적으로 주택담보대출에 뛰어들고 있는 현실을 알고서도 그런 장담을 하고 있는 것일까?

한국과 일본이 정말 다른 것은 경기와 부동산 가격의 상관관계일 것이다. 일본은 이른바 잃어버린 10년으로 불리는 긴 불황에 들어선 이후 부동산가격도 14년 이상 줄곧 내리막길을 걸었다.

하지만 경제는 죽을 쑤고 있는데도 부동산가격은 하늘 높은 줄 모르고 치솟고 있는 것이 우리의 현실이다. 한국 땅을 팔면 프랑스나 캐나다 같은 나라를 5~6번씩 사들일 수 있고, 세계 최고 부국(富國)인 미국 땅도 절반 이상 거둬들일 수 있다는 이야기이고 보면, 부동산 거품은 이미 풍선처럼 부풀어 있다고 해도 과언이 아니다.

4. 주택의 수요와 공급에 의한 가격변화와 거품 논리 공방

비슷한 사례는 미국에서도 있었다. 한때 미국의 대도시에 사는 샐러리맨들 사이에서는 임대아파트 투자가 붐을 이루었다고 한다. 금리가 하락하면서 노후대비를 걱정하고 있던 다수의 샐러리맨들이 열심히 저축한 돈으로 여기에 투자를 했다. 문제는 그로부터 10년, 20년 지난 뒤 발생했다. 이들이 막상 월세를 받아 생활하려고 보니 여유 있는 사람들은 교외로 빠져나가고 그 일대는 슬럼화되어갔다.

일본과 미국에서 왜 이런 현상이 발생했는가? 간단한 원리다. 공급은 늘고 수요는 크게 줄었기 때문이다. 나라마다 사회간접자본투자가 끝나면서 주택공급이 크게 느는 시기가 있다. 미국은 70년대, 일본은 80년대 후반이 이 시기였다.

우리 나라는 아마도 지금부터가 아닐까 생각된다. 문제는 이렇게 늘어나는 주택을 누가 사줄 것인가 하는 것이다. 예를 들어 일본의 출산율은 1.3~1.4명의 시대가 오래 계속되어 왔다. 이들 세대가 결혼할 때는 세 쌍 중에서 두 쌍이 양쪽 부모로부터 집을 한 채씩 물려받는다는 계산이 된다. 우리 나라 출산율 저하는 급격하다. 2003년의 경우 1.13명이었다. 이들 세대가 결혼할 때는 거의 모든 쌍이 집을 두채씩 물려받는다. 이런 통계가 알려지면 가격은 미리 떨어질 것이다.

우리 나라 부동산 시장에 거품이 들어갔다는 지적이 적지 않다. 특히 강남 지역의 집값이 터무니없이 오르는 투기적 수요가 개입돼 있다는 것이다. 예컨대 전세금이 2억원에 불과한 아파트 값이 7억원을 웃도는 것은 납득하기 힘들다는 얘기다. 7억원을 연 5% 이자로 빌렸을 경우, 연간 3,500만원의 이자가 발생하기 때문에 차입자는 매달 300만원 정도를 이자로 내야한다.

반면에 전세금 8억원을 금융기관에 넣었을 때는 이자는 80만원 정도에 불과하다. 전세가격이 통상 매매가격의 70~80%를 차지하는 점을 감안하면 그 차액만큼 거품이 있다는 것이다.

주택 수요가 늘어난 반면에 공급이 줄었기 때문에 '수요공급의 법칙'에 의해 집값이 급등한 것일 뿐 거품은 아니라는 반론도 만만치 않다. 금리가 급락해 많은 부동 자금이 부동산 시장으로 몰렸기 때문에 집값 상승은 오히려 당연하다는 것이다. 또 고급 주택의 공급이 절대적으로 부족한데 따른 '희소성의 원칙'으로 집값 급등의 타당성을 옹호하는 입장도 있다.

- 2005. 6.28 한겨레신문, 강창희 '생생투자 칼럼' 및
2005.6.29 financial news 송계신 칼럼 참조 -

바야흐로 부동산 거품 논쟁이 뜨겁다.

물론 시간이 지나면 그 시시비비가 가려지겠지만, 가격이 급등한 시장에서 투자에 신중을 기해야 하는 시기인 것만은 분명하다.

전략과 기준을 세워 재테크에 임하라

재테크 투자 3대 기준

대부분의 사람들은 재테크 투자의 3대 기준인 수익성, 안전성, 환금성 중에서 안전성을 가장 중시하고 있는 것으로 나타났다. AM7이 여론조사 전문기관 Now&Future와 함께 20~40대 성인남녀 2,000명을 대상으로 2005년 하반기에 실시한 여론조사에 의하면 연령대별로도 안전성이 20대(60.4%), 30대(65%), 40대(65.6%)로 가장 앞서고 있다.

그러나 남녀별로는 남자가 안전성(67.49), 수익성(39.89%), 환금성(2.9%)인데 반해 여자는 안전성(71.5%), 수익성(24.7%), 환금성(3.8%)로 큰 차이를 나타냈다. 남자가 상대적으로 수익성을 중시하는 것에 반해, 여자는 안전성을 중시하고 있다.

대구·경북 사람들은 안전성(64.9%), 수익성(43.4%) 인데 반해 광주·전라도 사람들은 안전성(83.290), 수익성(12.09%)으로 확연한 차이를 보이고 있다. 잘 기억했다가 고객과 상담시 참고로 할 만한 내용이다.

안전성을 추구하는 고객에게 무조건 수익률만 들이댔다가는 낭패를 당할 수도 있음을 명심해야 한다. 그렇다고 수익성을 추구하는 고객에게 안전성에 치우치다 초라한 수익률을 달성하면 어느 고객이 계속 거래를 하겠는가?

재테크 수익률, 금리 2~3배가 적당하다

한국경제신문이 30, 40대 직장인 665명을 대상으로 연간 재테크 기대수익률을 조사한 결과 10명 가운데 4, 5명은 연간 재테크 수익률이 20%를 넘어야 만족하는 것으로 조사됐다. 현재 시중은행의 1년 만기 정기예금에 가입했을 때 받을 수 있는 확정금리는 연 4% 수준이다. 따라서 직장인들은 예금이자보다 무려 5~7배 높은 수익을 머릿속에 그리고 있는 것이다.

기대수익률을 높게 책정할수록 무리한 투자를 감행하게 되고 결국은 예기치 못한 손실을 입을 수 있음을 명심해야 한다. 적정 기대수익률에 맞춰 재테크 전략을 짜는 것이 원칙이다. 물론 최근 적립식펀드가 연 20~40%의 고수익을 기록하고 있어 20~30%의 기대수익률은 무리한 것이 아니라고 주장할 수도 있다.

하지만 펀드 수익률은 펀드 자체의 수익률을 의미하는 것일 뿐 매달 일정액을 불입하는 가입 고객들이 실제 손에 쥐는 수익률은 아니다. 더구나 우리 증시 경기가 한창 좋을 때처럼 30~40%씩 급등하리란 보장도 없다. 한국 증시보다 한발 앞서 간 미국 증시를 보면 과거 30년간 실질 경제성장률은 연 평균 8.14%, 다우존스산업평균지수는 연 9.9% 상승했다. 주가는 장기적으로 실질 경제성장률의 2~3배정도 상승한 셈이다.

우리경제가 매년 4~5%씩 성장한다면 주식투자의 기대수익률은 연 8~15% 수준이라는 계산이 나온다. 월가(街)의 살아있는 전설 워런버핏이 지난 40년간 기록한 연 평균 투자수익률은 22%였다는 사실을 되새겨 보아야 할 것이다.

- 2005.10.31 한국경제 'Better Life'기사를 중심으로 -

시간과 노력을 투자하라

필자와 해외여행에 동행한 일행 중에, 물건값 흥정을 노련하게 잘하여 주위 사람들이 따라다니며 쇼핑에 동반해 달라고 요청할 정도로 매우 인기 있는 분이 있었다. 그분은 점원에게 이것저것 한참 물어보고 비교해 보며 적당히 시간을 끈다. 이 정도라면 따라 내려올 것이라는 감(感)을 가지고 협상을 하다가 매우 아쉬운 듯 걸어 나오면 십중팔구 판매원이 따라 나와서 재협상을 하고 결국은 성사가 되었다.

이와 같이 협상에서 유리한 위치를 차지할 확률은 언제나 상대방이 들인 시간과 노력의 정도에 비례한다. 판매원에게 이것저것 오랫동안 물어봐서 그로 하여금 많은 시간과 노력을 투자하도록 만들어야 한다. 그런 연후에 '최후통첩'을 보내야 한다. 그러면 판매원은 속으로는 분을 삭일지 언정 투덜거리듯 "좋습니다"라고 반응할 것이다.

부동산 투자 역시 비슷하다. 좋은 전문가를 찾아서 충분히 활용하는 것이 투자의 성패를 좌우한다고 해도 과언이 아니다. 여기저기 무분별하게 쏟아지는 정보에 기대어 스스로 찾으려고 무모하게 찾아다니기 보다는 차라리 믿을 수 있는 전문가를 찾는 것이 더 효율적이다.

부동산 투자 3원칙, 길(道)·법(法)·물(水)

1. 모르면 '길'을 보고 사라

"땅의 가치는 도로가 결정한다."라는 말이 있다. 수도권 지역은 인구 집중화가 심해지면서 교통이 부동산 가격에 미치는 영향이 가히 절대적이라고 할 수 있다. KTX, 전철연장, 동서고속도로, 용인-서울 고속도로 등, 간선 교통망 개통 주변지역의 부동산 시장이 요동을 치고 있다.

이와 같이 교통망 개통지역은 예외 없이 '개발계획 발표→공사 착공 →개통'이라는 3단계의 과정을 거치면서 상승곡선을 그리곤 했다.

2. '법'을 알면 경제적 가치가 보인다

부동산 투자는 안개 속을 걸어가는 것과 같다. 현재가치에 투자하는 것이 아니라, 불확실한 미래가치에 투자하기 때문이다. 그 미래는 무엇으로 보장받는가? 바로 '법'이다. 법을 알아야 해당 부동산에 적용되는 규제와 용도를 알 수 있다. 그것이 바로 돈이고, 경제적 가치이다.

3. '물'이 없으면 쳐다보지 말라

인간이 그리는 유토피아에는 항상 병풍처럼 둘러친 아늑한 산세(山勢)와 계곡·호수가 등장한다. 이른바 배산임수(背山臨水) 의 지형이다. 풍수학(風水學)에서는 주택이나 상점, 오피스의 주위가 어떤 환경으로 구성되어 있느냐에 따라 거주자와 사용하는 사람의 건강, 재운, 성패, 대인관계 등이 좌우되며, 건물 주변의 山(야산, 대지, 언덕, 고층빌딩), 水(물이나 하천), 路(도로, 선로, 지하철, 자전거도로)의 위치에 따라 길흉이 갈린다고 파악하고 있다.

'물'을 향한 인간의 집착은 그칠 줄을 모른다. Aqua police, 부산 해양도시, 목포신항해상도시 등 꿈의 해상도시 메가플로트(Mega Float), 송도국제도시내의 송도아쿠아리움, 현대 I-park의 한강조망권, 타워팰리스의 양재천 조망권, 일산의 호수공원, 물 흐르는 청계천, 분당의 율동공원, 탄천 생활권, 천혜의 휴양지 홍천강 프리미엄…

얼마 전 고수 K씨는 이런 말을 했다. 앞으로 호수 주변이나 육지와 연결되는 섬의 토지가격이 크게 오를 것이라고. 그는 실제로 자기가 사 놓은 호수 주변 땅값이 배 이상 뛰었다고 굉장히 고무되어 있다. 갈수록 가치가 높아지는 물, 물을 바라보고 물과 함께 할 수 있는 지역의 부동산값이 들썩거리고 있다.

- 2005. 5. 13 매일경제 강은현님의 글 참조 -

재테크 고수는 전문가의 지식을 활용한다

융자나 신용을 통해 타인의 자본을 이용하는 '레버리지'는 재테크의 속도를 높여 주는 중요한 수단이다. 하지만 재테크 세계에서 진정한 레버리지 효과는 '소프트 레버리지(soft leverage)'에 있다. 소프트 레버리지란 타인의 돈이 아니라 타인의 지식과 정보 경험 등을 지렛대로 활용하는 것이다.

보통 하수는 혼자서 재테크 문제를 해결하려고 하는 반면 고수는 주위에 인맥을 만들고 그 사람들에게서 답을 구한다. 실제로 세상에는 자기 스스로가 출중한 재테크 능력을 가져 부를 축적한 사람보다는 소프트 레버리지를 활용해 부자가 된 사람이 훨씬 많다.

미국의 한 학자의 조사에 따르면 사람들은 평생 약 250명과 친한 관계를 맺는다고 한다. 이들 250명과 공고한 인간관계를 쌓는다면 그 사람들이 알고 있는 다른 250명이 갖고 있는 지식과 정보도 얻게 된다. 단순히 산술적으로 계산해도 '250명×250명' 즉 62,500명에 달하는 소위 인(人)프라를 소유하는 셈이다.

- 2005.11.17 한국경제, '새내기 부자 되기'를 중심으로 -

쉬면서 때를 기다려라

쉬는 것도 투자다

세 명이 고스톱을 치면 대충 돈을 딸 수 있는 확률은 3분의 1정도는 된다. 그러나 주식투자를 해서 돈을 벌었다는 사람은 별로 없다. 내리면 사고 오르면 팔면 되는데, 뭐 그리 어려운 게임이냐고 하면서 무작정 달려들어 봤자 그게 그리 호락호락하지 않다.

이유는 멀리 있지 않다. 바로 마음속에 있다. 조급한 마음이 스스로 연사금지(連死禁止) 조항을 만들어 1년 365일 주식에 발목을 묶어 두고 있기 때문이다. 마치 고스톱 판에서 한 번도 쉬지 않고 계속 열고(熱go) 하는 사람처럼, 스스로 폭탄 맞기를 자처하기 때문이다.

투자(投資)해서 성공하는 사례를 지켜보면, 주식시장이 아주 안 좋을 때 투자해서 시장이 피크에 이르렀다고 생각하면 미련 없이 팔아버리고 떠난다. 그리고는 부동산에 몇 년 묻어 두고 한동안은 쉰다. 그러다가 주식시장이 바닥을 쳤다고 생각하면 젊은 시세에서 과감히 다시 투자를 시작 한다. 이런 사이클로 반복투자를 하는 것이다.

투자하는 것만이 투자가 아니다. 현금을 쥐고 휴식하는 것도 투자다, 더 나은 투자를 위해 한 발치 뒤에서 보는, 한 단계 높은 차원의 투자다. 인생은 길다. "쉼의 가치"를 알아야 고수가 된다.

상식파괴 '거꾸로 투자하기'의 매력

'밀짚모자는 겨울에 사라'는 투자 격언이 있다. 비슷한 방법으로 '빙그레 투자법'이 있다. 빙과업체인 빙그레가 여름철 실적이 좋고 겨울철 실적이 나쁘다는 점에 착안한 것이다. 실적이 엉망이고 주가도 떨어진 겨울에 주식을 사서 주가가 오르는 여름에 팔면 이익을 낼 수 있다는 것이다.

다른 사람들이 '별로'라고 생각할 때 오히려 '거꾸로 투자하기 기법'을 활용하는 셈이다. 남들이 다 사고자 할 때 사서는 이익을 내기 힘들다. 그 보다 더 많은 인파가 몰려와야 추가상승이 가능하기 때문이다.

가격은 물거품과 같아서 빠질 때는 소리 없이 급격하게 빠진다. 그때 가서 막상 팔려고 아우성을 쳐봐야 이미 때가 늦다. 남들이 버릴 때 사고, 남들이 사려고 기를 쓸 때 파는 것, 그것은 고수가 구사하는 고도의 전략이다.

» 설호의 찬스, 그 한번의 기회를 위하여

분당에 사는 친구 중에 하나는 그야말로 빈손으로 시작하여 수십억 대의 재산가가 되었는데, 그 친구는 평소에 사람이 좋기로 소문이 났다. 친구들이 무엇을 하자고 요청하면 거부하는 적이 없고, 'NO'라고 대답하는 적이 없다. 늘 친구들을 편하게 해 주고, 고객들에게도 항상 긍정적으로 좋은 얘기를 해 준다.

그렇게 너그럽고, 여유 있는 친구지만, 막상 실전에 돌입하면 무섭게 집중하고 과감하게 선택한다. 그런 집중력이 그 친구의 오늘을 만들어 준 것이 아닌가 싶다.

» 좋은 먹잇감은 일년에 한두 번 나타난다

사자나 독수리가 아프리카 전체를 돌아다니며 먹이를 찾지는 않는다. 대한민국 전역을 무대로 사냥을 다니지 말고 자신이 투자하고 싶은 지역에 관심을 집중하여 먹잇감이 나타나기를 끈기 있게 기다리라. 절대로 조급해하지 말라.

일년에 단 두세 번 오는 백화점 빅 세일 찬스, 9회까지 가는 야구시합에서 찾아오는 두세 번의 절호의 득점 찬스, 그 좋은 기회를 어찌 놓치라. 그러나 그 기회는 꿈꾸며 기다리는 자에게만 오는 것임을 명심하라!

젊은 시세는 눈을 감고라도 사라

고수는 시점을 절묘하게 포착한다. 달리 표현하면 고수는 선수인 것이다. 남들보다 한발 앞서 판단하고 그 기회를 놓치지 않는 것, 그것이 고수의 중요한 특징 중의 하나이다.

하늘을 나는 송골매라고나 할까. 저 멀리 창공에서 빙빙 돌며 먹잇감을 탐색하고 있다가 기회가 포착되면 여지없이 날카로운 발톱으로 목표물을 정확하게 낚아채는 날카로움을 고수는 지니고 있다.

그렇다면 이 시기에 하수의 태도는 어떤가? 시세가 장기간 하락하며 침체하였기 때문에 더 빠질 것이라는 두려움에 사로잡혀 감히 매수의 칼날을 휘두르지 못한다. 일시 반등이 와서 낌새가 보여도 '조금 있으면 다시 빠질 텐데 뭐…, 조급할 것 없어…,'라고 자위하며 감히 매수할 엄두를 내지 못한다. 시세가 조금만 올라도 낮은 가격에 너무나 익숙해져 있기 때문에 선뜻 매수를 하지 못하는 것이다.

그렇게 하다 보면 어느새 기회는 바람같이 사라져버리고 만다. 이미 바닥을 찍은 시세는 다시는 원하는 가격으로 돌아오지 않는다. '기다리는 시세는 오지 않는다.'는 격언은 이 때를 두고 하는 말이다

그런데 고수는 어떤가? 평소에 늘 시세 흐름을 따라잡고 있다가 이런 '젊은 시세'의 시기가 왔다고 판단이 되면 과감하게 매수를 단행한다, 시세의 작은 차이는 연연하지 않고 그냥 사버리는 것이다. 젊은 시세는 무조건 사라! 기회는 자주 오지 않는다.

'투자의 적기'라는 것은 일년에 두세 번, 많아야 서너 번이다. 어떤 때는 몇년에 한 번 올 수도 있다, 그 기회를 잡느냐, 못 잡느냐에 따라서 자산관리의 승패가 엇갈리는 것이다. 순간의 선택에 따라서 엄청난 수익률의 차이(gap)가 벌어진다. 어떤 사람은 수십, 수백%의 이익을 내는 데 반해 어떤 사람은 오히려 마이너스 수익, 혹은 깡통이라는 초라한 결과로 전락하고 마는 것이다.

'젊은 시세는 무조건 사라'는 격언과 상대되는 말은 '늙은 시세는 무조건 팔아라.'라는 말이다. '젊은 시세'가 한껏 시세를 분출하고 나면 시장의 피로도가 증대되어 작은 악재에도 시장이 쉽게 흔들린다. 이런 늙은 시세가 되어 시장이 하락할 조짐을 보일 때는 과감하게 매도를 해야

한다.

　돌아보지 말고 신속하게 매도를 하고 다음 장(場)에 대비해야 한다. 때로는 과감한 손절매의 아픔도 감수해야 한다. 그렇지 않고서는 절대로 다음 기회를 기약할 수가 없는 것이다. 총알이 없는데 아무리 좋은 기회가 온들 무슨 소용이 있겠는가!

경매 투자의 체크 포인트

1. 경매 투자시 유의사항

부동산가격 상승기에는 일반시장과 경매시장이 같이 움직인다. 반면 조정기나 하락기에는 1~2개월의 시차를 두고 경매시장이 뒤 따라간다. 일부 시장의 경우 입찰 참여자는 줄어들고 낙찰가는 고가가 유지되는 조정기 초입이므로 공격적인 입찰은 위험하다.

경매시장의 적(適)은 경쟁자가 아니라 응찰자의 마음이다. 현장 분위기에 편승하여 흥분하지 말라. 물건을 확보하려는 조급증으로 고가 응찰로 낙찰을 받으면 실익이 없다. 사업초기 단계로서 각종 규제의 대상인 재건축 아파트나 확정되지 않은 개발 소문으로 부동산가격이 뛴 지역의 경우에는 미리 가격을 정해 그 범위에서만 입찰해야 한다.

가. 법원 감정가를 너무 맹신하지 말라

감정가는 법원의 의뢰에 따라 공신력 있는 감정평가회사에서 산정한 최초 경매가격이지만 가격 평가 후 첫 입찰까지 2~3개월 이상 걸리며 평균 3회 이상 유찰되기 때문에 현재 시세와 가격차이가 상당히 클 수가 있다. 따라서 중개업소 등을 통해 정확한 물건 시세를 파악하는 것이 중요하다.

나. 추가비용과 리모델링

경매는 일반매매와 달리 세금, 명도 비용, 세입자 합의금 등 예상하지 못한 추가비용이 많이 들어갈 수 있다는 점도 감안해야 한다. 낙찰가 말고도 낙찰가의 8%안팎을 더해 투자금을 잡는 게 안전하다.

소유권이 완전히 넘어오기 전까지 방심하지 말아야 한다. 들어가 살 목적이라면 명도 받을 때까지 최소 4~5개월의 시일이 소요되므로 상당한 시일의 여유를 두고 참여해야 낭패를 보는 일이 없다.

경매 후 리모델링과 용도변경에 초점을 맞추라. 진짜 돈 되는 것은 리모델링을 통해 자산 가치를 높이는 데에 있다.

2. 종목별 경매 참여 요령

가. 아파트

초보는 아파트를 노려야 한다. 시세파악, 권리분석이 간단하고 땅보다 환금성이 높기 때문이다. 큰 수익을 내지 못해도 큰 실수를 할 가능성도 낮다.

체납관리비를 꼭 확인하라. 낙찰가율(감정가 대비 낙찰가)이 80%를 넘지 않아야 일반 거래 시장에서 구입하는 것보다 투자가치가 있다. 대단지 위주로 공략하고 한 동(棟)밖에 없는 소규모 단지(나 홀로 아파트)는 피하는 게 좋다.

나. 단독, 다가구

단독주택은 세입자를 감안하여 권리분석을 최우선으로 삼아야 한다. 서울은 낙찰가가 감정가의 70%를 넘지 않는 것이 좋다.

다가구주택의 신축건물은 토지와 근저당 설정 일자가 다를 수 있으니 유의해야 한다. 권리분석은 건물 등기부등본을 기준으로 하고, 이행강제금이 부과될 수도 있으므로 불법건축물 여부를 반드시 확인해야 한다.

다. 다세대, 연립, 빌라

도심 요지의 지은 지 20년 이상 된 연립주택을 노리는 것이 좋다. 재건축이 추진될 가능성이 높기 때문이다. 특히 노후된 연립주택은 단지 규모가 작아 사업기간이 짧으며 그만큼 투자금 회수가 빠르다. 또 조합원수도 적다 보니 분쟁의 소지도 적다.

권리관계가 복잡한 단독주택과 달리 집주인이 직접 살고 있거나 세입자가 적어 비교적 안전하게 경매로 취득할 수 있는 장점이 있다. 통상 시세보다 싸게 매입할 수 있어 자금력이 부족한 실속파 내 집 마련 실수요자들이 집중적으로 관심을 가지는 종목이다.

다세대 주택 경매물건을 고를 때는 환금성을 우선적으로 고려하는 것이 좋다. 시세보다 적게는 30%에서 많게는 반값 정도로 싸게 낙찰 받는 반면, 공급물량이 많고 수요가 한정돼 나중에 되팔 때 매수자를 찾지 못해 속앓이를 할 가능성이 높다.

전세나 월세 수요가 많은 공단 주변이나 대학가, 역세권, 근린 업무빌딩 밀집지역에 속한 소형 매물을 고르는 게 유리하다. 되도록 지은 지

얼마 안돼 주택내부시설이 실용적이거나 주차공간이 충분히 확보돼 젊은 수요자들이 선호하는 주택을 골라야 한다.

몇 해 앞을 내다보고 투자할 경우에는 재개발, 재건축 대상지 주변이나 지역호재가 있는 개발지역 인근 경매물건을 고르는 게 낫다. 아파트 가격의 3분의 1도 안 되는 가격에 낙찰 받은 뒤 차후에 지역개발이 본격적으로 진행되면 자연히 빌라 가격도 큰 폭으로 오른다.

고급빌라의 경우 비싸고 거래도 잘 이뤄지지 않는 점을 감안해 단기 차익을 노린 투자보다는 실수요 목적으로 입찰하는 게 좋다.

인근 중개업소에 들러 경매 물건과 유사한 일반 매물의 급매가 수준을 확인해 시세 동향을 정확히 파악한 뒤 입찰가격을 정해야 한다. 매매 사례가 많지 않기 때문에 최근 거래된 주택의 사례를 기준 삼고, 시세보다 최소 20% 이상 낮은 값에 낙찰 받을 수 있는 금액으로 입찰 가격을 산정해야 한다.

되도록 소액임차인으로 일정 금액을 배당 받아 나가거나 임차권 순위가 앞서 일부라도 낙찰대금에서 배당 받는 주택을 고르는 게 명도가 쉽고 권리행사가 빠르다. 일정액의 이사비나 위로금을 치를 것을 생각해 세입자의 이사 시기는 넉넉하게 잡는 것이 좋다. 조급하게 이사를 종용하면 거센 명도저항에 부딪힐 수 있다.

라. 상가

상가 경매의 핵심은 상권분석이다. 경매에 나온 상가는 싸긴 하나 상권이 좋지 않은 물건이 많다. 장사가 잘 안돼서 나온 것인지 주인의 부채가 과다해서 나온 것인지 반드시 확인해야 한다.

낙찰 후 업종을 다시 배치하거나 건물 리모델링을 통해 상가를 살릴 수 있는지도 따져봐야 한다. 주변 임대료, 유동인구, 개발재료 등의 확인을 간과해서는 안 된다. 건물 전체가 물건으로 나온 상가는 상권은 괜찮을 가능성이 있지만 감정가가 높게 평가되었을 수 있다.

서울 및 수도권의 분양 임박 단지 내 상가나 택지개발 지구 내 단지 내 상가가 상대적으로 안정적이며 대형보다는 소형, 단기 전매차익보다는 안정적 임대수익을 노리는 게 현명하다.

마. 토지

환금성이 떨어지므로 여유자금으로 장기투자 전략을 짜야 한다. 농지는 경락잔금 대출이 잘 안 된다. 농지는 매각기일로부터 1주일 안에 농지취득자격증명을 내지 않으면 매각이 불허가 되고 법원에 따라 입찰보증금이 몰수되기도 한다.

전원주택 등을 지으려면 최소 폭 4미터의 진입도로가 확보된 곳이어야 한다. 임야는 정확한 경계, 면적, 진입도로, 경사도, 수목상태, 분묘를 체크하고 임야의 수목은 소유권자가 다를 수 있음을 유의하라.

3. 종합

가. 초보자는 아파트로 시작하고, 중급, 고급클래스는 상가, 토지 등에 관심을 많이 가지겠지만 자기가 가장 잘 아는 주변 지역이 토지밖에 없다면 초보자라도 토지로 시작할 수밖에 없다. 결국 지역분석이 쉽고, 강점이 있는 종목을 선택하라는 말이다.

나. 초보자일수록 실수를 할 가능성이 많으므로 범위나 영역(sector)

을 좁게 잡아야 한다 남들 보다 한 발 앞서 보는 눈을 키우고, 흐름에 역행하면 손해를 볼 수도 있음을 명심해야 한다.

다. 유료 사이트에 가입하여 끊임없이 대상물건을 검색하라. 현재 분위기는 경매시장이 과열양상을 보이고 있어 물량은 많지만 쓸 만한 것은 별로 없다.

경매 입찰가격 선택 요령

"경매장에 가기 전에 대상물건에 따라 A안, B안, C안을 각각 마련한다. A안은 꼭 낙찰을 받아야 할 경우로서 감정가의 몇 배를 쓸 경우도 있다. B안은 낙찰되면 좋고, 안되어도 후회 없는 가격이다. C안은 낙찰이 되지 않아도 좋으며, 최소희망가격이다. 미리 정밀하게 분석해서 감정가의 몇 퍼센트를 쓸 것인지 결정하고, 심리적 가격이 있으므로 끝자리는 가능한한 끌어 올린다."

이것은 어느 경매고수의 말이다. 20년 이상 경매에 참가하다 보니, 단돈 1원 때문에 실패한 경우가 있었다고 한다. 사람들의 심리란 묘해서 만원보다는 9,999원이 훨씬 싸 보이고 10,001원은 비싸 보인다. 낙찰을 원한다면 일단 10.001원을 써넣으라는 것이다. 경매장에서 분위기에 휩쓸려 마음이 흔들리면 가격분석이 잘 되지 않으므로, 몇 가지 대안을 사전에 준비하였다가 자료열람자수, 현장의 분위기 등을 보고 A안, B안, C안 중에서 골라서 제출하라는 것이다.

당황하면 동그라미 하나를 더 쓰거나 덜 써넣는 경우도 있고, 입찰보증금으로 마련한 금액 중에서 10만 원짜리 수표 한 장이 부족해서 낭패를 겪을 수도 있다. 사전준비를 철저히 잘하면 실수할 가능성이 줄어들고 낙찰 확률은 더욱 높아진다. 낙찰 필승, 그것은 준비하는 자에게만 주어진다.

워렌 버핏의 부동산 투자원칙

평생 모은 수십조원을 단번에 사회를 위해 쾌척한 세계 제2위의 부자 워렌 버핏(Warren Edward Buffett)의 결단에 세계가 감동하고 있다. 우리는 전설적인 주식과 부동산의 투자 달인 그를 '가치투자의 달인', '오마하의 현인'이라고 부르는데, 이번에 그의 자선 마인드와 검소함, 독서열, 부의 사회 환원에 대한 태도를 보고 세계는 다시 한번 그에게 경의를 표하고 있다.

로버트 마일즈는 "워렌 버핏의 투자원리와 투자방법"이라는 글에서 다음과 같이 그의 독특한 주식 투자 원칙을 요약하고 있다. "나만의 독특한 투자원칙을 가지고, 내가 잘 아는 내실 있는 종목을 선택하여 장기 투자하라."는 말인데, 이것저것 주위의 말만 듣고 투자했다가 실패한 경험이 있는 투자자들에겐 정말 곱씹어 볼 금언이다.

1. 어떤 분야에서든 최고 전문가를 주시하고 그 사람의 행동을 모방한다.
2. 내가 어떤 유형의 투자가인지 정확히 알아야 한다.

3. 나만의 독특한 투자 철학을 세운다.

4. 내가 소유할 주식에 대해 파악하고 있어야 한다. 그러기 위해선 적극적인 투자가가 되어야 한다.

5. 월 스트리트의 화려함에 현혹되지 말고 내가 잘 아는 내실 있는 종목을 선택한다.

6. 소수의 종목을 대량으로 구입하고 장기간 보유한다.

7. 나 또는 다른 사람의 실수를 통해 교훈을 얻을 수 있어야 한다.

8. 투자에 관한 갖가지 선전을 믿지 않는다.

9. 나와 같은 투자태도와 전략을 구사하는 다른 사람들과 그룹을 만든다.

10. 투자에만 너무 몰두할 것이 아니라 진정으로 중요한 삶을 살 수 있어야 한다.

고수는 고수끼리 통한다는 말이 있다. 과연 고수다운 투자원칙이라 여겨진다. 부자가 된 사람들의 어록이 많이 있지만 워렌 버핏의 투자 원리와 투자방법은 수많은 사람들이 공감한다. 버핏의 주식 투자원칙은 부동산시장에도 그대로 적용할 수 있다.

하지만 인내와 집중력을 요구하고 있어 일반 사람이 실행하기가 녹록치는 않을 것이다. 누구나 쉽게 실행할 수 없기에 이를 실행한다면 부자가 될 수 있다는 역설적인 논리가 성립된다고 하겠나.

닥터아파트 '오윤섭의 부자노트'는 워렌 버핏의 주식투자 원칙을 토대로 부동산 투자원칙 5가지를 다음과 같이 소개하고 있다. 타산지석으로 삼을 일이다.

1. 부자의 눈높이로 행동하라

기회가 있을 때마다 강조하고 싶은 부동산 투자 철칙이다. 아무리 강조해도 지나치지 않다. 모든 투자를 결정할 때 과연 부자는 어떻게 행동할 것인가를 자문해야 한다. 강남 아파트 값이 오른다고 강북 주민들이 흥분해서 감정적으로 비난하는 것은 빈자의 눈높이로 주택시장을 보는 것이다.

워렌 버핏은 골프의 타이거 우즈, 테니스의 마르티나 나브라틸로바, 보디빌딩의 아놀드 슈와제네거 등 분야별 최고 전문가의 성공 비결을 밝혀내고 이들의 행동을 모방했다.

2. 시장을 바라보는 나만의 눈을 키워라

먼저 자신이 어떤 투자 스타일인지를 알아야 한다. 보통 공격형이냐, 수비형이냐, 아니면 절충형이냐로 나뉘며 3년 이상 가치투자를 할 수 있느냐, 단기 투자를 선호하느냐로 구분될 수 있다. 투자 스타일을 알아야 자신에게 맞는 최적의 부동산 상품을 고를 수 있다.

그리고 자신만의 독특한 투자원칙을 세워야 한다. 부동산 시장과 상품에 대해 인내심을 갖고 꾸준히 관찰하고 분석해야 한다. 워렌 버핏처럼 투자원칙을 글로 써 놓고 갈고 닦으면서 나만의 투자원칙을 만드는 것도 좋은 방법이다. 이렇게 해야 언론 보도나 전문가 및 주변 사람들의 말, 인터넷에 난무하는 주장에 현혹되지 않고 나만의 역발상 투자를 할 수 있다.

3. 내가 잘 아는 부동산에만 투자하라

부동산 투자의 실패는 내가 잘 알지 못하는 분야에 투자할 때 발생한다. 전문가나 주변 사람의 말만 믿고 투자해서 실패하는 경우가 대부분이다.

시장 분위기에 편승하지 않고 내가 잘 아는 부동산에 대해 꾸준히 분석을 하며 합리적인 투자를 해야 한다. '주특기' 부동산에 집중해야 시장 상황에 신속하게 대처할 수 있어 남보다 한 발짝 빨리 사고 팔 수 있다. 또 앞으로 다가올 투자기회가 무엇인지를 예측할 수 있으며 매도와 동시에 어떤 부동산을 매입할 것인가를 결정할 수 있다.

4. 나와 같은 투자 스타일의 인적 네트워크를 구축하라

공감대가 형성된 사람과 네트워크를 구축하면 다음과 같은 장점이 있다.

(1) 정보 비대칭성으로 대표되는 부동산시장에서 신속하게 정보를 입수할 수 있다.

(2) 혼자 투자할 때보다 나 또는 다른 사람의 실수나 실패에 대한 정보를 공유, 교훈을 얻음으로써 투자의 성공 확률을 높일 수 있다.

(3) 함께 투자를 하는 경우가 많으니 일을 저지르는데 과감해질 수 있다. 물론 투자 스타일이 서로 다르다면 오히려 저지르는 데 방해가 될 수도 있다.

5. 인생의 4가지 꼭짓점을 매일 안고 가라

워렌 버핏은 부의 축적에만 너무 매달리지 말고 균형 잡힌 삶을 살아야 한다고 강조했다. 목표를 달성하기 위해 내가 좋아하는 일을 포기해서는 안 된다고 그는 역설하고 있다.

인생을 살아가는데 4가지 꼭짓점이 있다. 나 자신, 가족, 일, 그리고 지역 공동체다. 나이가 들수록 나 자신에 대한 배려가 더욱 필요하다. 건강은 물론 노후를 어떻게 보낼 것인지에 대한 진지한 성찰이 필요하다. 자신만의 시간을 점차 늘려가고 시간을 할애해서 폭넓게 사람을 사귀는데 관심을 가져야 한다. 가족은 더 말할 필요가 없다. 어려울 때 가장 큰 힘이 되는 것은 가족뿐이다. 일로 인해서 가정에 소홀히 해서는 안 된다. 지역 공동체는 쉽게 말해 개인적으로 관심 있는 분야에서 나 아닌 다른 사람을 위한 즉 공익적 활동을 말한다. 양로원 등 봉사나 환경 단체에 대한 활동이다. 자녀 학교나 아파트단지의 부녀회, 입주자대표회의에서 활동하는 것도 좋은 예가 될 것이다.

4가지의 꼭짓점 중 어느 것도 희생하지 않고 매일 한결같이 함께 안고 가야 진정한 부자의 삶을 사는 비결이 아니겠는가.

부자가 되는 10가지 원칙

남들보다 열심히 일한다고 생각하는데 왜 돈이 모이지 않는 것일까 생각하는 이들이 많을 것이다. 물론 열심히 일하는 것은 꼭 필요하다. 그렇지만 그것 만으로는 '부자 소리'를 듣기 어렵다. 재테크에도 노하우와 전문성이 필요하기 때문이다. 가장 자주 언급되는 부자 되는 원칙, 그 중 10가지를 기억하자.

1. 먼저, 자기 자신에 투자·지출하라

자신의 건강, 교육 그리고 가족과 친구 간의 관계를 유지·개선하기 위하여 투자하라. 아무리 돈이 많아도 건강을 잃거나 인생을 같이 즐길 가족과 친구가 없다면 무슨 소용이 있겠는가?

이것이 바로 자기 자신을 위한 지출임을 명심하자. 매달 수입 중에서 먼저 자신의 목표, 안전, 건강을 위해 일정 금액을 떼어서 자기 자신에게 지출하라.

2. 금리 상승 시는 단기로, 금리 하락 시는 장기로 운용하라

금리 상승 시에는 단기투자 상품에 투자하여 재투자 시 높은 금리를 받을 수 있도록 해야 하며, 반대로 금리 하락 시에는 장기확정부 상품에 투자하여 금리 하락에도 불구하고 당초 약정한 금리를 받을 수 있도록 해야 한다.

3. 투자는 수익성, 환금성, 안정성이 기본이다

미래를 위해 투자한다는 의미에서 자산투자(부동산, 펀드)와 저축은 병행되어야 한다. 저축이 풍요로운 미래를 위한 준비라면, 자산투자는 불확실한 미래의 위험에 대비한 투자이다. 자산투자는 전문가를 통해 젊은 나이에 자신의 리이프플랜에 맞게 실행히는 것이 중요하다.

4. 자신의 위험 허용 성향에 알맞은 투자를 하라

나이가 젊고 위험을 선호하는 경우는 주식편입 비율이 높은 상품에 투자하고, 나이가 들거나 은퇴 후 위험을 회피하고 싶다면 채권 등 확정성이 높은 상품에 투자하라. 자신의 위험 성향에 맞는 투자방법을 찾는 것이 중요하다.

5. 재무목표는 꼭 부부가 함께 의논하라

재테크의 최종 종착지는 부부가 오랫동안 여유롭고 행복하게 노후를 보내는 것이다. 따라서 파트너와 미래의 꿈과 재무목표, 주된 관심사를 정기적으로 의논할 시간을 가져라.

6. 주식투자는 반드시 간접투자 방식으로 하라

일반인이 직접 투자하는 것은 주식시장의 변동성을 따라 갈 수 없고, 주식투자를 위해 많은 시간과 비용을 들여야 하므로 비효율적이다. 되도록이면 주식투자는 간접투자 방식으로 하라.

7. 철저하게 포토폴리오를 구성하라

계란을 한 바구니에 담지 말라는 속담에서 보듯이 투자는 부동산, 주식, 보험 등으로 분산하는 것이 장기적으로 위험을 줄이고 수익을 확보하는 수단이다.

8. 위험과 수익은 빛과 그림자이다

만약, 위험 없이 고수익이 있다고 유혹하는 투자 상품이 있다면 조심해야 한다. 고수익에는 반드시 그에 상응하는 숨겨진 위험이 도사리고 있다는 것을 명심하라.

9. 재테크를 장기적인 관점에서 접근하라

요즘의 저금리와 고령화 상황을 볼 때 시(時)테크가 절실히 요구되는 상황이다. 너무 단기적인 관점보다는 장기적인 관점에서 재테크 전략을 수립해야 함을 명심하라.

10. 능력 있는 재무주치의와 항상 상의하라

일반인들이 부동산, 은행, 증권, 보험 등을 정확히 아는 것은 현실적으로 거의 불가능하다. 투자 상품이 많은 환경 속에서 자신이 믿고 항상 상담할 수 있는 개인재무컨설턴트(재무주치의)를 모시고 있다면 많은 도움이 될 것이다.

- 2006.7월호 '경기 중소기업',

푸르덴셜 생명 황재곤 '애널리스트 글'을 중심으로-

'부동산으로 10억 벌기' 따라하기

　'부동산으로 10억을 벌자' 라는 주제가 지속적으로 관심을 끌고 있다. 자산 축적이 이루어지지 못한 초보자에겐 먼 꿈처럼 들릴 수도 있지만 차근차근 노력하다 보면 그리 어려운 목표도 아니다. 고수들의 조언을 토대로 의지를 가지고 일단 시작하고 볼 일이다. 이에 관해서는 수많은 조언이 있지만 가장 기본적이고 현실적이라 생각되는 닥터아파트 "오윤섭의 경제노트'의 내용을 정리하여 소개한다.

경제면 부동산 기사를 매일 정독한다

　신문에 나오는 부동산 정보는 이미 새로운 정보가 아니라는 말이 있다. 맞는 말이다. 하지만 '10억 벌기 대장정'에 나서려면 기초체력(펀더멘털)이 튼튼해야 완주할 수 있다.

　신문을 통하여 거시 및 미시경제를 바라보는 눈을 키움으로써 재테크의 기초체력을 쌓아야 한다. 금리, 환율, 유가는 물론이고 경제성장률, 내수, 수출입 등 각종 경기변수에 대해 매일 신문을 보고 공개된 정보를

'나만의 정보' 로 바꾸는 노력을 해야 할 것이다.

인터넷으로도 기사를 볼 수는 있지만 경제 기사 컨텐츠가 좋은 종합지, 경제지 등 2개 이상의 신문을 정기구독 하는 것이 좋다. 오프라인 신문을 봐야 기사 비중, 경기를 알 수 있는 광고동향을 쉽게 파악할 수 있다.

자기 분야에서 최고의 고수가 되기 위해 매일 새벽 4시면 국내에서 발간되는 모든 신문을 독파한다는 앙드레 김의 내공쌓기에는 그저 감탄사가 절로 나올 뿐이다.

정책변수를 체크한다

참여정부에서는 정책변수가 부동산시장에 가장 큰 영향력을 발휘하고 있다. 지금 갈팡질팡하고 있는 보유세, 거래세, 양도세 등 세제 정책과 투기지역, 주택거래신고지역, 투기과열지구 등 규제정책의 흐름을 예민하게 읽어내야 한다.

정책변수의 흐름을 읽는 데는 신문 외에 정부 부처 등 해당 기관의 발표 자료를 분석하는 것이 중요하다. 발표 자료를 보면 신문에서 볼 수 없는 정부의 의지를 가감없이 읽을 수 있다.

또 발표된 정책이 언제 시행되는지, 시행이 확정적인지, 시행될지, 안될지, 유동적인지를 가늠할 수 있다. 그래도 미심쩍다면 담당 공무원과 직접 통화해 정책에 대해 명확히 이해하는 것이 필요하다.

부동산 선행지수를 분석한다

부동산시장에 선행지수 역할을 하는 통계가 여러 가지 있다. 경제성장률도 부동산의 선행지수다. 이와 관련 주가는 경제성장를 즉 실물경기에 6개월에서 9개월 선행한다고 한다.

주가가 상승세를 타고 6개월을 지나 실물경기가 바닥을 치고 회복국면이 되며 또 1년이 지나면 부동산시장도 침체기를 벗어나 회복이 시작된다. 부동산에서는 통상 주택이 먼저 회복되고 6개월~1년 뒤 토지가 회복한다.

또 다른 선행지수로는 경기선행지수, 소비자기대지수, 주택건설실적, 재건축수주실적 등이 있다. 특히 소비자기대지수는 주택시장에 3~6개월 선행하는 것으로 분석된다.

주택건설실적은 주택공급물량을 말하는데 건설교통부에서 매달 발표한다. 신규 인허가 즉 아파트의 경우 사업승인을 기준으로 물량을 집계하는데 2~3년 뒤 아파트 입주물량을 예측할 수 있어 매우 유용한 통계이다. 총량도 의미 있지만 지역적으로 신규 입주물량에 따라 집값이 등락할 수 있다.

부동산시장 동향을 확인한다

실시간으로 부동산 시장동향을 분석하는 대표적인 방법으로 2가지가 있다. 먼저 거래시장동향을 직접 체크하는 것이다. 직접 현장을 수시로 가기는 힘들기 때문에 중개업소를 통해 현장을 파악하는 것이 현실적이다.

문제는 신뢰할 만한 중개업소를 찾는 것인데 직접 중개를 의뢰한 업소이거나 거래경험이 있는 주변 사람이 추천하는 중개업소를 신뢰할 수 있다. 주택시장의 경우 동향은 실거래가, 거래량, 매물량, 매수세 중심으로 체크하면 된다.

또 다른 방법으로는 인터넷으로 시장동향을 체크하는 것이다. 닥터아파트를 비롯, 부동산 정보업체는 물론 포털 사이트, 부동산 관련 동호회 등 게시판을 보면 된다. 단순하게 게시판 글이 늘어나면 부동산 시장이 상승세를 탄다는 의미이고 줄어들면 침체된다는 의미다.

더욱 정확한 인터넷 동향으로는 닥터아파트의 경우 클럽닥터아파트 상담실이 있다. 상담건수가 늘어나기 시작하면 회복이 시작되는 것이고 줄어들기 시작하면 침체가 시작되는 것이다. 또 인터넷 시세보다 매물가격이 낮으면 침체기, 인터넷 시세보다 매물가격이 높으면 상승기로 보면 된다.

아침 햇살 반가운 그대

- 호프만 -

햇살이 보인다. 하늘이 보인다.
기나긴 장마 끝에 나뭇잎 사이로 내려앉는 햇살
너무나 반가워 전율마저 흐른다.

샘물 한 잔에 찌든 맘 씻어내고
하늘 한 번 쳐다보고
또 한 잔의 약수를 마신다.

잠시나마 부동산 업무에서 벗어나보려
이렇게 털어버리고 나선 산길이었지만
땅 딛지 않고 어디 한 걸음인들 걸을 수 있으리

이곳은 보전산지인가, 준보전산지인가
행위제한은 무엇이고 시세는 어느 정도?
속절없이 파헤쳐 가늠해보는
산속에서도 그대는 갈 데 없는 부동산인.

아침 햇살 반가움에 시름 잊는 것도 잠시뿐
갖가지 상념으로 가득한 하산 길
서둘러 돌아온 머릿속 복잡한 도회의 일상(日常).

MEMO

제5장

주택 시장의
변화

변화하는 주택시장의 트렌드(Trend)

　우리 나라의 시대별 주거형태의 변화를 살펴보자. 1950년대에 '신주거의 상징'인 아파트가 처음 도입되었는데, 대부분 19평이나 17평이었다. 연탄보일러를 사용하고 층수도 5층을 넘지 않았다. 당시 사람들은 수세식 화장실이 있다는 것 하나만으로도 아파트를 '신주거의 상징'으로 여겼다.

　우리 나라에서 아파트가 10층 이상으로 고층화되기 시작한 것은 70년대이다. 아파트에 엘리베이터가 설치됐고, 단지 내 상가는 일반 주택에 사는 주부들 사이에서 부러움의 대상이 됐다. 아파트는 80년대와 90년대를 거치면서 대형화·고급화 됐고 90년대는 고층 아파트로 빼곡하게 채워진 신도시가 건설됐다.

　90년대 후반 초고층 주상복합 아파트가 등장하면서부터 보통 아파트들이 상가 등 주변시설을 단지 안에 두었다면 주상복합은 건물 저층부에 상가, 은행 등을 두었을 뿐 아니라 다양한 부대시설을 갖췄다. 건물도 오피스빌딩처럼 30~60층으로 높아졌다.

최근 수요자들이 고급 주택의 가치에 대해 눈을 떴다면 미래에는 다양한 라이프 스타일을 반영한 다채로운 맞춤형 주택이 등장할 전망이다. 이 같은 추세는 최근 건설업계의 움직임에서도 나타나고 있다.

직장인을 위한 도심형 홈텔(Home+Hotel), 노후를 편안하게 보낼 수 있는 호텔경영업체가 운영하는 도심형 실버주택, 유명 건축가의 작품인 명품 주택, 서울에서의 접근성이 좋아 골프 뿐 아니라 휴양을 위한 세컨드하우스, 치매·중풍 노인성 질환을 앓는 노인을 위한 병원과 가정의 중간 형태인 노인전문 요양시설 너싱홈(Nursing Home) 등이 건축 중이거나 이미 분양이 됐다.

LG경제연구원은 최근 2010년경의 우리 나라 주택시장의 트렌드를 다음과 같이 전망하였다.

1. 도심 위주의 주거 탈피

도시의 바쁜 생활을 떠나 소도시나 농촌으로 되돌아가는 현상이 나타날 공산이 크다. 주택공급 측면에서는 자연친화적 주택 상품들, 예를 들면 전원주택, 골프장이 딸린 주택, 레저시설이 있는 주택, 농장주택, 펜션 등이 더 확산될 전망이다.

2. 주택에도 브랜드화

가치소비자 시대의 도래는 주택의 브랜드 소비를 확산시킬 것이다. 최고의 브랜드를 소비한 뒤 느끼는 만족감은 비록 감성적이지만 차선의 제품을 통해서는 느낄 수 없는 소비 만족도를 제공함으로써 브랜드 소비가 주택시장에도 더욱 확산될 것이다.

3. 주택기능도 디지털화

젊은 세대들이 집안에서 디지털 엔터테인먼트에 매달리는 현상도 미래 주택의 기능 및 수요와 공급패턴을 변화시킬 것이다. 주택의 기능이 주거기능에 머물지 않고 오락 및 문화를 체험할 수 있는 공간으로 탈바꿈해 나갈 것이기 때문이다.

주택시장의 추세를 가늠하는 데에는 '인구통계학적 분석기법'이 가장 정확한 것으로 알려져 있다. 이 기법은 한 나라의 계층별 인구구성에서 자가 소유의욕과 안정적인 노후생활을 위해 부동산 등 자산을 본격적으로 매입하는 자산계층(좁게는 40~50세, 넓게는 35~55세)에 따라 자산가격이 결정된다는 이론에 근거한다.

이 기법으로 분석한 결과, 자산 계층이 두터우면 부동산 가격이 높게 형성되고, 실수요 성격이 강하기 때문에 설령 금리인상과 정책 당국의 부동산 억제책과 같은 비우호적인 요인이 발생한다 하더라도 부동산 가격은 크게 떨어지지 않는다는 것이다.

현재 우리 나라는 세계 어느 나라보다 출산율이 낮다. 현 자산계층이 은퇴하면 이후의 자산계층은 얇아질 가능성이 높다는 점을 시사해 주는 대목이다. 한국의 아파트 경기가 현 자산계층의 은퇴가 마무리되는 2015~3030년 이후에는 침체 국면에 접어들 것으로 예상하는 것도 이런 이유에서다.

결국 8.31대책과 관계없이 아파트는 중대형일수록 사두기만 하면 시기가 문제이지 많은 돈을 벌 수 있다는 '아파트 불패 신화'는 점점 임계

점에 다가간다고 볼 수 있다.

아파트 트렌드가 바뀌고 있다

아파트를 고르는 기준도 하드웨어 중심에서 소프트웨어 중심으로 진화하고 있다. 단순히 인근 생활편의 시설이 잘 갖춰져 있고, 교통이 편리한 것에 그치지 않고 쾌적성과 첨단 기능을 두루 갖춘 팔방미인 아파트를 찾는 수요자 층이 늘어나고 있다.

» 친환경 소재를 쓰는 건강한 집으로 꾸민다.

새집에 이사 갈 때 걱정거리는 단연 새집증후군이다. 마감재와 가구에서 방출되는 포름알데히드와 휘발성 유기용제(VOCs)가 두통, 현기증, 메스꺼움, 졸음, 눈의 자극, 집중력 감소, 알레르기 등 각종 피부질환 등을 유발하기 때문이다.

따라서 친환경 소재가 아파트를 선택하는 중요한 기준이 되고 있다. 최근의 새 아파트는 도배지, 도배 풀, 온돌마루, 접착제, 페인트, 가구 등을 친환경 소재로 바꾸고, 베이크 아웃(bake out: 입주 직전에 모든 문을 밀폐한 상태에서 난방을 35도로 8일간 유지해 유해물질을 배출시키고, 다시 그 유해물질을 집중 환기시키는 것)을 실시하고 있다.

주상복합 등 자연환기가 어려운 아파트의 외부공기를 실내로 공급하고 강제 팬을 이용해 오염된 공기를 밖으로 배출하는 '외기 도입형 환기 시스템', 레몬밤(Lemon balm), 로즈마리(Rosemary) 등 치료효과가 있는 향초를 심어 건강을 도모하는 클리닉 가든'도 선보이고 있다.

» 주거문화는 웰빙스타일

지상 전체를 녹지화 하는 것은 물론 아파트 건물에도 발코니 조경, 옥상 조경 둥을 한꺼번에 해주기도 한다. 주차장이 없어진 지상에는 테마별 산책로, 생태연못, 실개천, 분수, 텃밭 둥이 들어서 공원 같은 조경이 이루어지고 있으며 헬스클럽, 수영장, 실내골프장, 독서실, 명상실, 영어교육시설 등 과거에는 볼 수 없었던 다양한 커뮤니티 시설도 등장하고 있다.

» 첨단 디지털 시스템

에너지 절약 시스템을 갖춘 아파트, 휴대폰을 통해 외부에서 냉난방, 가스, 가전제품 등을 조절할 수 있는 아파트 등 편리한 첨단시스템을 갖춘 아파트도 주부들의 호기심을 자극하고 있다.

최근에는 출·퇴근시 날씨와 교통정보 등의 생활정보를 알려주고, 입주자가 집에 들어서면 체지방, 혈압, 혈당, 심전도 등의 건강 정보를 자동적으로 제공해주는 등 집주인을 돕는 비서이자 주치의 역할까지 해내는 아파트도 나온다.

주차관제 연동시스템을 설치, 단지 안에 진입하는 차량을 인식해 알려주는 홈네트워크 시설을 갖춘 아파트, 입주민의 감정에 따라 조명의 색깔과 밝기가 변하는 '감성조명' 시스템까지 도입되고 있다.

» 실내 공기의 질 향상 유지에도 신경 써야

가구를 고를 때는 친환경 소재인지를 확인하고 구입 후 일정기간 지속적으로 환기를 해 주는 게 좋다. 이제 집을 고를 때는 단순한 평면이나 주변 조망만 볼 게 아니라 실내 환경도 심각하게 고려해야 한다.

» 평면이 아파트 품질을 결정한다

최근 아파트 평면의 흐름을 주도하는 것이 베이(Bay)인데, 일조권과 조망권을 극대화하기 위해 전면폭이 넓어지면서 3~4베이가 일반화됐으며 최근에는 5베이 설계까지 선보이고 있다.

» 따로 피서 갈 필요가 없어요

경남 양산에 있는 S아파트단지 내에는 한여름 무더위를 피할 수 있는 야외수영장 2개와 바닥 분수, 산책로까지 갖춰져 있다. 무차별 개발로 인해 지구온난화가 심화되는 요즘 이제 시원한 여름을 보낼 수 있는 주거환경이 아파트 선택의 중요한 잣대가 될 전망이다.

» 녹지 많은 지역주민 더 활동적

영국 글래스고 대학의 앤 엘러웨이 박사의 연구보고서에 따르면, 낙서, 쓰레기 등으로 무질서한 지역에 사는 사람들은 신체적으로 활동적일 가능성이 50% 낮고 과체중 또는 비만이 될 가능성이 50% 높은 것으로 나타났다. 반면 녹지가 많은 지역에 사는 사람들은 다른 지역의 주민들에 비해 활동적일 가능성이 3배 높고 과체중 또는 비만 가능성은 40% 낮은 것으로 나타났다고 한다.

김해 외동 S아파트 단지 내에는 폭포를 연상케 하리만큼 시원한 물줄기를 쏟아내는 벽천이 있다. 정글놀이터 등 친환경적인 '수목(水木) 테마공원' 설계를 적용했다고 해서 화제다.

아직 우리나라에는 공기의 질과 친환경자재에 대한 연구나 인식이 선진국에 비해 크게 뒤져 있지만 좋은 아파트를 만들어 내고자 하는 경쟁도 뜨겁고, 더 좋은 아파트에서 살고자 하는 욕망도 끝이 없다.

중대형이냐 중소형이냐

　'똑똑한 아파트 한 채'(중대형 평형)를 선호하던 2000년 초까지의 분위기가 종합부동산세 부과, 대출 억제 등 집값이 6억원이 넘는 중대형 아파트에 각종 규제가 집중되고 30평형대 이하 중소형의 몸값이 올라가면서 "트렌드가 바뀐 것이다", "아니다, 그래도 역시 중대형이다"라는 논쟁이 벌어지고 있다. 각각의 특징을 살펴보자.

중대형이 선호되는 이유

1. 2006년 초까지는 대형 평형 강세, 소형 평형 약세

　부동산 114의 조사에 의하면 2005년 상반기 재건축 대상을 제외한 아파트가격은 연초 대비 5.84% 올랐다고 한다. 이 가운데 소형 평형의 가격 상승률은 △20평 이하가 2.5% △20평형대는 2.2%로 평균 상승률의 절반에도 못 미쳤다. 하지만 중대형 평형은 △30평형대 5.02% △40평형대 8.9% △50평형 이상은 12.11%로 평균치를 크게 웃돌았다.

특히 수도권 지역에서는 20평형대가 1.52%상승에 그친 반면, 50평형 이상은 그 9배인 14.47%나 올랐다. 서울에서도 20평대 가격 상승률은 3.14%, 50평 이상은 9.45%로 격차가 컸다.

2004년 상반기 전국의 20평형대 일반 아파트 가격 상승률은 0.78%, 50평형대 아파트 가격 상승률은 3.66%로 편차가 2.88%에 불과했다. 그런데 2005년 상반기에는 그 차이가 9.91%로 벌어진 것이다. 2004년보다는 2005년에 양극화 현상이 더 심화되었던 것이다. 인기지역인 강남과 분당뿐 아니라 대구, 부산, 창원 등 지방대도시에까지 40평형 이상의 중대형 평형과 30평 미만의 소형평형간 양극화 현상이 번져서 중대형은 청약 첫날 일찌감치 1순위에서 마감되는 반면에, 소형 평형은 대부분 미분양으로 남는 현상이 보편적이었다. 이런 현상은 2006년 초까지 이어졌다.

2. 희소성 가치로 인하여 중대형 아파트 인기

이는 △소형 평형 의무비율을 적용하는 개발이익 환수제 등 재건축 규제 강화로 강남권 중대형 평형 공급이 감소할 것이란 전망 △판교 분양 여파로 주변지역 중대형 수요 증가 등의 요인이 복합적으로 나타났기 때문으로 풀이된다.

판교에서 분양한 2만 6,000가구 중 42%가 임대주택이다. 중대형은 6,000가구에 불과하다. 중대형 아파트의 인기가 높았던 것은 이와 같은 희소성 가치가 부각되고, 중대형 평형으로만 구성된 단지는 해당 지역을 대표하는 고급 아파트로 자리 잡으면서 시세 상승을 주도하는 경우가 많았기 때문이다.

3. 다수의 노후주택 소유자가 중대형으로 교체하길 원한다

건설산업연구원 김현아 박사의 논문 '부동산: 시장 불안의 원인과 대책'에 따르면, 2005년 5월말 현재 전국 아파트 가운데 40평형 이상 대형 아파트는 전체의 10.5%인 69만 가구에 불과하고, 서울지역도 대형 평형의 비율이 16.2%밖에 안 되며, 현재 중산층 이상이 주로 거주하고 있는 강남권, 분당지역은 아파트의 60%이상이 10년 이상 된 노후 주택이며, 특히 강남권은 아파트의 48%가 20년 이상 된 노후 주택이어서 주택교체에 대한 수요가 높다는 것이다.

김박사는 서민주택의 기준은 집의 규모가 아닌 가격이 돼야 하고, 중대형 아파트도 충분한 공급이 이루어져 가격이 안정되면 서민들의 주택이 될 수 있다는 사실을 알아야 한다고 덧붙였다.

4. 수요에 못 미치는 중대형 공급

건교부 분석에 따르면, 수도권에서 30평형 이상 수요는 주택구입 희망자의 86%(국민은행 2004년 주택금융수요조사)다. 반면 30평형 이상(전용면적 25.7평 이상)중대형 공급물량은 전체 아파트 공급물량의 24%수준에 불과했다.

기존의 아파트는 강남권 3개구는 30평형 이상이 63%로서 서울평균(54%)보다 높다. 40평 이상은 강남구는 27%로 서울 평균(16%)의 갑절에 가깝고 서초(31%), 송파구(24%)도 서울 평균보다 훨씬 많다.

부동산업계에 따르면, 2005년말 기준으로 강남, 서초, 송파 등 강남권 대형아파트(40평형이상)의 공급물량(일반분양기준)은 모두 100가구로 이는 외환위기 직후인 1998년(110가구)이후 최저수준이다. 강남권 대형아파트의 신규 공급물량은 정부가 건설경기를 부양하던 2001년 2,069가구를 기록한 이래, 2002년 1,428가구, 2004년 744가구로 급격히 감소하고 있다.

전체 강남권 신규공급물량에서 대형아파트가 차지하는 비율 역시 지난 1999~2002년까지 30~60%대를 꾸준히 유지하다 2004년 18.8%, 2005년 3.1%로 급락했다. 몰려드는 강남수요에 비해 공급량이 현저히 적어 가격폭등을 불러온 것이 증명된 셈이다.

5. 주택수요 중 절반이상이 중대형 고품질 원해

서울시정개발연구원이 2005년 3월 발표한 서울시 주택종합계획안을 보면, 현재 서울시에 거주하는 연령별 인구와 향후 주택가격, 소득수준 증대 등을 감안할 때 2012년까지 매년 6만 5천~6만 8천 가구씩 주택수요가 있는 것으로 조사됐다. 주택 규모별로는 소형(전용면적 60㎡ 이하) 35만 가구, 중형(60~85㎡) 18만 가구, 대형(85㎡ 이상) 18만 가구 등이 공급돼야 하는 것으로 분석됐다.

연구원측은 향후 서울지역의 주택 공급 능력을 1백 20만 가구 정도로 파악했다. 이 가운데 90%가량은 아파트 재건축이나 주택재개발, 도심재개발, 뉴타운 사업 등과 같은 기존 주택을 재정비하는 방식으로 공급될 수 있는 것으로 전망했다.

나머지 10.5%의 주택은 마곡 등 미개발지역, 신규택지, 그린벨트 등을 활용해 공급할 수 있는 것으로 분석했다. 연구원측은 이번 계획대로 주택공급이 이뤄질 경우 주택보급률은 2005년 91.7%에서 2012년

109.7%로 증가하고 인구 1천명 당 주택 수도 2005년 현재 2백 34.1가구에서 2백 86.7가구로 늘어날 것으로 내다봤다.

이밖에 방 1개당 거주자수는 2005년 0.86명에서 2012년 0.75명으로 줄어들게 되고, 대신 1인당 주거면적은 21.2㎡에서 25.6㎡로 늘어나게 될 것으로 연구원 측은 내다봤다.

과거의 집값 파동이 공급 부족에 기인한데 반해 최근의 파동은 중대형 고품질의 문제다. 남은 소형 주택을 버리고 고품질의 중대형 주택을 원하는 수요가 시장의 주도세력인데도 정부는 이를 투기세력으로 간주하고 여전히 단기적인 투기 수요이탈시책에 매달리고 있고, 판교마저 시대가 원하는 고품질 주택이 아닌 저 품질의 임대중심 소시얼믹스(social mix)단지로 구성하면서 중대형에 대한 희소성을 더욱 부추겼다는 분석이다.

6. 국민주택규모 면적기준 상향조정 필요

선진국의 전례를 보면 주택보급률이 115% 정도가 되면 주택시장이 안정화된다고 한다. 우리나라의 경우 전국의 주택보급률은 100%를 넘었지만 수도권 자가주택보급률은 이제 겨우 50%를 넘겼다. 더욱이 선진국의 보유세 실효세율이 1%인데 비해 아직 우리는 0.13%로 세금이 무서워 큰 집 갖기를 포기하는 부자는 없다고 보인다.

국민주택 규모 면직 기준(전용면직 25.7평)도 비밀 떼기 됐다. 1980년대 초반 1인당 국민소득 1500달러 시대에 만들어진 기준이 1만달러 시대에도 적용되고 있다. 평당 가격이 90년대 중반까지 전용 면적 25.7평 아파트가 가장 높았으나 지금은 전용면적 40평 내외가 가장 비싸다.

이미 시장은 알고 있단 얘기다.

서울시정연구원은 2010년 1인당 주거 면적이 현재보다 25%늘어날 것으로 예측했다. 이와 같이 월 소득 300만 원 이상 고소득층의 고급주택 수요층이 두꺼워지는 등 수요는 변하고 있으며, 그것은 아무도 예측하기 어렵다. 결국 이런 예측은 시장에 맡길 수밖에 없다.

중소형 아파트가 뜨는 이유

1. 대출규제와 세금폭탄이 '중대형 몸값'을 떨어뜨렸다

2006년 들어 새 아파트 청약에서 30평형대를 중심으로 중소형이 높은 경쟁률을 보이는 것은 투기지역 내 분양가 6억원 이상 아파트에 대해 적용되는 중도금 대출 규제와 종부세 부담 때문으로 풀이된다. 3·30 대책 이후 투기지역 내 6억원 이상의 아파트에 대해 받을 수 있는 중도금 대출금이 분양가의 60%선에서 20%선으로 크게 낮아졌고 그나마 기존 대출이 있는 경우는 사실상 추가 대출을 받기 어려워진 게 중대형 분양시장에는 직격탄이 된 셈이다.

기존아파트 매매시장에서도 30평형대 아파트 선호현상이 두드러지는 것으로 각종 조사기관이 밝히고 있다. 30평형대에서 40평형대로 옮기려던 기존 강남권 주민들이 '평수 넓히기'를 포기하고 그대로 눌러앉는 경우가 많고, 신규 진입수요도 금융비용과 세금 때문에 40평형대 매입을 부담스러워 한다는 것이다.

2. '중대형 불패' 심리가 사라졌다

실수요자 중심으로 청약시장 분위기가 바뀐 것도 중대형 몸값을 낮춘 요인이다. 2006년 초까지만 해도 중대형을 분양 받으면 웃돈을 챙길 수 있다는 투자심리가 살아있어서 '중대형 불패' 심리가 대세였다. 그러나 3·30대책 이후 프리미엄을 기대하기 어렵게 되자 대출을 해 큰 평수를 분양 받으려는 수요가 사라졌다.

이와 같은 30평형대 선호현상은 당분간 지속될 전망이다. 대출규제로 인기지역 중대형 아파트를 사기가 현실적으로 어려워진 데다 세금 부담이 현실화되면서 수요자들이 관망세로 돌아섰기 때문이다.

정책 불확실성에 따른 심리적 위축현상도 당분간은 중대형 아파트의 수요를 제한하는 요인이 될 전망이다. 그러나 '심리적 조정기'를 거친 뒤에는 중대형 아파트에 대한 선호도가 다시 높아질 것이라는 견해도 많다. 공급이 부족하고 소득수준이 높아질수록 인기지역 중대형 아파트를 선호하는 수요는 늘게 마련이라는 생각 때문이다.

지금은 조망권(眺望權) 전성시대

주택가격에 영향을 미치는 요소는 크게 지역적 입지여건, 교통, 환경, 단지규모, 공공편의시설로 요약할 수 있다. 통상적으로 교통이 30%, 환경이 25%, 단지규모 15%, 공공편의시설 15% 정도로 그 비중을 부여하고 있다.

이중에서 최근에는 환경프리미엄이 크게 부각되고 있는데, 조망권(眺望權), 녹지(綠地), 소음(騒音) 등 주거생활의 쾌적성을 이끌어내는 요소를 말한다. 조망권에 대한 관심이 부쩍 높아지고 있는 것은 아파트 같은 동(棟)에서도 조망권에 따라 아파트 값이 수 억원까지 차이를 보이고 있기 때문이다.

한강 조망권뿐만 아니라 강남지역의 양재천, 강북지역의 중랑천, 강서지역의 안양천에다 복원공사가 한창인 도심의 청계천, 분당의 탄천 등 한강 지천들도 '강 조망권'으로 인정받고 있다.

최근에는 웰빙 열풍에 힘입어 산 조망권·공원 조망권·그린 조망권 등이 각광받고 있는데, 서울지역 산 조망권으로는 강남권의 대모산과 관악산, 매봉산, 강북권의 남산, 북한산, 수락산, 불암산이 대표적이다. 산

조망권은 80~90년대부터 각광받아 지금도 아파트를 선택하는 주요 요인으로 자리 잡고 있다.

공원 조망권으로는 미군기지 이전과 함께 공원이 들어설 예정인 용산과 서울숲, 분당의 중앙공원, 일산의 호수공원 등을 들 수 있으며, 2000년대 들어서 새롭게 등장한 조망권이 골프장 조망권인데, 특히 골프장 그린(green)이 보이는 아파트는 '그린 조망권'이라 불리며 귀빈 대접을 받고 있다. 용인의 동아솔레시티가 대표적이다.

현재 강남 지역 주요 아파트의 경우 조망이 가능한 곳과 그렇지 않은 곳의 가격은 대체로 20~80%의 차이를 보이고 있으며, 탁 트인 조망권을 선호하는 외국의 경우 45~50%까지도 차이가 난다고 한다.

한국 감정원이 컴퓨터 프로그래밍을 이용해 A아파트의 한강 조망률을 분석한 바에 의하면 한강 조망 정도가 10%감소함에 따라 1,420만원의 지가하락이 발생한다.

2005년 발표된 기준시가를 보면 그 격차가 뚜렷하다. 타워펠리스 73평형의 경우 최고층인 A동 54층 3호는 15억 4,300만원을 기록, 최저층 3층 3호(13억 3,200만원)보다 2억 1,100만원 정도 높은 것으로 확인됐다

삼성동 아이파크 73평형의 경우 한강이 잘 보이는 102동의 로열층은 18억 7,200만원인 반면 한강 조망이 불가능한 103동의 저층은 12억 7,200만원에 그쳐 6억원의 차이가 발생, 한강을 볼 수 있느냐 없느냐에 따라 50%에 육박하는 차이가 났다.

지금까지 같은 단지 내 동일한 평수의 아파트라 하더라도 상·중·하층

등 3단계로만 구분돼 산정됐던 아파트 기준시가가 종합부동산세 시행으로 방향, 일조, 조망, 소음 등 '환경요인'을 감안, 6단계로 세분화된 결과 나타난 현상이라고 할 수 있다.

이는 최근 들어 환경과 생태 문제에 대한 사회적 관심이 높아진 데다가 아파트 등 부동산 실제거래 과정에서 조망권 등 환경요인에 따라 가격이 차별적으로 형성되고 있는 현실을 반영한 것이다.

현재 건축법상에는 일조권에 대한 규정은 있으나, 조망권에 대한 규정은 없다. 그렇다면 조망권에 관한 법원의 시각은 어떨까? 법원은 토지나 건물 소유자가 종전부터 향유하고 있던 경관이나 조망이 하나의 생활이익으로서의 가치를 갖고 있다고 객관적으로 인정된다면 법적인 보호의 대상이라고 밝혔다.

조망이익은 원칙적으로 특정장소가 외부를 조망하는 데 있어 특별한 가치를 가지고 있어야 하며, 조망이익이 법적인 보호대상이 되는 경우라도 그 이익의 침해 정도가 사회통념상 인용하는 범위(수인한도: 受忍限度)를 넘어야 한다며 수인한도를 넘었는지는 경관의 내용과 피해건물, 가해건물의 입지, 조망이익의 내용 등을 종합적으로 고려해야 한다고 밝혔다.

따라서 판례에서는 조망권의 법적가치를 인정한 경우와 그렇지 않은 경우가 있는데 전자의 경우와 관련하여 서울고법 민사29부가 서울 용산구 이촌동 리바뷰아파트 주민 19명이 한강 조망권 침해를 주장하며 LG건설과 이수건설을 상대로 낸 손해배상 청구소송에서 한강 조망권의 법적 가치를 인정하며, 아파트 시가하락분과 위자료 100만원씩을 배상하라는 판결을 내린 적이 있는데 배상액은 1인당 100만~6,000여만원으로 총 4억 3,000여만 원이었다.

재판부는 한강 경관은 미적, 정신적 측면 뿐 아니라 사회문화적, 경제적 측면에서 가치가 커 적게는 수천만 원에서 많게는 수억원까지 프리미엄이 형성된다며 주택의 장소적 가치가 조망권에 크게 의존하고 있다면 법적 보호를 받을 가치가 있다고 밝혔다.

부럽다! 'View' 있는 아파트

"이렇게 멋진 파란 하늘 위에 지어진 마법 정원으로 와요~."

필자는 가끔 자우림의 노래 '매직 카펫 라이드'를 불러본다. 거실 창 밖으로 카펫처럼 펼쳐져 있는 녹색 잔디와 푸른 나무에 둘러싸인 시원스러운 숲을 보면서 차 한 잔의 즐거움에 빠지는 꿈은 생각만 해도 언제나 멋지다.

이른 바 그린 뷰(green view) 아파트, 브랜드 이름이 의미하듯이 아파트의 조망권 시대가 열리고 있다. 누구나 자연을 그리워하는데 그리워하는 만큼 가까이 둘 수 없는 현실 때문에 조망권의 가치가 돋보인다고나 할까. 소비자들은 조망권을 아파트 선택의 '으뜸' 기준으로 삼고 있다.

부동산 114의 설문조사에서도 조망권(19%)이 내부구조(18%)나 향(14%)을 제치고 이파트 청약시 고려사항 1위를 차지했다. 조망권은 선진국에서도 프리미엄을 인정받는다. 미국의 센트럴파크나 호주 시드니의 바닷가 콘도미니엄은 부촌의 상징이다. 집값도 주변 지역보다 비싼 것은 물론이다.

소득수준과 주거의 질이 높아질수록 조망권 가치는 더욱 커진다. 전문가들은 대체로 전체 집값의 20~30%는 조망권의 영향을 받는 것으로 추산하고 있다. 같은 단지라도 조망권이 있느냐 없느냐에 따라 수억원까지 차이가 난다. 조망권 프리미엄은 국세청도 인정한다. 2005년 4월 아파트 기준시가를 발표하면서 '조망권이 아파트값의 10~20%를 좌우한다.'고 밝혔다.

조망권 종류도 다양하다. 오션뷰(ocean view), 마운틴뷰(mountain view), 그린뷰(green view), 리버뷰(river view), 파크 뷰(park view), 레이크뷰(lake view) ……

조망권마다 특징이 다르기 때문에 아파트 선택시 자신의 취향에 맞게 고르는 게 중요하다. 리버뷰의 대표는 한강이며, 마운틴뷰는 강보다 프리미엄은 다소 낮다. 그러나 강은 오래 보면 지루할 수 있지만, 산은 계절마다 달라지는 풍광이 매력적이다. 공기가 훨씬 좋고 등산을 즐길 수 있는 것도 강점이다. 외국에서는 오히려 파크뷰(공원조망)를 최고로 치는 경우도 있다. 산책과 운동을 좋아하는 중년층 이상에게 인기가 있다.

조망권이 있다고 무조건 좋은 것은 아니므로 유의해야 한다. 한강변 아파트는 소금기나 먼지가 적지 않고, 산이 가까운 경우에는 여름에 모기가 들끓는다거나 등산로에 인접한 단지는 등산객 때문에 주차문제 등으로 골머리를 앓기도 한다.

바다에 인접한 아파트는 태풍이나 비바람이 찾고, 짠 바닷바람에 고생하는 경우도 있다. 주상복합의 경우 조망권이 결정적 요인이 될 수 있으며, 교통, 학군, 편의시설 등도 골고루 따져 보아야 한다.

- 2005. 10.13 조선일보 기사를 중심으로 -

'Green, Green Premium' 갈수록 귀하신 몸

'분당 아파트 가격의 20%는 쾌적성 값'이라고 한다. 이 같은 분석은 정부가 최근 아파트 기준시가를 조정하면서 조망권, 향(向), 소음 등에 따라 차등화한 점과 맥락을 같이 하고 있다.

『지난 94년엔 쾌적성 요소 중 층(層)과 향(向)만이 아파트 값에 영향을 미쳤지만, 97년엔 층→산→공원→소음→하천 등의 순으로 영향을 미치는 요소가 늘어났다. 이어 2002년에는 층→공원→소음→산→하천 등의 순으로 영향력이 커졌다. 소득수준이 높아질수록 아파트를 구입할 때 쾌적성을 주요 기준으로 삼는다는 것이다.』

- 강장학, 한국토지공사 부장, 단국대 부동산학 박사학위 논문 -

실제로 녹색(Green)조망권 선호도가 커지면서 '공원아파트'의 프리미엄이 날로 높아지고 있다. 최근 뚝섬 서울 숲공원과 분당 중앙공원 주변 및 미국 센트럴파크에 붙은 아파트는 다른 아파트보다 2배 가까이 비싸고, 일본 황궁 근처의 주택지도 인기가 대단하다고 한다.

국내에서는 용인시 구성읍 보정리 동아 솔레시티의 경우 한성 골프장이 내려다보이는 89평형 13층은 5억 7,600만원이었으나 조망이 어려운 같은 동 저층은 8,900만원이 낮은 4억 8,700만원으로 고시됐다.

판교의 ha당 개발밀도를 86 4명으로 하겠다고 하는데, 이는 분당 198명, 일산 176명, 파주 145명에 비해 훨씬 낮은 수치로써, 쾌적한 환경이 도시개발의 주안점이 될 전망이다. 필자도 최근에 서판교지역을 자주 돌아보는데 산 밑에 녹지가 썩 마음에 와 닿는다. 그러니 다른 사람인들 왜 선호하지 않겠는가.

'자연과의 조화 및 인간중심 단지 설계'가 심사기준인 한국건축문화대상을 수상한 건폐율 9%의 삼성동 아이파크가 평당 4,000만원을 호가하며 왜 부동산 시장에서 귀하신 몸이 되었겠는가.

땅 한 평 사기 운동…, 나무 위 시위를 하며 처절하게 공권력과 맞섰던 용인의 대지산이 주민 품으로 돌아왔다고 한다. 소득증가와 녹색 프리미엄이 갈수록 커지고 있다. 길과 물, 그리고 녹색지대가 부동산 가치의 핵심이 되고 있음을 간과해서는 안 된다.

주상복합아파트 브랜드에 얽힌 사연

요즘 건설사들이 많이 내놓고 있는 주상복합아파트에서는 일반 아파트와는 달리 브랜드가 통일되지 않고 있다. 지역에 따라, 상품 따라 다른 브랜드를 붙이는 경우가 많다. 브랜드를 가장 다양하게 사용하는 업체는 포스코건설이다.

포스코의 경우, 일반아파트는 기본적으로 '더샵(the #)'을 공통브랜드 사용한다. 그러나 주상복합아파트는 각기 이름이 다르다. 다만 '스타'나 '파크'를 앞뒤에 붙이면서 나름대로 통일을 기하려고 애쓰고 있다.

이 회사가 본격적으로 주상복합아파트 건설을 시작한 것은 2000년 분당 파크뷰 아파트부터다. SK건설의 '뷰(VIEW)'와 포스코건설이 내세운 '파크'를 합쳐 파크뷰로 분양하면서 큰 인기를 끌었다. 다음으로 대규모 사업을 벌인 곳은 서울 자양동 건국대 부지의 스타시티 프로젝트다.

규모가 크고 복합화한 단지여서 시티라는 이름에 상류층을 뜻하고 부르기 쉬운 스타를 붙여 역시 분양에 성공했다. 포스코건설은 대규모 주상복합아파트 사업에 이 '스타시티' 브랜드를 사용코자 했으나 상표권을 시행사였던 건국대가 가져가는 바람에 포기할 수밖에 없었다. 이 회사가 즐겨 쓰는 브랜드는 '파크'다.

최근에는 잠실에서 이 회사가 좋아하는 스타와 파크를 합친 '스타파크' 주상복합아파트를 성공리에 분양했다. 여의도에서는 고급주거형 오피스텔을 분양하면서 '아일랜드파크'를 섬이라는 지역특성에 맞게 적절히 붙였다.

대우건설은 일반아파트는 '푸르지오', 주상복합은 '트럼프월드'를 붙여왔었다. 최근엔 고급주상복합에 '월드마크'라는 브랜드로 용산에서 분양했다. 트럼프에 제공하는 브랜드 사용료를 아끼려고 더 이상 '트럼프월드'를 쓰지 않기로 한 것이다.

삼성건설은 '팰리스'가 트레이드마크가 됐다. 서울 도곡동 '타워팰리스'가 대성공을 거두며 고급아파트의 대명사로 자리를 잡자 자연스레 '팰리스'를 붙이게 됐다. 다만 다른 지역에서는 '타워팰리스'를 절대 쓰지 못한다. 타워팰리스 주민들이 오직 도곡동 단지에만 사용해야 하는 고유명사로 강력히 요구했다는 후문이다.

이에 따라 분당에서는 '로열팰러스', 서초동과 마포, 목동에서는 '트라팰리스'로 분양을 마쳤다. '팰리스' 브랜드에 얽힌 일화 하나. 분당 '로열펠리스'에 주소를 둔 미국 유학생이 대학교에 장학금 신청을 했으나 주소지를 본 학교 측이 "펠리스(궁전)에 사는 사람이 무슨 장학금이냐?"고 거절했다는 이야기도 나돌았다.

현대건설의 고급아파트 브랜드는 '하이페리온'이지만 필요에 따라 다른 브랜드를 적용하기도 한다. 목동에서는 '하이페리온 1.. 2'를 내놨지만 서초동에서는 '슈퍼빌로' 승부를 걸었다.

일반아파트에 'e-편한세상'을 붙이는 대림산업은 주장복합에서도 비교적 통일성을 꾀하고 있다. '아크로'를 거의 공통으로 쓰는 셈이다. 도곡동에셔 처음 분양한 주상복합은 '아크로빌'이며 서초동의삼풍부지의 주상복합은 '아크로비스타', 방배동에서는 '아크로리버' 등으로 지역에 따라 약간씩 달리 적용한다.

현대산업개발은 일반아파트든, 주상복합이든 무조건 '아이파크'다. 삼성동 '아이파크'가 최고가로 인정받으면서 고급아파트의 대명사 같은 브랜드로 자리잡았다는 분석 때문이다.

SK건설은 '허브'와 '리더스'를 분모로 정해 놓고 '허브 수'라든가 '허브스카이'

등으로 사용하며 '리더스뷰'로 붙이기도 한다. 롯데건설은 '캐슬'을 일반아파트와 함께 사용하면서 뒤에 '골드'나 '헤론' 등을 붙여 통일성을 꾀하고 있다.

지역 특성에 따라, 혹은 공동사업 여부에 따라 브랜드를 탄력적으로 붙이는 경우도 많다. 예컨대 서울 용산에서 지난해 분양된 '시티파크'는 지역특성을 반영해 만든 브랜드다. 미군기지가 이전하면 대규모 공원으로 조성될 것이라는 전망 때문에 공동사업자인 대우건설과 롯데건설의 브랜드를 버리고 '시티파크'라는 그럴듯한 브랜드를 붙였다. 현대건설과 삼성건설이 비슷한 곳에서 분양한 '파크타워' 역시 공원을 강조하기 위해 회사 이름을 희생한(?) 경우다.

- 2005.9.17 중앙일보 기사를 중심으로 -

빌딩의 고층 경쟁

여의도 63빌딩, 목동 하이페리온 69층, 타워펠리스 3차 69층, 한강과 남산 조망이 가능하며 평당 5천만원을 호가하는 삼성동 아이파크 46층, 잠실 갤러리아 펠리스 46층……. 갈수록 고층 건물의 기록이 갱신되고 있다.

부산 제2롯데월드는 1백 7층, 4백 65m이며, 서울 상암동 디지털미디어시티(DMC) 지역에 1백 30층, 5백 30m의 밀레니엄 타워가 계획 중이다. 앞으로의 관심사는 잠실의 제2롯데월드 건물이다. 1백 12층, 5백 55m의 초고층 건축물 설계안을 발표했지만 인근 성남비행장의 비행고도 문제로 공군 측과 마찰을 빚어 공사시행 여부가 미지수인 상태다.

얼마 전까지 세계에서 제일 높은 빌딩은 말레이시아의 수도 칼라

룸푸르에 있는 페트로나스 트윈타워였다. 높이 4백 52m에 88층으로 1994년에 공사를 시작해 99년 8월 개관하였는데 이 빌딩은 현대 건축의 상징으로 여겨진다. 이 건물은 2003년 대만의 101빌딩(480미터)이 완공되기 전까지, 74년 완공된 미국 시카고의 시어스타워보다 9미터가 높은 세계 최고의 건물로 군림했다.

빌딩구조 설계시 평면의 크기에 대한 높이의 비율이 1대7을 넘어서게 되면 건물이 흔들리는 것을 방지하기 위해 추가 장치를 설계해야 하는 등 많은 손이 간다고 한다. 결국 높은 빌딩의 건설은 기술 수준을 넘어서 경제적인 문제로 귀결된다고 하겠다.

최고층 경쟁에서 가장 고려해야 할 사항은 바람과 지진으로부터의 안전 보장이다. 안전과 편안함을 동시에 고려하는 유지보수 과정 등은 그야말로 치밀해야 한다. 그리고 도시에 머무는 오염된 공기가 흘러 나가도록 해야 한다.

건물을 고층화하고 주변에는 넓은 공원을 만들어 바람길을 터 주어야 한다는 주장이 설득력을 얻고 있다. 따라서 향후 건축물의 고층화가 더 확대될 전망이다. 한강과 남산, 아름다운 야경, 눈부신 고층 조망에 대한 선호도가 안전에 대한 우려감을 앞지르고 있는 듯하다.

어떤 아파트를 골라야 잘 사고 소문날까

주가와 마찬가지로 집값 역시 심리적 요인이 영향을 미치기 때문에 최저점을 확인하기가 좀처럼 쉽지 않은 것이 사실이다. 가격 하락기에는 상대적으로 낙폭이 적고 상승세로 전환될 때는 더 오를 가능성이 높은 아파트를 어떻게 골라야 할지 살펴보자.

» 대단지·유명브랜드를 선택

집값 하락기일수록 수요자들의 선택폭은 더욱 좁아지게 마련이다. 가장 확실한 방법은 대단지를 선택하는 것이다. 단지규모가 클수록 물건이 풍부해서 수요자들의 발길이 자연스럽게 모여들게 된다. 아파트 브랜드도 중요한 선택기준으로 집값에 미치는 영향이 점점 커지고 있어 가능한 한 인기 브랜드 아파트를 선택해야 한다.

» 수요가 많은 평형이 유리

어느 지역을 가든 '인기평향'이 있게 마련이다. 강남권 등 인기지역에서 소형아파트 보다 중대형평형의 수요가 늘고 있다. 반면 외곽지역으로 나갈수록 중소형평형의 수요가 늘어난다. 과거에는 20평형대 실수요가 많았지만 최근 사회 전체적으로 삶의 질이 향상되면서 최초 내 집 마련 수요가 30평형대로 옮겨가는 추세다.

» 조금 비싸더라도 로열층·로열향을 사라

수요자들은 단지 가격이 조금 싸다는 이유로 층·향이 다소 떨어지는 아파트를 선택하기도 한다. 하지만 살 때는 조금 싸게 살지 몰라도 팔 때는 그만큼 새 주인을 찾기 어려워질 수 있다. 집값이 오르는 상황에서는 매물이 부족해서 큰 어려움이 없겠지만 값이 내리는 상황에서는 그렇지가 않다는 것이다.

» 수요자는 헌 집보다 새집을 먼저 찾는다

최근 주택업체들의 설계 경쟁으로 아파트 평면은 하루가 다르게 새로워지고 있다. 같은 평형임에도 최근 지은 아파트들이 오래된 아파트보다 집안이 훨씬 넓어 보이는 이유다. 이렇다 보니 가능한 한 지은 지 얼마 안 된 새 아파트에 집중될 수밖에 없다.

» e느낌, e행복!

휴대전화로 부엌 가스레인지 불을 끄고, 집에 들어서자 실내조명과 오디오가 자동으로 켜진다. 홈 네트워크 기술이 하루가 다르게 발전하고 있다. 공상과학영화 속의 일들이 현실이 되는 날이 머지않았다.

아파트를 살 때 고려해야 할 사항

『"공기 좋고 관리비 적게 나오고 출퇴근도 쉬운데 우리 집값은 왜 안 오르지?" 최근 서울의 집값이 급등하면서 상대적 박탈감을 느끼는 사람이 늘고 있다. 다른 아파트 값은 몇 달 새 껑충 껑충 오르는데 내 집 값은 몇 년이 지나도록 요지부동이다.』

이런 아파트들의 특징을 살펴보면, 소형 평형으로만 구성되어 집주인보다 세입자가 많이 거주한다. 브랜드 인지도가 낮은 시공사가 건설해 가격상승이 더디다. 주변에는 지은 지 오래된 낡은 아파트가 밀집돼 있다. 나홀로 아파트로 1~2개 동으로 구성된 단지다.

그리고 진입로가 좁다는 등 주거 쾌적성이 떨어진다. 지하철역은 걷기에는 다소 먼 거리에 있어 마을버스를 이용해야 하며, 주차공간이 부족해 아침에 차 빼기도 힘들고 퇴근할 때마다 주차할 곳을 찾지 못해 스트레스가 쌓인다. 30평형 미만으로 구성된 단지는 대개 대지 면적에 비해 가구수가 많아서 자동차로 출근하려면 병목현상이 벌어진다.

단지 내 주민 휴식시설과 녹지공간이 부족하거나 인근에 영화관 등 문화시설이 드물다. 도로변이나 철로변에 위치해 소음이 심하고 먼지가 많아 공기도 좋지 않다. 아파트가 경사지에 위치해 걷거나 차량으로 단지에 진입하기가 어렵고, 비나 눈이 많이 오는 날은 어린이나 노인이 보행하기에 위험도 따른다.

아파트 고를 때는 대체로 다음과 같은 사항을 고려해야 한다.

1. 신축연도(재건축 연한이 언제 도래하는지 검토)

2. 공법상 제한사항과 용적률

3. 대지 지분과 전용면적

4. 계단식(엘리베이터 이용 측면에서 복도식보다 계단식이 편리)

5. 평형의 구성(평형구성이 다양한지 파악한다)

6. 방향(거실과 방의 방향이 남동쪽인 곳이 좋다)

7. 주차(지하주차장이 있으며 가구당 2대 정도 주차가 가능해야 한다)

8. 인근 대규모 신축단지의 여부(주거환경 개선의 반사이익이 있다)

9. 아파트 단지 관리상태(미관, 소음 등을 잘 관리하는 곳을 선택하라)

아파트 값을 좌우하는 브랜드 인지도

아파트 시장의 브랜드화가 급속히 진행되고 있는 가운데 유명 브랜드 아파트와 중소 브랜드 아파트의 가격 상승률 차이가 크게 벌어지고 있는 것으로 나타났다.

부동산뱅크의 조사발표(2005.9.21)에 의하면, 아파트 브랜드 바람이 불기 시작한 2000년 1월 서울 비강남권에서 5대 브랜드(래미안, e-편한세상, 아이파크, 자이, 푸르지오)아파트와 그 외 아파트의 평균 평당가는 543만원과 535만원으로 차이가 8만원에 불과했지만 2005년 7월 각각의 가격은 1,182만원과 924만원으로 차이가 258만원으로 벌어졌다고 한다.

이렇게 '브랜드=돈'이라는 인식이 팽배하다 보니 신축 아파트단지 이름을 놓고 지자체와 입주예정자 간의 입장이 엇갈리고 있다. 대규모 아파트 단지내에 건설사의 고유 브랜드명이 그대로 유지될 경우, 타 지역에 동일한 명칭의 아파트들이 다수 존재하게 되어 시민들과 외지인들의 혼란이 우려된다는 이유에서 대전시는 신축아파트의 명칭에 대해 옛 지명이나 한글을 사용토록 유도하고 있다.

그러나 대전시 동구 '한밭마을'아파트 입주예정자들은 '한밭자이'로 변경해줄 것을 요구하고 있다. 똑같은 대기업 시공사 아파트라 하더라도 고유브랜드 명칭을 사용하는 아파트들이 그렇지 않은 것에 비해 대우(프리미엄)를 받고 있기 때문이다.

이런 흐름을 타서 대림산업이 처음으로 건축분야와 함께 미술분야에 'e-편한세상' 저작권 32건을 등록했다. 그동안 아파트 평면 등에 대한 저작권 등록은 있었으나 외관에 대한 등록은 없었다. 외관만 보아도 'e-편한세상' 임을 쉽게 구분할 수 있도록 독창적이고도 예술적이며, 절제의 미학, 모던(modern)한 세련미, 담백함, 친환경 등을 특징으로 하여 입면을 디자인하였다는 것이다.

일각에서는 브랜드 아파트들은 대부분 기술력 있는 대형 건설사가 지어 질적인 측면에서도 우수하지만, 브랜드라는 외적인 요소가 다소 맹목적인 가격 상승을 이끈 측면도 있어 외형보다 질로 승부하라고 지적하고 있기도 하다. 맞는 말이다. 표리부동(表裏不同)하면 그 수명이 결코 길지 못할 것은 명약관화(明若觀火)하다.

아파트 프리미엄의 운명, 브랜드가 결정한다

8.31대책 발표로 아파트 시장이 실수요자 위주로 재편되면서 건설사들이 브랜드 입지강화에 더욱 많은 노력을 쏟아 붓고 있다. 대형 건설사를 비롯하여 지방 중소건설사까지 TV광고를 경쟁적으로 내보내며 최근 두 달 사이 방영된 TV광고만 20편을 넘었을 정도다.

이는 불경기일수록 소비자가 선호하는 브랜드만 살아남을 것이라는 위기의식이 더욱 팽배해지고 있기 때문이다. 주택 소비자들도 아파트의 가치, 즉 입주 후 프리미엄이 건설사의 아파트 브랜드에 의해 좌우된다고 믿고 있는 분위기다.

실제 같은 지역에서 비슷한 분양가로 분양된 아파트라도 건설사브랜드에 의해 1억~8억원까지 프리미엄차를 보이는 사례도 많다.

부동산뱅크가 네티즌 8만 8,718명을 대상으로 조사(2005.9.5~10.5)한 바에 따르면 소비자들은 아파트를 선택할 때 교통(80.9%)을 가장 중요시하고, 다음으로 가격(80%), 지역(59.8%), 브랜드(47.3%), 교육(30.9%)등의 순으로 우선순위를 두는 것으로 나타났다.

특이한 점은 소비자들이 교육여건보다 아파트브랜드를 아파트 선택 시 더 많이 고려한다는 것이다. 아파트브랜드가 삶의 질에 영향을 미친다는 응답이 82.95%나 나왔고, 아파트브랜드 도입이 주택문화 발전에 긍정적인 영향을 미쳤다는 응답도 80.6%에 달했다.

2000년 8월 이후 강남구에 입주한 래미안, e-편한세상, 아이파크, 자이, 푸르지오 등 5대브랜드 아파트와 기존 중견브랜드 아파트와의 평당 매매가를 보면 브랜드에 따른 프리미엄 차이가 얼마나 큰지를 실감할 수 있다.

부동산뱅크의 조사에 따르면 이 지역의 지난 2000년 8월, 5대 브랜드 아파트의 평균 평당 가격은 1,147만원선이었다. 그 외 단지의 평당가는 1,013만원으로 134만원의 가격 차이를 보였다. 그러나 5년이 흐른 2005. 7월 현재 5대브랜드 아파트와 그 외 아파트와의 가격은 평당 3,848만원과 2,550만원으로 그 격차가 289만원으로 벌어졌다.

근래에는 '아파트브랜드=자본이득(Capital gain)'이라는 등식이 성립되면서 더 세련되고 고급스럽게 '명품 브랜드'를 탄생시키려고 심혈을 기울인다. 대부분 네이밍 업체에 위탁하고, 가끔 사내공모를 통해 결정하기도 한다. 평균 두 달, 1억원 안팎의 비용이 들어간다고 한다.

삼성건설 아파트 브랜드인 래미안의 기본 컨셉은 미래(來), 환경(美), 사람(安)이다. 이는 업계 최초로 한자를 조합해 만든 것으로 다른 브랜드가 영어 이름을 사용한 것과 차별화된다. 아파트라면 대부분의 사람들이 삼성 래미안을 떠올리게 하고, 래미안이라는 브랜드만 들어도 소비자의 공감을 유발해 누구나 살고 싶어하는 선망의 대상으로 구매에 확신을 갖도록 유도하고 있다.

대우건설 '푸르지오(PRUGIO)'는 깨끗함, 산뜻함을 의미하는 순 우리말 '푸르다'와 대지·공간을 뜻하는 'GEO'를 결합한 합성어다. 브랜드 심볼인 '푸르지오 나무'는 푸르지오라는 대지 위에 자라나는 싱그러운 생명을 의미하고 있다.

지난 2000년초에 탄생한 대림산업 'e-편한세상'의 e는 인터넷(사이버)을 상징하며, '편한세상'은 생활이 더욱 편해지는 아파트라는 뜻이다. 또 한글로 풀이하면 '이'는 영어의 'this'를 뜻하는 지시대명사로 "이렇게 편리한 세상"이라는 의미를 갖고 있다. 따라서 브랜드의 의미는 인터넷서비스를 통해 생활과 문화와 교육이 편해지고 아파트 단지와 단지를 연결하여 대한민국 사람 누구나 하나가 되는 사이버 공동체를 구현하겠다는 뜻을 담고 있다.

LG건설 '자이(Xi)'는 'Extra Intelligent(특별한 지성)'을 의미하는 영문자의 약어다. 품격과 세련된 이미지로 남보다 한발 앞선 사람이 선택하는 첨단, 고급 아파트를 상징한다.

현대산업개발의 '아이파크(I PARK)'는 기본적인 생활공간에서 벗어나 삶의 의미를 느끼게 하는 문화공간이라는 문화공간이라는 의미로 그동안 축적한 노하우와 친환경 첨단기술이 조화된 새로운 개념의 브랜드다.

포스코건설의 '더샵(the #)'은 반음 올림을 뜻하는 음악 기호인 #을 통해 "삶의 질이 반올림 된다' 라는 의미와 '고객에 앞서 반보 더 먼저 생각 한다'는 중의적인 의미다.

롯데캐슬은 성(城)이 갖고 있는 이미지를 아파트브랜드와 접목시킴으로써 고급아파트의 상징이 된 브랜드다. 城이라고 하면 먼저 떠오르는 것이 전통, 품격, 자부심, 동경 등의 이미지다. 城에 산다는 자체가 특별한 프리미엄을 누리는 것이자 높은 신분의 상징인 것이다.

한화건설의 '꿈에 그린'은 '꿈에 그리던'의 줄임말이면서 꿈(dream)과 그린(green)의 합성어다. 동부센트레빌의 '센트레빌(Centreville)'은 중심을 뜻하는 '센트레(center)' 및 한 세기를 뜻하는 영어 '센트리(centry)', 그리고 단지 개념인 '빌(ville)'의 합성어이다.

풍림 '아이원'은 영문의 I-want로 'I'는 고객을 의미하고, 'want'는 바람, 희망을 의미한다. 고객이 원하는 아파트 라는 의미다. 한라건설의 비발디(vivaldi)는 이름에서 오는 음악과 같은 행복함과 편안함, '사계'의 교향곡에서 느낄 수 있는 자연과 사계절의 아름다움을 내포하고 있다.

동양 파라곤(Paragon)은 완벽함의 극치, '걸작' 또는 '100캐럿 이상의 완전한 금강석'을 뜻한다. "월드 메르디앙(Meridian)은 불어로 자오선, 정점, 절정 등을 의미하는데, 인생의 절정에 걸맞은 삶의 공간을 제공하겠다는 의미를 담고 있다. 주공의 '뜨란채'는 뜰과 안,

채(울타리)를 조합하였으며, '자연적 공간의 편안함을 담은 집'이라는 뜻이 담겨 있다.

소액 투자 대상 아파트를 골라라

역세권 1억원 이하의 소형 아파트

정부의 부동산대책에 따라 다주택 소유자에 대한 보유세가 강화되면 중대형보다는 소형 아파트 집값이 먼저 조정을 받을 것으로 예상하는 시각이 많다. 이는 일반적으로 다주택 소유자가 세금 부담을 줄이려고 주택을 처분하려 할 경우 가격이 비싼 집보다는 싼 집을 먼저 처분하는 게 유리하기 때문이다.

또 자가(自家) 거주자보다 임대 거주자가 많은 소형아파트 단지를 중심으로 매물이 늘어날 가능성이 크다. 거주 목적의 실수요자로서는 전세로 살다 가도 자금을 조금만 보태 내 집을 구입할 수 있는 기회가 넓어지게 되는 것이다.

전문가들은 서울지역에서 1억원 미만의 자금으로 구입할 수 있는 대단지 아파트를 주목할 필요가 있다고 조언한다. 소형평형 위주의 대단지 아파트는 일시적 매물의 증가로 집값이 조정을 받더라도 전세가와 매매가의 차이가 적어 가격이 하락하는 데 한계가 있다.

이에 따라 오히려 장기적으로는 소형의 집값 상승 여력이 중대형보다 크다는 게 전문가들의 분석이다. 시야를 넓혀보면 서울에서도 1억원 미만의 자금으로 역세권 주변에 대단지를 이루고 있는 살기 좋은 아파트를 찾아볼 수가 있다. 자금이 넉넉지 않은 실수요자나 결혼을 앞둔 예비부부들은 역세권 소형아파트에 관심을 가져볼 만하다.

입주 2, 3년차 대단지로 갈아타기

이사철이 되면 내집 마련이나 넓은 평수로 갈아타기를 원하는 수요자들이 늘어나는데 이때 새 아파트를 분양 받지 않을 경우 2, 3년차 아파트에 대한 관심이 집중된다. 이들 아파트는 양도세 비과세 요건(3년)과 전세기간 만료 등으로 매물도 풍부한 편이기 때문이다.

또한 대부분 집주인이 직접 거주했기 때문에 아파트가 깨끗하고 새집증후군 걱정도 없다. 입주 초기 하자문제 등이 해소된 상태여서 마음 놓고 들어갈 수 있다. 지역은 교통여건이나 생활편의시설 등 잘 갖춰진 역세권 대단지가 좋다.

1,000가구 이상인 대단지의 아파트는 거래가 비교적 꾸준해 급할 때 집을 팔기가 유리하다. 또 불황에도 집값이 잘 떨어지지 않으며 단지 내 각종 편의시설이 잘 갖춰져 있는 등 장점이 많다. 대단지에는 각종 공원이나 녹지, 운동시설 공간이 넓으며 주차장을 모두 지하화 할 경우 지상 녹지면적은 더 넓어진다.

대단지 주변에서 쇼핑이나 편의시설도 함께 성장하게 된다. 기존 상권이 부족한 지역은 인근에 대규모 할인점이 들어서기도 한다. 또 관리비가 낮고 은행 담보대출을 받기 유리한 점 등의 장점도 있다. 강남을 비롯한 분당이나 용인 등 수도권 남부지역에 이런 대단지 아파트가 많다는 사실은, 대단지 아파트의 가격이 강세를 이루고 있음을 입증하고 있다.

2기 신도시 주변단지를 주목하라

2004년 화성 동탄 신도시 분양을 시작으로 2006년부터는 판교, 파주 운정, 김포, 수원 이의 등 수도권 2기 신도시의 분양이 본격화되고 있다. 그러나 판교를 비롯해 수도권내 주요 택지개발지구에 공영개발 방식이 적용되고, 전매제한 기간이 연장되면 수익성은 당초 예상치에 크게 못 미칠 것으로 보인다.

이에 따라 전문가들은 수도권 2기 신도시의 주변 지역 기존 아파트 단지로 눈을 돌려보는 것도 내집 마련을 겸한 재테크에 도움이 될 것으로 내다보고 있다.

예컨대 판교신도시 주변지역은 판교와 인접해 있으면서 교통여건이 개선돼 수혜를 볼 수 있다는 것이다. 용인 동천동, 신봉동, 분당 이매동 등이다. 2기 신도시 가운데 녹지율이 가장 높은 이의 신도시의 주변 수혜단지로는 상현동, 성복동, 수원시 우만동 등이 손꼽히고 있다.

» 집값 하락기 매도·매수요령

외환위기 이후에 필자는 살고 있던 아파트가 잘 팔리지 않아서 과감히 시가보다 500만원을 낮추어 팔았다. 평수를 늘려서 살 때는 500만원을 더 주고 이른 바 로열 동(棟), 로열층의 아파트를 샀다.

　5년이 지난 지금, 팔고 온 곳은 시세 변동이 미약한데, 현재 살고 있는 곳의 집값은 3배 이상 상승했다. 만약 그때 적은 금액 때문에 망설이다가 제때에 팔지 못하였거나 마음에 드는 새집을 사지 못했더라면 지금 어떤 상황일 것인가. 생각할수록 잘했다는 생각이 든다.

미분양 속에 '숨은 진주'

    미분양단지는 통상 200가구 안팎의 소형단지이거나 입지여건이 상대적으로 떨어지는 곳이 많다. 하지만 분양시장이 침체상태에 있을 땐 입지 여건이 좋고 단지 규모가 크더라도 미분양이 나오게 마련이다.

    따라서 실수요자입장에서는 미분양 단지를 꼼꼼히 살펴보면 의외로 우량한 아파트를 찾을 수 있어 프리미엄을 톡톡히 누릴 수 있는 기회가 될 수도 있다. 미분양 아파트는 즉시 입주할 수 있는데다 각종 금융혜택도 많다는 것이 장점이다. 공사 중에 발생할 수 있는 부도의 위험도 없다.

    주택업체 입장에서는 가격을 낮추더라도 미분양 물량을 빨리 털어버리는 게 유리하기 때문이다. 기존 계약자들을 의식해 공식적으로는 분양가 할인을 내세우지는 못하지만 고객이 직접 방문할 경우 분양가를 깎아주고 있다.

    또 이미 준공된 상태여서 단지 주변과 내부를 꼼꼼하게 살펴본 후 계약여부를 결정할 수 있다. 향·층·마감재 등을 비교해보고 골라서 입주할 수도 있다. 입주 직후부터 아파트를 자유롭게 팔 수 있다는 점에서도 유리하다.

하지만 미분양 아파트의 대부분이 소형 단지여서 투자가치는 떨어질 수 있으므로 유의해야 한다. 장기간 미분양으로 남아있던 아파트라면 반드시 미분양 원인을 파악해야 한다. 저렴하게 분양권 전매 형태로 나와 있는 매물이 있는지도 반드시 확인해야 한다. 즉시 입주시에는 중도금과 잔금을 한꺼번에 내야 하므로 자금부담이 될 수도 있다.

따라서 직장과의 거리나 교통여건 그리고 주변의 발전가능성 등을 더욱 세심하게 따질 필요가 있다. 부동산 비수기인 겨울철에는 분양 물량이 적어 수요자들은 알짜 미분양을 객관적으로 조목조목 따져가며 비교해 볼 수 있는 시기다. 미분양 아파트를 선택할 때는 자신의 자금상황과 구입목적에 맞는지를 철저히 비교·분석해보고 실수요 위주로 접근해야 함을 잊어서는 안 된다.

미분양도 잘 찾으면 곳곳에 '보석'

입주시점에 실질 분양가에 장만할 수 있는 아파트도 늘고 있다. 실질 분양가란, 분양계약 이후부터 입주할 때까지 평균 소요되는 3년간의 금융비용에 해당하는 분양가의 5%의 금액을 분양가에 합산한 것으로, 입주 시점의 시세가 실질분양가 수준이면 프리미엄을 지불하지 않고 분양가 수준으로 집을 사는 것과 같은 효과를 보는 것이다.

업체들은 미분양을 해소하기 위한 고육지책으로 저렴한 계약금에 중도금 무이자 대출 등을 내세우고 있지만 효과는 미지수다.

지인 한 사람에게 용인지역 미분양 물건을 '마이너스 피(프리미엄)'로 사들여 성공을 경험한 적이 있다. 옥석을 골라낼 혜안이 있다면 두고두고 효자노릇을 할 미분양 물량을 잡을 일이다. 실수요자들에게는 '꿈이여 다시 한번!' 바로 그 기회가 눈앞에 다가오고 있는 것이 아닐까. 다만 그 시기가 문제이리라!

필자가 실수요자에게 내리는 특명이다! 열심히 발품을 들여 자신에게 맞는 곳을 찾으라. 다만 주의할 것은 중소건설업체의 경우 끝까지 완공할 수 있는 자금력이 충분한 회사인지를 살피는 일이다. 싼 게 비지떡이 될 수도 있음에서다.

» 입주 앞둔 분양권 급매물을 겨냥하라

주택투기지역에서 가구당 대출 한도가 제한되고 있다. 종합부동산세 강화나 주택자 양도세 중과보다도 더욱 큰 부담을 주는 조치이다. 아파트나 주거형 오피스텔을 분양 받았던 투자자는 대출 규제 강화로 손해를 보더라도 어쩔 수 없이 팔아야 할 입장에 놓였다.

계약금만 내고 중도금 무이자나 이자 후불제 조건으로 분양 받은 경우 입주시점에 잔금대출이 되지 않는다면 곤란에 처하게 된다. 일부 주거형 오피스텔에서는 계약금과 이자 정도만 건지겠다는 급매물이 나오고 있지만 매수세가 끊겨져 거래가 잘 되지 않는다고 한다.

입지가 좋고 향후 투자가치가 높은 지역의 분양권이나 오피스텔 등의 급매물이 쏟아지면 여유자금이 풍부한 투자자의 손으로 넘어갈 가능성도 높다. 외환위기 당시 쏟아진 매물이 몇 년 후 급등했던 사실을 이미 학습했기 때문에 고수들은 급매물을 기다리고 있다.

재건축 대상 주택의 가격이 높은 이유

　정부에서 아무리 규제를 심하게 쏟아내도 재건축 아파트의 가격은 떨어지지 않고 일정한 시간이 지나면 왜 재차 고개를 쳐드는 것일까? 그 이유는 수요와 공급 논리 외에 금리 등 경제 환경과 투자심리가 강하게 작용하고 있는 데 따른 것으로 분석된다.

　정부는 강남권 수요를 가수요 내지는 투기수요로 보고 있지만 실제 시장에는 강남 입성을 여전히 꿈꾸고 있는 대기수요가 풍부하다. 재건축 아파트는 신규 중대형 거주를 위한 가장 현실적인 대안이기도 하다. 결국 고강도대책이 나온다 해도 일시적인 수요관리시책에 불과할 뿐 실제로 시장에서 원하는 이와 같은 실수요층의 수요를 제대로 해소해주지 못해 가격상승의 1차적 요인이 되고 있다.

　또 여전히 4%대에 머물고 있는 저금리 역시 강남의 부동산 주변에 부동자금을 맴돌게 하는 2차적 원인으로 보인다. 또 재건축에 대한 기대심리가 있다. 정부의 재건축 압박에도 불구하고 가장 노른자 땅 위에 지어진 재건축 추진 단지의 아파트를 낡은 아파트로 놔두지 못할 것이라는 기대심리가 존재하고 있기에 상승세(escalation)를 탈 수밖에 없다는 얘기이다.

- 2005.11.23. 헤럴드경제 기사를 중심으로 -

잠실 재건축 사업은 주거혁명

송파구는 강남에서 가장 역동적인 변화를 거듭하고 있다. 잠실역 일대가 초고층 주상복합아파트와 함께 대규모 재건축이 활발하게 추진되면서 강남구를 능가하는 주거 중심지로 새롭게 탈바꿈하고 있다. 저밀도 노후 아파트가 줄지어 있던 이 곳은 현재 주공1~4단지의 재건축 공사가 한창 진행 중이며, 갤러리아펠리스, 롯데캐슬골드 등 초고층 고급 주상복합아파트들이 속속 들어섰다.

최근 112층 높이 555m 규모의 초고층 빌딩인 제2롯데월트 건립이 가시화 되면서 주목을 끌고 있는 잠실역 일대는 2,000~5,000가구에 육박하는 초대형 매머드급 단지들이 건설되고, 상업지역을 중심으로 주상복합 빌딩이 속속 들어서면서 주거와 상업시설이 공존하는 대규모 주거타운으로 거듭날 것으로 기대를 모으고 있다.

» 제2롯데월드의 최대 수혜주, 잠실 주공5단지

잠실주공5단지는 주공아파트 중 마지막 남은 재건축 물량이다. 특히, 잠실주공5단지는 타 재건축 단지보다 대지지분이 비교적 큰 편이다. 대지지분은 각각 34평형→22.53평, 35평형→24.49평, 36평형→33.52평이다.

» 호수프리미엄 기대되는 레이크패스

주공4단지 부지에 재건축되는 레이크패스는 2007년 1월 입주를 목표로 공사 중에 있으며 잠실 재건축사업 중 가장 빠른 공정률을 보이고

있다. 가장 주목할 만한 점은 석촌호수와 인접해 있다는 것이다

특히, 50평형(431~485동)의 경우 호수조망이 가능해 높은 프리미엄이 형성될 것으로 기대된다. 현재 삼성과 LG가 공동으로 시공하고 있다.

» 신천역 역세권, 주공1, 2, 3단지

각 단지는 5,678가구, 5,563가구, 3,696가구의 초대형 단지로 2007년 12월과 2008년 7월 준공을 목표로 공사 중에 있다. 특히, 주공1단지 136, 141~142동, 144~147동과 주공2단지 48평형은 한강조망이 가능해 조망 프리미엄이 기대된다. 2단지는 단지 내에 생태공원을 조성할 예정이어서 공원프리미엄과 더불어 기대가치가 더욱 크다. 현대, 삼성, LG, 대림 등의 대형 건설사가 시공 중에 있다.

» 롯데캐슬골드

황금빛 초고층 빌딩, 롯데캐슬골드는 잠실주공5단지와 제2롯데월드 부지 맞은편에 위치하고 있다. 지하7층~지상37층, 50~99평형으로 구성되어 있으며 평균분양가가 8억9천만원 선이었던 67평형은 현재 17억원 전후에서 호가가 형성되고 있다.

» 초고층 주상복합, 갤러리아팰리스

2005년 9월부터 입주한 갤러리아팰리스는 전용률(78%)이 비교적 높다. 주공3단지, 레이크팰리스와 인접해 있는데다 잠실역을 도보로 이용할 수 있는 강점이 있다. 또한 단지 내에 휘트니스센터, 도서실, 회의

실, 놀이방, 클럽, 쇼핑몰 등이 자리잡고 있어 주거생활이 보다 편리하다. A·B·C동 1,500여가구 중 아파트는 총 741가구이며 현재 59평형은 13억원 전후에서 시세가 형성돼 있다.

재개발 전성시대는 오는가

　8.31부동산종합대책이 발표이후 재개발 투자에 관심이 고조되고 있다. 이번 대책에 재개발에 대해서만은 각종 장밋빛 지원책을 제시하고 있어서다. 층고제한 완화, 주민동의 요건완화, 용적률 상향 등 규제완화와 교육, 교통 등의 인프라를 확충하는 광역개발은 '헐고 집만 다시 짓는' 과거의 재개발 방식과는 크게 다르기 때문이다.

　이처럼 투자환경이 호전되자 재개발 투자가 유망할 것이라는 예측이 쏟아지면서 '재개발 투자 전성시대'가 열릴 조짐이다. 그러나 일부 전문가들은 재개발 시장의 거품을 우려하고 있다. 재개발은 사업 추진 기간이 재건축보다 훨씬 길어 10년 넘게 걸리는 경우도 있다.

　재개발 지분매입은 쉽게 말하면 '분양권을 미리 사 두는 것'이다. 지분 매입 가격 외에 추가 부담금이 얼마나 될지가 투자성을 판단하는 잣대다. 재개발 투자는 우선 사업진행 단계를 정확하게 파악해야 한다. 투자목적인가 아니면 실수요자용인가를 명확히 하는 것도 필요하다.

　초기 단계에 지분을 매입한다면 기대수익은 커질 수 있겠지만 그만큼 큰 위험에 노출된다. 실수요용이라면 기대수익이 작더라도 사업승인

등이 이뤄진 다음에 지분을 매입하는 게 좋다. 또 현장답사 등으로 투자하고자 하는 지역을 꼼꼼히 분석해야 한다. 조합원 간에 갈등이 있다면 사업추진이 차질을 빚을 가능성이 높다.

이 경우 투자원금이 묶일 뿐더러 기회비용까지 감안하면 큰 손실을 입을 수 있다. '분 쪼개기'가 많은 곳은 무조건 피해야 한다. 조합원이 많으면 일반분양 가구 수가 줄어들 수밖에 없어서 시공사는 수지를 맞추기 위해 조합원 분양가를 올리게 된다.

당연히 추가부담금이 늘어나게 돼 투자수익은 줄어든다. '큰손'들이 지나간 곳은 일반적으로 가격 거품이 많다. 지분 가격이 평당 1,000만 원을 넘어가면 일단 감정평가액이 얼마나 나올 수 있는지를 의심해봐야 한다. 공시지가와 가옥대장 등을 확인하는 노력도 필요하다.

한강조망 가능한 강변재개발구역 주목

사실 한강을 보면 세계 어느 곳보다 서울이 혜택을 받은 도시라는 생각이 든다. 이렇게 큰 규모의 강이 도심을 관통하여 유유하게 흐르는 곳, 풍수지리상으로 보면 재운이 흘러 넘치는 그런 곳이 서울이 아니던가.

한강변 재개발구역이 주목을 받고 있다. 정부와 서울시가 주택공급 확대를 위해 각종 재개발 활성화 정책을 추진 중인 가운데, 층수 제한을 받아온 한강변 재개발 구역에 고층 아파트를 지을 수 있게 하는 방안이 추진되면서 한강변 재개발지역은 당분간 인기를 끌 전망이다.

최근 서울시가 최고 7층 또는 12층까지만 허용하던 2종일반주거지역내 아파트 건립 층수를 평균 층수 개념으로 바꿔 최고 20층까지 건설할 수 있는 도시계획 조례안을 입법예고함에 따라 한강변 재개발의 사업성이 크게 높아질 것으로 전망하고 있다.

인기 지역 노후 주택이 이젠 금값

　필자에겐 요즘 수시로 가격은 불문하고 집 지을 땅을 찾아 달라는 전화가 온다. 유명 부동산 컨설턴트, 건설회사, 중개업자에 이르기까지 실로 다양하다. 수도권에서 아파트 사업부지 확보에 애를 먹고 있는 시행사들이 강남권 노후 단독주택지역으로 관심을 돌려 곳곳에서 매입 작업을 벌이면서 특정지역의 단독주택 가격이 강세를 보이고 있다.

　국내 최고의 주거지역으로 각광을 받고 있는 강남지역의 경우 아파트는 물론 연립, 다세대, 다가구, 단독 주택이 지은 지 20~30년이 지나 노후화되어 새로운 주택에 대한 수요는 꾸준한 편이다.

　단독주택 재건축의 경우 재개발과 함께, 아파트 재건축에 비해 규제완화 혜택이 주어지고 있다. 단독주택 재건축은 아파트 재건축에 비해 집값 견인 효과가 상대석으로 작다.

　단독주택지 대부분은 1종 또는 2종 주거지로 용적률이 200% 이하로 규제되고 있어 3종주거지인 아파트에 비해 초대형, 초고층 재건축이 불가능하다. 때문에 용적률 100% 정도인 단독주택지를 200%로 재건축할 경우 공급확대에 기여하면서도 적절한 환수조치로 집값을 잡을 수 있다는 계산이 나온다.

2종일반주거지역에 대해 획일적인 층고제한을 하지 않고 다양화할 경우 건물이 차지하는 면적이 줄어들고 단지 쾌적성이 높아져 주택가치가 올라가게 되며, 2005년 5월에는 도정법(도시 및 주거환경정비법)이 개정돼 단독 재건축 추진요건이 종전 300가구 이상에서 200가구 이상으로 낮아졌고, 준공 후 15년 된 다가구, 다세대 주택이 30%이상이면 사업을 추진할 수 있게 됐다.

서울시가 재건축기본계획을 수립하고, 정부도 단독주택 재건축을 중대형 아파트 공급수단으로 활용할 것이라는 데에 대한 기대감이 팽배하면서 강남권을 중심으로 재건축 대상 단독주택이 관심을 끌고 있다. 이런 현상은 비단 강남지역뿐 아니라 뉴타운 등 전국 어느 곳이나 인기 있는 지역이면 비슷한 양상으로 전개되고 있는 모습이다.

국민은행이 '2005년 7월 주택가격 시계열 조사표'에 따르면 지난 1995년 7월부터 2005년 7월까지 10년 동안 서울의 아파트는 100.8%가 올랐는데 비해, 단독주택은 17.5%, 연립주택 매매가격 상승률은 5.8%에 그쳤다고 한다. 이것을 반대로 해석하면 단독이나 연립주택의 재개발, 재건축이 가능한 곳은 가격 상승 가능성이 그만큼 많다는 의미다.

그러나 이런 단독주택 재건축은 사업추진 절차가 까다롭고 대부분의 단독주택지가 1·2종 주거지역으로 묶여 있어 18층 이하로 규제를 받기 때문에 사업성이 떨어질 수도 있다.

서울 인근 환경 좋은 단독주택 유망

고급화, 대형화로 무장한 단독주택들이 화려한 재기를 꿈꾸고 있다. 그동안 우리나라에선 주거만족도 못지않게 투자가치를 따지는 바람에 단독주택이 아파트에 비해 인기가 떨어졌으나 최근 아파트에 각종 정부 대책과 규제가 쏠리면서 상대적으로 관심을 끌고 있다.

단독주택은 서울 가까이 수도권에 입지와 수요를 갖춘 고급 단독주택 단지에서부터 멀리는 제주도 일본식 대규모 단지까지 그 영역을 확대하고 있다. 일부 목 좋고 규모 있는 단독주택의 경우 별다른 홍보가 없었음에도 중도금을 생략하고 10억원대 뭉칫돈을 들고 와 계약하자는 사람이 있을 정도로 2~3년 새 분양시장 분위기가 사뭇 달라졌다는 분석이다.

판교 인근에 단독주택단지를 조성 중인 모 사장은 "과거 정부의 주먹구구식 공급 대책이 아파트 일색 주거문화를 만들었다. 입지상 서울은 힘들어도 수도권과 지방 곳곳에 만들어지는 단독주택들은 아파트가 줄 수 없는 자연상 혜택을 무한정으로 공급할 수 있다."고 말했다.

용적률을 늘려 분양성을 높이는 아파트와 비교해 사업성이 크게 떨어지는 단독주택은 비교적 땅값이 저렴한 수도권과 지방 곳곳에서 대형화와 고급화 전략에 나선다. 일부 고급단지는 골프장, 스키장 등 레저시설 이용이 편리한 곳도 많아 삶의 질과 실버 투자 가치를 따지는 중장년층의 관심을 끈다.

일단 40평형대 이상 대형이고 단독주택의 단점이라 할 수 있는 보안과 관리 문제를 극복하기 위해 단지화가 진행되고 있다는 것을 알 수 있다. 고급 단독주택들이 자본력을 통해 덩치가 커져 대단지 프리미엄을 노리는 것은 일반아파트의 장점을 흡수하려는 노력이다. 그러나 일반 아파트가 시공사 이름값에 의존하는 것과 달리 대규모 단독주택의 경우 유명 건축가들의 설계를 내세워 일부 부유층을 노리는 것이 큰 차이점이다.

- 2005. 8.31 매경 -

영화 속의 그림 같은 집 '타운하우스'

아파트문화에 젖어서 산지 20년이 넘는 필자는 요즈음 들어 흙 냄새 나는 집이 부쩍 그리워진다. 흙냄새를 맡으며 사는 것이 건강에 좋다는 차원에서 뿐만 아니라, 흙과 조용히 호흡하면서 마음의 평화도 얻고, 지기를 맡으며 그윽하게 향기를 풍기는 여유로운 삶을 누리고 싶어졌다고나 할까.

벽난로가 있는 집도 괜찮아 보이고, 필자를 가장 유혹하는 것은 온돌이 있는 황토방 아궁이에 불을 지피며 고구마를 구워 먹고, 가마솥에 잡곡밥을 해 먹은 다음 구수한 누룽지를 만들어 먹는 것이다. 그러다가 시상(詩想)이 떠오르면 멋진 시(詩) 한 편을 쓰고……. 그런 꿈이 언제 이루어지려는지 가끔 조바심이 나기도 한다.

아파트 문화에서 벗어나고 싶은 것은 나만의 생각이 아닌 모양이다. 완전한 전원주택은 아무래도 선뜻 내키지 않는 사람들이 그 중간쯤 되는 타운하우스 형태를 찾고 있다.

영화 '해리포터 시리즈'에서 해리가 페투니아 이모 가족과 함께 살던 영국의 집과 '아름다운 비행'에서 주인공과 거위들이 하늘을 날 때 펼쳐지는 마을, 그리고 또 다른 영화 '노팅힐'에서 윌리엄 데커(휴그랜트 분)가 사용하던 주거건물이 타운하우스(town house)이다.

국내에서는 아직 생소한 주택형태로서 그동안 드문드문 보급돼 오던 타운하우스가 최근 들어 인기몰이를 할 조짐이다. 웰빙 바람이 거세게 불고 있는 가운데 틈새시장을 찾고 있는 건설사마다 친환경과 고급스런 주거생활이 가능한 타운하우스 분양에 앞장을 서고 있다.

타운하우스란 출입문이 분리된 여러 가구의 주택을 한 개의 건물로 이어 짓는 개념이다. 외관상 하나의 건물이지만 실제로는 완전한 여러 채의 단독주택이 들어서는 셈이다. 대개 2, 3층짜리 주택 10~50가구가 벽을 연접하며 정원과 담을 공유하는 단독주택군의 주거형태를 띤다.

연립, 빌라 등에 비해 단지 내부 배치나 형태가 다양한 것도 타운하우스의 특징이다. 이웃집과 벽은 공유하지만 아래, 위층이 없이 천장이 높아 탁 트인 느낌을 주는 복층형이어서 아파트의 단점으로 꼽히는 소음이나 주차 등의 생활문제가 덜하다.

적어도 바닥이나 벽을 타고 전달되는 화장실 배수음 등 이른바 구조 소음 문제가 적기 때문이다. 전원주택 단지에 타운하우스 개념을 적용할 경우 여유 공간이 많아 주차 문제로 골머리를 앓는 일도 없다.

타운하우스의 필수요건 중 하나는 커먼스페이스(Common Space)라고 부르는 공동정원(마당)이다. 이곳에서 입주민 간의 커뮤니티가 형성되어 마치 한 가족이 사는 듯한 마을을 만들 수 있다. 가구 사이를 구분하는 울타리도 없다.

공동 야외 식탁이나 레저시설을 설치해 여느 공동주택과 달리 아담하고 오붓한 분위기를 연출한다. 주택 배치나 형태가 다양하고 독특해서 '나만의 집'을 원하는 수요를 충족시킬 수 있다. 잔디와 화분으로 장식한 단지 내부에 들어서면 감탄사가 절로 나올 정도란다.

도정법·도특법 시장, 또 다른 기회의 땅

2006년 7월 1일부터 낙후된 구시가지의 재정비를 촉진하기 위해 도입된 '도시재정비 촉진을 위한 특별법'과 하위법령이 시행되어 강북 뉴타운 등 도심 노후지역 개발사업이 본궤도에 오를 전망이다.

또한 2006년 하반기에 2003년에 시행된 '도시 및 주거환경 정비법'이 개정되어 시공사 선정시기가 정비조합설립인가 이후로 강화됨에 따라 대형 건설업체들이 유망 재개발구역 시공권을 선점해야 하기 때문에 경쟁이 치열해지고 수주 시장이 과열을 빚고 있는 등 '도시 및 주택 정비사업 시장'이 커지고 있다.

반면에 재건축 일반분양물량은 급감하고 있어 대조를 이루고 있다.

대규모 재건축 물량 부족과 재건축 규제방안 등이 지속적으로 발표되면서 분양물량이 감소했기 때문이다. 그리고 도시 및 주거환경정비법 개정으로 2003년 7월 1일 이전까지 사업계획 승인신청을 하지 못한 재건축조합은 후분양의 적용을 받아 선분양되는 재건축 일반분양을 찾아보기 힘든 것도 한 원인이다.

도시재정비촉진특별법의 탄생과 주요내용

도시재정비촉진특별법(이하 '도특법'으로 약칭)은 도심의 구 시가지 개발을 유도하기 위한 특례와 공공부문의 참여를 통한 공공성 강화를 주요 내용으로 하고 있다. 법 시행으로 사업 속도가 2-3년 단축된 것은 물론 광역적, 체계적 개발이 가능해졌다는데 큰 의의가 있다.

도특법은 그동안 도시재정비사업이 각종 개별 법령의 저촉과 난맥 등으로 사업 시행이 어려웠던 점을 해소하기 위해 여러 법규를 병합해 각종 인허가를 의제 처리할 수 있도록 했다. 즉 주택재개발사업 등 기존 사업의 경우 도시 및 주거환경정비법, 국토의 계획 및 이용에 관한 법률, 건교부 고시, 환경 교통 재해 등에 관한 영향평가법, 사회기반시설에 대한 민간투자법, 주차장법, 주택법, 지방세법, 수도권 정비계획법, 초중등교육법 등으로 흩어져 있는 관련 법규를 재정비함으로써 탄생된 것이다.

도시 및 주거환경정비법은 주택재개발, 재건축, 주거환경촉진사업 등 개별사업의 대상·추진 절차 등 시행방안을 규정하는 일부 개별사업의 통합적 시행을 위한 특례를 종합 규정하기는 어려운 상태였다.

반면 국토의 계획 이용에 관한 법률은 국토 이용·개발·보전을 위한 도시계획 수립 방안 등을 규정한 법률로 용적률, 건축제한 완화 등 광역 개발을 원활히 지원하는 데는 무리가 있어 이를 병합케 된 것이다. 따라서 도심 낙후지역 재생작업은 도특법으로 일원화되면서 새로운 전기를 맞게 됐다.

도특법의 내용을 세분해 보면, ① 광역적이고 체계적인 도시의 개발 ② 개발에 따른 용적률 등의 특례 ③ 기반시설의 확충 ④ 개발이익의 환수 ⑤ 특목고 설치 및 문화시설의 확대 등 쾌적한 도시환경 조성 ⑥ 공공기관의 총괄사업관리자 지정 허용 등으로 구분된다.

도특법에는 구시가지의 재정비촉진사업의 활성화와 주택공급의 확대를 위해 구역지정요건 완화, 용적률. 층고제한 완화, 소형평형 의무비율, 지방세법 감면, 과밀부담금 면제, 특별회계의 설치 등의 특례를 명시했다. 또한 기반시설 설치비용의 전부 또는 일부를 국가 예산에서 지원하거나 국민주택기금에서 융자할 수 있도록 했다.

이 법의 시행으로 2-3개 뉴타운 사업지가 연계해 개발되거나 개발지역이 1개동에서 2-3개동으로 확대되고 도로, 학교 등도 늘어날 수 있게 됐다.

'도시재정비촉진 특별법'은 2005. 5월 건설교통부 '부동산 정책회의'에서 도심지 재정비를 광역 개발하는 방안이 본격 논의되면서 그 필요성이 제기됐다. 8.31대책 당시 부동산 대책에서 특별법 주요 내용이 발표됨에 따라 9월 국회의원들에 의해 '뉴타운특별법', '도시구조개선 특별법안' 등으로 발의됐다. 이를 기존 관련법과 통합해 2005년말 '도시재정비촉진 특별법' 을 통과시키고, 2006년 7월 시행케 된 것이다.

다른 개발사업과의 비교

구분	재건축사업	재개발사업	뉴타운사업	도시개발사업
제안권자	시·군·구	시·군·구	구청장	공공기관 토지소유자 등
지정권자	시·도지사	시·도지사	서울시장	시·도지사
최소면적	1만㎡	1만㎡(조래)	-	1만㎡
평균면적	03년 이전은 1,000평 정도 소규모 난립	1만평 수준	평균 27만명 최소 7만평 최대 106만평	-

도심 낙후지역 어떻게 개발되나

그동안 도심 낙후지역 개선사업은 재개발, 재건축 등 개별적인 소규모 사업으로 진행돼 도로, 학교, 공원, 문화시설 등 광역기반시설을 계획적으로 설치하는데 있어 한계가 있었다. 광역적으로 사업단위를 설정하고, 공공에서 기반시설 설치계획 등을 포함한 종합개발계획을 수립해 시행할 필요성이 꾸준히 제기돼 온 상태다.

또 재건축사업은 아파트 위주로 추진돼 집값 상승 기대감으로 시장 불안 요인이 되는 반면 단독주택은 사업 추진이 부진했다. 그동안 재개발구역의 지정요건을 완화해 단독주택을 포함하고 공공주제의 사업 참여를 활성화, 사업을 신속히 추진할 필요성이 제기됐었고, 용적률, 층수제한 등 건축 규제로 역세권 등 집약개발이 요구되는 지역에서도 주택

공급이 한계가 있었다.

　더불어 조합 중심으로 진행되는 사업방식도 개선이 요구됐다. 주민 동의 등 합의가 어려울 경우 사업 추진이 많게는 20년 이상 지연되는 사례도 나타났다. 또 개발이익 환수를 위한 각종 부담금 제도의 실효성 이 미비해 정비사업에 따른 개발이익이 지나치게 사유화되는 문제점도 낳았다.

　이런 문제를 해결하기 위해 등장한 것이 뉴타운 사업이다. 뉴타운 사 업은 노후 불량주택 밀집지역 등을 포함한 적정 규모의 생활권역에 대 한 종합개발계획 수립, 도시 기반시설 설치 등 공공부문의 역할 강화 등 을 골자로 하는 기성시가지 개발방식이다.

　사업 추진은 MA(Master Architect)제를 도입해 건축, 조경, 도시 설 계 등 민간전문가 중심의 MA팀에서 종합개발계획을 수립, 진행하도록 했으나 법규 미비가 사업의 걸림돌로 작용했다.

　그동안 뉴타운 지구내에서 시행되는 개별사업마다 법 적용이 상이해 사업을 안정적이고 지속적으로 추진하기가 곤란했고, 개별사업마다 독 자적으로 도로, 공원 등 기반시설을 설치해 개별사업지구를 연결하는 광역 기반시설 설치가 어려웠다. MA팀을 구성해 뉴타운 계획을 수립한 다고는 하지만 법적 구속력이 없어 민간시행자를 강제하기 곤란한 문제 점도 노출됐었다.

　건설교통부의 '2004년 서울의 지역간 주요 지표'에 따르면 1인당 도 로면적은 서초구가 12.3m인 반면 관악구는 5m인 것으로 나타났다. 1 인당 공원면적은 종로구 52.8㎡, 동대문구 2.2㎡다. 30년 이상 경과 주택은 종로구 23.4%, 강남구 0.1%로 지역간 격차는 매우 높은 상태다.

서울시의 경우 전체 주택공급 규모 중 도심재개발은 10%, 노후 단독 주택 재건축은 30% 수준을 차지한다. 그러나 새로 조성된 신시가지는 도로, 공원 등을 계획적으로 조성해 도시생활환경이 양호한 반면 재개발사업 등이 추진되고 있는 구시가지는 전반적인 주거 여건에서 큰 격차를 보이고 있다.

따라서 기존 시가지는 개발, 정비 미흡으로 도시 인프라가 열악하고 재정력이 미약해 발전기반을 상실했다는 평가를 받고 있다. 이런 불균형 해소책으로 등장한 것이 '도특법'이다.

뉴타운 도시촉진지구로 바뀐다

뉴타운의 명칭은 '재정비 촉진지구'로 바뀐다. 촉진지구 지정요건은 주택단지 위주의 주거지형은 15만평(50만㎡) 이상, 상업지역이나 역세권 위주의 중심지형은 6만(20만㎡)평 이상이다. 재개발사업 분양권이 주어지는 20㎡(6평) 이상 토지 거래시 투기방지 차원에서 거래 허가를 받도록 했다.

도특법의 핵심은 용적률 등 건축 제한이 완화된다는 점이다. 용도지역을 2종에서 3종으로 상향할 수 있고, 용적률도 2종의 경우 기존 200%에서 250%, 3종은 기존 250%에서 300%까지 높일 수 있다. 정부가 재건축의 경우 용적률을 제한하려는 것에 비하면 특혜인 셈이다. 이런 인센티브 제공은 자치단체 등 공공이 시행하는 곳 뿐만 아니라 민간이 시행하는 경우에도 모두 적용된다.

다만 늘어나는 용적률의 75% 범위내에서 임대아파트를 공급해야 한다. 현재 서울 2종 일반주거지역(200%)이 재정비촉진사업에 의해 3종(250%)으로 변경되면 늘어난 50%의 75%인 37.5%를 임대주택을 적용해야 한다.

　임대주택을 지어도 건축비는 자치단체에서 보전해주기 때문에 그 동안 용적률이 낮아 고민하던 뉴타운 지역의 사업성은 크게 좋아진다. 즉 임대주택 부분은 토지비+건축비 수준으로 정부가 매입하기 때문에 임대주택 비율을 주는 만큼 용적률을 더 주는 셈이다.

　또 전용면적 25.7평 초과 평형을 전체 가구수의 20%에서 40% 이하로 늘릴 수 있게 돼 중대형평형을 확대할 수 있게 했다. 중대형 평형 확대는 곧 수익성이 높아진다는 것을 의미한다. 중대형평형이면 고급화가 가능하고 아파트값이 오르는 효과가 있다. 또 도특법 대상이 될 노후건축물 비율 등 구역지정 요건도 완화된다.

　대한주택공사 등 공공기관이 총괄사업관리를 맡을 수도 있다. 재정비 촉진계획이 고시된 후 2년 내 조합설립인가를 못 받거나 3년 내 사업시행인가를 받지 못하면 관할 시장.군수.구청장이 공공기관을 사업시행자로 끌어들일 수도 있다.

　그동안 도심내 주택재개발사업은 민간주도로 실시돼 수익성 있는 부분만 개발되고 기반시설도 안 갖춰져 실제 난개발이 이뤄졌고, 공공 참여를 보장함으로써 광역적, 체계적 개발이 가능해졌다는 점에서 특별법은 매우 큰 의미가 있다.

특수목적고 등 교육환경도 개선

특기할 만한 점은 도시 및 주거환경정비법에 의해 개선작업이 진행되는 지역에 교육환경 개선을 위해 학교 및 교육과정 운영의 특례가 부여되는 특성화중학교, 특성화 고등학교 등의 자율학교의 자율학교를 교육감이 지정할 수 있도록 했다.

그러나 도특법은 이보다 한걸음 더 나아가 교육감은 재정비촉진계획에 의한 자율학교를 적극 유치할 수 있게 조치할 수 있게 했다. 또 지자체는 학교 용지를 직접 매입할 수 있으며, 다른 법규에도 불구하고 수의계약으로 사립학교를 설립·운영하고자 하는 자에게 사용, 대부하거나 매각 가능할 수 있다. 따라서 특수목적고 등이 많이 들어서게 돼 교육환경이 크게 개선된다.

계획 수립은 시장·군수·구청장이 실시하고 시·도지사가 결정한다. 지정 절차는 시장·군수가 마련된 초안을 주민 공람 및 지방의회 의견청취, 시·도 송부, 관계기관 협의, 도시계획 위원회 심의, 결정·고시, 보고(건교부 장관) 등의 순으로 진행된다.

중요한 부분은 기존 정비사업 시행에 소요되는 시간보다 약 2-3년 단축되고 시장·군수가 수립한 개발계획 내용대로 용도지역이 변경된 것으로 의제 처리된다. 도로기반시설 설치, 특수목적고 설립 등 촉진지구에 포함된 개별사업은 촉진계획에 따라 처리하면 된다.

즉 그동안 도시 및 주거환경정비법에 의한 '도시·주거환경정비기본계획', 국토의 계획 및 이용에 관한 법률에 의한 '지구단위계획' 수립을 하지 않아도 된다.

현재 재건축, 재개발 등 개별사업의 경우 독자적으로 기반시설이 설치돼 광역적 범위내에서는 해당 기반시설이 불균형을 초래했다. 그러나 도특법으로 지방자치단체 및 공공시설 관리자, 해당 서비스 제공자들이 개발비용을 부담토록 했다.

따라서 기반시설, 학교 등 공공시설, 문화·복지시설 등을 확대해서 건립할 수 있게 됐다. 또 용적률 완화 등 인센티브의 제공으로 도심 낙후지역 개발을 촉진할 수 있어 앞으로 도심재정비사업이 활기를 띨 것으로 기대된다.

도특법에 따르면 시·군·구청장의 광역개발의 필요성이 있는 노후 지역에 대해 시·도 지사에게 '도시재정비 촉진지구' 지정을 신청하면 시·도 지사는 관계부처 협의와 도시계획위원회 심의를 거쳐 지정 여부를 결정한다.

재정비촉진지구로 지정되면 용도지역 용적률 층수제한 등 건축규제가 대폭 완화돼 강북 역세권에서도 40층짜리 초고층 주상복합아파트가 들어설 수 있게 된다. 서울시가 추진중인 뉴타운 사업의 경우 법 시행일 이후 건교부 협의를 거쳐 시가 재정비촉진지구로 지정되는 시점부터 이 규정의 적용을 받는다.

새정비촉진지구 지정 이후 시·군·구청장은 재정비촉진계획을 수립한 뒤 주민의견을 청취해야 하며 시·도지사는 도시계획·건축 등 전문기인 총괄계획가(MP)를 위촉, 전체계획을 수립하고 이를 확정한다.

건축규제는 국토계획법상 주거 상업·공업·녹지지역의 용도지역 범위에서 변경 가능하게 하고 용적률은 국토계획법상 상한선까지 완화할 수 있도록 했다. 예를 들면. 전용주거지역을 일반주거지역으로 바꿔주거나 3종 주거지역은 용적율을 250%에서 300%로 완화해 개발지역 토지가치를 높여주게 된다. 이와 함께 5종 일반주거지역의 층수제한 규정도 사라진다.

재개발사업의 구역지정 요건도 완화된다. 우선 도시 및 주거환경정비법에 따라 시도 조례가 정하는 재개발 구역지정 요건이 20% 범위 내에서 완화가 가능하다. 또 부지 정형화 등을 위해 필요할 경우 구역 면적을 10% 확장할 수 있도록 했다.

이밖에 재개발 사업의 경우 전용면적 85㎡이하로 건설비율을 종전 80%에서 60%로, 주거환경개선사업은 종전 90% 이상에서 80% 이상으로 완화했다.

건교부는 "도심내 노후지역이 최첨단 주거·상업 지역으로 탈바꿈되면 집값 불안 및 불균형이 해소될 것"이라며 "지자체와 논의를 거쳐 2006년 중 서울 강북 2곳, 2007년 상반기 지방 1, 2곳을 시범사업지로 선정, 추진할 계획"이라고 한다.

도시및 주거환경정비법과 재개발·재건축과의 관계

1. 도시 및 주거환경정비법(이하 '도정법')의 제정 경위

1970년대 이후 산업화·도시화 과정에서 대량 공급된 주택들이 노후화됨에 따라 이들을 체계적이고 효율적으로 정비할 필요성이 커지고 있으나 현행 체계는 재개발사업, 재건축사업 및 주거환경개선사업이 각각 개별법으로 규정되어 이에 관한 제도적 뒷받침이 미흡하여서, 이를 보완하여 일관성 있고 체계적인 단일·통합법을 마련하기 위하여 도시 및 주거환경정비법을 제정하게 된 것이다.

2. 용어의정의(도시및주거환경정비법)

(1) 주거환경개선사업

도시 저소득 주민이 집단으로 거주하는 지역으로서 정비기반시설이 극히 열악하고 노후·불량건축물이 과도하게 밀집한 지역에서 주거 환경을 개선하기 위하여 시행하는 사업

(2) 주택재개발사업

정비기반시설이 열악하고 노후·불량 건축물이 밀집한 지역에서 주거 환경을 개선하기 위하여 시행하는 사업

(3) 주택재건축사업

정비기반시설은 양호하나 노후·불량건축물이 밀집한 지역에서 주거 환경을 개선하기 위하여 시행하는 사업

(4) 도시환경정비사업

상업지역·공업지역 등으로서 토지의 효율적 이용과 도심 또는 부도심 등 도시기능의 회복이 필요한 지역에서 도시환경을 개선하기 위하여 시행하는 사업

(5) 정비구역

정비사업을 계획적으로 시행하기 위하여 정비계획에 의하여 지정·고시된구역

5·31 후폭풍, 강북 재개발 투자열기

2006. 5. 31 지방선거에서 강북 개발 확대를 공약으로 내걸었던 오세훈 후보가 서울시장으로 당선되면서 강북 낙후 지역이 투자 열기로 달아오를 조짐이다. 부동산 업계에 따르면 오세훈 당선자의 공약에서 개발지역으로 거론되고 있는 4대 문안 도심상가와 뉴타운 가능 지역 등의 부동산 가격이 개발 기대감으로 강세를 보이고 있다.

건설회사들도 도시 및 주거환경정비법(이하 도정법) 개정으로 2006년8월 25일 이후에는 조합설립인가 후 시공사를 선정해야 해 기존 추진위원회가 설립됐거나 임박한 곳을 중심으로 수주활동에 열을 올리고 있다.

5·31선거의 후폭풍으로 강남 재건축 규제 등으로 갈 곳 없는 부동자금이 당분간 강북 개발예정지에 몰려들 것이라는 전망도 나오고 있다.

세운상가는 그동안 도시환경 정비사업(옛 도심재개발)을 추진 중인 2, 3, 4, 5구역 가운데 대림산업을 시공사로 선정한 4구역을 제외하고는 사업이 지지부진했었다. 하지만 최근 5구역이 추진위원회 설립을 위한 주민 동의(조합원 50% 이상 찬성) 요건을 채우고, 금주 중 구청에 추진위 승인을 신청하기로 했다.

이에 따라 이 일대 공장·상가 시세가 초강세를 보이고 있다. 불과 한 달 전까지 평당 2500만~3000만원이던 것이 지방선거 등을 거치면서 평당 4000만~4500만원으로 올랐다. 뉴타운으로 지정될 가능성이 높은 지역의 가격도 급등하고 있다. 오 당선자가 기존에 뉴타운으로 지정된 25곳을 50개로 늘리겠다고 발표한 때문이다.

양천구 목2, 3, 4동의 경우 구청이 뉴타운 지정 타당성을 적극 검토하면서 6개월 전 평당 750만~1000만원이던 노후 빌라 등이 현재 평당 2000만원으로 올랐다.

- 2006.6.6 연합뉴스 -

최근에 주변 물건 중개만으로는 수지를 맞추기 힘든 중개업소들이 앞다투어 도정법 시장으로 뛰어 들고 있다. 마이너스 알파에서 플러스 알파로의 변신이 개발이라고 정의한다면, 그 변화의 과정에서 이득이 발생하는 사례가 많고, 일거리가 많이 생기기 때문에 당연한 현상이라고 보여진다. 꿀이 있는데 나비가 가만히 있겠는가.

과연 레드오션의 격랑을 헤치고 나갈 새로운 대안시장으로서의 블루오션이 될 수 있을 것인지 자못 기대가 크다.

도시재정비촉진 특별법(도특법) Q&A

1. 도특법 시행과 강북개발의 기대효과는?

강북 등 낙후된 구시가지의 재개발 등 소규모(1만평내외)의 정비사업을 광역적(최소 15만평 이상)으로 개발할 수 있게 함으로써 도로, 공원 등 도시기반시설의 획기적 개선이 가능하다.

용적률, 층수제한 등 건축제한의 완화로 고층 건축 및 주택공급 확대가 기대된다. 또 촉진계획수립시 '도시 및 주거환경 정비법', '국토의 계획 및 이용에 관한 법률' 등 관련법상의 계획을 의제 처리하게 돼 사업기간 단축(1~2년)도 기대된다.

2. 도특법에 포함된 사업촉진을 위한 지원사항은?

용적률, 층수제한 등 건축규제 완화, 일부 요건 미달시역의 사업지역 편입 허용, 도시개발구역의 입체환지 허용, 국민주택기금 융자 지원 등이 있다. 특히, 총괄사업관리자가 국민주택기금 등을 활용해 도로, 공원 등 지구내 기반시설을 우선 설치할 경우 지구내 개별사업을 촉진하는 효과가 있다.

일단의 구역을 대상으로 문화·복지시설 등 생활권시설의 확보를 촉진하기 위해 민간투자사업을 시행할 수 있도록 했다.

3. 재정비촉진 지구내 있는 재건축단지도 규제완화가 적용되는지?

재건축 단지는 촉진지구에는 포함 가능하나, 용적률 층수완화 등 특례의 적용대상에서는 제외된다.

4. 재정비촉진 지구지정과 계획수립 절차는?

시장·군수·구청장이 시·도지사에게 지구 지정 (또는 재정비촉진계획 결정)을 신청하고, 시·도지사가 시·도 도시계획위원회 심의를 거쳐 지구 지정(또는 계획결정)을 한다.

5. 뉴타운사업도 새로운 도특법 적용을 받을 수 있는지?

현재 뉴타운 사업이 진행중이거나 계획이 발표된 뉴타운 사업지구도

시도지사의 요청에 의해 이 법에서 정한 절차와 유사한 절차를 거친 것으로 건교부장관이 인정하는 경우 촉진지구 지정 또는 촉진계획이 수립된 것으로 본다.

6. 구역지정요건 완화의 취지와 그 범위는?

개별 사업구역 사이에 소규모 빈공간(Blank)이 발생하지 않고 가급적 광역적으로 사업구역 지정과 계획이 가능하도록 하기 위해 필요한 경우 구역지정요건 완화가 가능하다.

완화범위는 시·도 조례에서 정하고 있는 호수밀도, 주택접도율, 세장형·부정형·과소토지의 비율을 20퍼센트 범위내에서 시도 조례로 완화 가능하다. 부지정형화 등의 이유로 필요할 경우 구역면적의 10%를 추가 확장 가능하다.

7. 구역지정요건완화 대상 사업은?

주택재개발사업의 경우 호수밀도, 주택접도율, 세장형·부정형·과소토지의 비율 완화가 가능하고 구역면적도 추가로 확장(10%) 가능하다. 주거환경개선사업의 경우 구역면적을 10% 확장할 수 있다.

8. 구역지정요건 완화의 효과는?

서울의 경우, 현행보다 20~30% 정도 완화효과가 있을 것으로 추정되며, 지방은 구역지정요건 완화 효과가 더 클 것으로 예상된다.

9. 기반시설 부지제공시 용적률 등의 완화 취지와 범위는?

도특법에 의해 증가되는 기반시설만큼의 용적률·높이를 추가하는 등 기반시설용지 편입에 따른 보상체계를 규정한다. 용적률·높이는 주택재개발사업등 일반적인 정비사업과 같이 '국토의 계획 및 이용에 관한 법률' 수준으로 완화 가능하다.

10. 도특법에 따른 건축제한 완화의 내용은?

주거지역, 상업지역, 공업지역 및 녹지지역의 각 용도지역 범위내에서 용도지역 변경을 허용(예: 전용주거→일반주거, 일반주거→준주거)하고, 용도지역간 변경(예: 주거→상업)은 자문위원회 자문을 거쳐야 한다.

용적률은 지방자치단체의 조례에도 불구하고 국계법 상한까지 완화 가능하고, 도로.학교 등 기반시설을 위한 부지제공시 추가 완화가능하다. 제2종일반주거지역의 15층 층수제한 규정 적용을 배제한다.

11. 토지거래허가구역을 20㎡로 한 이유는?

현재 국토의계획및이용에관한법률상 토지거래허가대상규모(주거지역 180㎡, 약54평)는 실효성이 낮으므로 이보다 대폭 낮출 필요가 있으나 다만, 모든 토지를 허가대상으로 할 경우 과잉입법 등 논란이 예상되므로 적정한 최소규모를 정했다.

시도 조례상 재개발사업의 관리처분시 분양권이 부여되는 토지의 최소규모는 20~30㎡ 정도임을 감안하여 20㎡로 한다. 서울시 뉴타운 사업의 경우 20㎡이하 필지는 전체 필지수의 12% 정도다.

비우고 나니 이렇게 편안한 것을

-호프만-

한 번쯤 산을 오르며 구슬땀을 흘려보라
물 한 모금이 이토록 달디 단 것을 알게 되리니.

가쁜 숨 몰아쉬며 탐욕의 찌끼 다 버리고 나면
그토록 편안해지는 것도 알게 되리라.

어느덧 비워진 마음에 평화가 채워지고
탐탐하며 살아온 나날들이 속절없다 속삭이는
바람소리 새소리도 들을 수 있으리라.

다 비우고 풀밭에 누워보라
그대도 잠시 조선의 여행가 정시한(丁時翰)처럼
길고 느린 산속 여행의 참맛을 느끼시리니.

* 편집자 注

정시한(丁時翰, 1625~1707) : 산중일기(山中日記)의 저자.

'산중일기'는 길고 느리게 산을 찾아다니며 기록한 여행일기이다. 마음에 드
는 암자라도 만나면 한두 달 머물러 독서하다가 다시 길을 떠나는 3년간의 과정
을 세세히 기록한 여행기이다.

제6장

주거환경과
토지 및
상가의 가치

주거환경의 웰빙 트렌드(Trend)

'Happy 700'과 주거환경

한국에서 마지막 남은 청정지역이라는 천혜의 계곡 평창 금당계곡에 지인(知人) 한 분이 농가주택을 한 채 가지고 있다. 도회생활에 지쳐 있다가도 그곳에 가면 어느 새 마음이 편안해지고 기분이 상쾌 해진다. 그 이유는, 영동고속도로변이나 평창 일대의 국도변 광고판에서 'Happy 700'이라는 문구를 많이 목격하게 되는데, 이것이 중요한 단서가 아닐까 한다.

영동고속도로 창평 나들목에서 봉평 방향으로 나가서 바로 좌회전하여 유포리 쪽으로 직진하다보면 금당산 산행 들머리와 금당계곡의 시작점이 동시에 나타난다.

해발 1,174미터의 금당산 자락을 끼고 돌아나가는 금당계곡의 물은 때로는 얕은 여울이었다가 제법 큰 소(沼)를 만들기도 하고, 키 높은 절벽 아래의 협곡을 타고 흐르기도 한다. 봄에는 물철쭉 군락이 아름답기로 이름나 있다. 가을에는 계곡 곳곳을 물들이는 단풍 또한 그럴 듯하다. 특히 금당계곡에서는 원앙새를 심심찮게 볼 수 있다.

금당계곡에서 가장 아름다운 구간은 금당산 산행의 들머리인 백옥포리에서 유포1리 등매분교(폐교)까지의 4㎞구간이다. 좌우로 굽이굽이 협곡을 이룬 바위 절벽과 봉황이 살았다는 봉황대가 절경이다.

유포1리에서 유포3리 부근까지는 물이 맑고 깊지 않아 피크닉 장소로도 알맞고 여름철 래포팅 코스로 안성맞춤이다. 이렇듯 경관이 아름답고 물놀이하기에 좋아 평창의 이름난 펜션의 상당수가 이곳에 들어서 있다.

'Happy 700'의 700이란 해발고도 700미터인 평창지역을 의미한다. 고도가 1,000피트(300미터) 높아지면 기온이 지표면보다 2도 정도 낮아지는데, 해발 700미터 지점은 평지보다 5도 정도 낮기 때문에 인간의 생체리듬을 가장 쾌적하게 유지할 수 있으며, 기압(공기밀도)도 사람살기에 가장 적합하단다.

평창군청은 '해발 700미터 지점이 가장 행복한 고도'라고 하면서 다음과 같이 홍보하고 있다.

1. 한국의 지형 2만 곳을 조사한 결과 고기압과 저기압의 접경 높이인 해발 700미터는 기압의 변화가 가장 적어 인체에 가장 적합한 기압상태이다.

2. 인간의 생체리듬과 모든 동식물의 생육에 최적의 조건을 갖춘 곳이다.

3. 수면을 조절하는 멜라토닌 호르몬 분비량의 증가로 저지대보다 1~2시간 적게 자도 충분한 수면효과가 있다.

4. 노화를 지연시키고 건강한 삶을 유지하게 한다.

5. 충분한 혈류 공급으로 젖산과 노폐물의 제거에 효과가 있어 피로 회복 속도도 2~3시간 빠르다.

6. 산성비가 없고 맑은 이슬과 신선한 공기는 황태, 쇠고기, 양파, 화훼 등 무공해 농축산물을 생산할 수 있는 여건이 된다.

평창군은 백두대간 태백준령의 허리에 위치한 산간고원지대로서 해발 700미터 이상 되는 지역이 전체 면적의 65%이상이며, 오래 전부터 사계절 관광휴양지역으로 각광을 받고 있다.

세계적 장수촌인 미국의 콜로라도, 일본의 도가존과 삿포로; 캐나다의 몬트리올, 유럽의 지붕 알프스, 오스트리아의 찰스부르크, 영구의 에딘버러 지역 등이 이런 지대에 속한다. 이와 같이 용평리조트, 휘닉스파크리조트, 무주리조트 등도 해발 700미터 이상에 있다.

평창은 한여름에도 모기가 별로 없는 등 청정한 환경과 기후조건을 가지고 있기 때문에 고혈압, 저혈압, 심폐기능 기능 저하 등 각종 만성 질병이 치유되고 예방되는 요양과 휴양의 최적지이다. 해발 700미터에서 신혼의 첫날밤을 보내면 생체리듬이 좋아져 아들을 낳는다는 얘기도 있고 보면 귀가 솔깃해질 만도 하다.

웰빙 시대에 이런 주거환경에서 살고 싶은 것은 비단 나 혼자만의 꿈은 아니리라. 평창군에서도 해발 700미터의 환경적 조건을 적극 활용한 웰니스 타운(Wellness Town)과 실버타운(Silver Town) 개발에 나서고 있다.

2009년 완공예정으로 평창에 조성되고 있는 서울대 그린바이오 첨

단연구단지가 활성화되어 국민건강과 경제발전에 기여하기를 바라고, 우리의 소망대로 2014년 동계올림픽이 이곳에 순조롭게 유치되어 외국 손님들이 많이 찾아와 이곳의 아름다운 자연을 맛보며 마음껏 기량을 펼치고 편히 쉬었다 갔으면 좋겠다.

'Happy 700', 행복한 삶의 터전!

건물 옥상도 웰빙 공간으로 진화 중

분당 중앙공원 옆에 있는 경동 보일러회사는 옥상에 자연 생태학습 장을 만들어 지역주민들에게 기 개방하고 있다. 시골 풍경같이 잘 가꾸어진 데다가 기업의 적극적인 관리와 홍보, 지역주민들의 호응으로 많은 아이들이 여러 가지 식물도 보고, 나비와 잠자리 같은 곤충의 모양을 직접 관찰하는 등 산지식의 체험장이 되고 있다.

이러한 기업 소유의 빌딩 외에도 아파트, 오피스텔 등 주거용 건물의 옥상이 웰빙 공간으로 변신하고 있다. 호텔식 서비스가 제공되는 장단기 임대형 주거시설로서 1~2년 사이 부쩍 숫자가 늘어난 서비스드 레지던스(Serviced Residence)는 옥상에 편의시설을 설치하는데 가장 적극적으로 나서고 있다. 옥상을 녹화(綠化)한 하늘정원(테마정원), 미니공원, 조깅트랙, 미니풀장이나 자쿠지(기포욕조), 선탠시설, 지압산책로, 바비큐 파티상, 골프 퍼팅 그린까지 설치하는 사례도 등장했다.

소비자들이 상품을 선택할 때 전망(view)과 웰빙에 높은 비중을 두고 있는데다 옥상을 녹지로 꾸미면 도시의 열섬현상을 완화시키고, 단열효과로 에너지 절약효과가 있으며, 곤충이나 새 등 작은 생물에게 서식지를 제공해 도심의 생태계를 복원하는 효과도 있고, 건축주는 용적률 상향 조정 등 인센티브 혜택을 받을 수 있어 앞으로 이와 같은 추세는 계속될 전망이다.

현재 서울시는 건축허가시 21층 이상 연면적 10만㎡이상의 건물의 옥상 정원화를 적극 권고하고 있다. 옥상을 정원으로 만들려면 전용 통로를 마련해야 하고, 유지보수에 신경을 써야 하는 등 어려운 점도 있지만 주변 경관에 대한 시원한 조망으로 인한 개방감 때문에 활용 효과가 매우 크다. 건물 임차시에 고려해야할 새로운 체크포인트다.

풍수는 웰빙(Wellbeing)을 위한 생활과학

몇 년 전 국민은행이 본점 7층 행장실에 수맥이 지나간다며 장기 입원했던 행장의 건강을 감안하여 가구의 위치를 바꿨다 하여 화제가 된 적이 있다. 학자들은 수맥파는 전자파와는 달리 흡수 소멸되지 않으며, 수직 종파로 1만 피트 상공을 나는 비행기에서도 지상의 1층과 같은 수맥반응이 나타난다고 한다.

남쪽으로 한강이 굽이쳐 흐르고
북쪽으로는 남산이 병풍처럼 둘러쳐진 곳.
용(龍)이 여의주를 감싸 안아 복록(福祿)이 넘쳐나는 곳.

용산구 한남동 고급주택촌은 그런 명당이다. 한강을 따라 흐르는 거대한 '물줄기'(재물)를 날마다 바라보기 때문일까. 한남동에는 국내 10대 재벌 총수 가운데 다섯 일가가 둥지를 틀고 있다. 재벌 총수들이 한남동 일대를 선호하는 것은 풍수지리학적으로나 교통, 안전 등의 입지 여건이 훌륭하기 때문이란다.

전형적인 배산임수(背山臨水) 지형에 교통 요지인데다 외국 대사관 건물이 많아 안전하다는 평가다. 이와 같이 풍수지리설에서는 물이 보이는 전망을 재물을 부른다고 해서 높게 친다. 여기서 '물'은 자신이 있는 곳보다 낮은 곳을 상징하기도 한다. 따라서 아래를 굽어보는 곳은 부(富)가 따르는 터로 분류된다.

클린턴 전 대통령이 백악관 사무실을 개조할 때 풍수인테리어 전문가의 조언을 받았다는 뉴스가뜬 적이 있다. 동양의 풍수설을 홍콩(중국)사람들이 서양사람 입맛에 맞게 콘텐츠화해 퍼트린 게 영향을 주었지 않나 생각된다. 이렇게 세계화된 풍수가 역수입되어 '국내 실내 풍수론' 으로 유행되고 있다고 한다.

요즘 아파트 청약을 하는 수요자중 상당수는 풍수지리에 대한 관심을 가지고 있어, 명당에 위치한 아파트라고 홍보하면 관심을 더 많이 끌고 경쟁률도 높아진다고 한다.

서울시는 2007년까지 서울시내 전역의 '바람길 지도'를 완성할 계획인데, 자연적인 바람길을 방해하는 고층아파트는 오염물질이 한곳에 고이고 대기오염이 심해진다 하여 앞으로는 아파트 매입시 이 '바람길 지도'가 중요한 참고자료가 될 전망이다.

이와 같이 풍수지리는 믿고 안 믿고를 떠나 한국인의 생활 깊숙이 자리 잡고 있으며 최근에는 웰빙 열풍과 맞물려 세계인들의 관심을 끌고 있다. '펑수이'(풍수(風水)의 중국발음)가 국제공용어가 되고, 태국에서는 요즘 땅을 살 때 풍수지리설에 의존하는 사람들이 많아져 관련 전문가들의 주가가 날로 높아지고 있다고 한다.

풍수는 미신이 아니라 경험 철학이고 과학이다. 자신의 생활환경을 편리하고 능률적으로 만들어 나쁜 기운을 바꾸고 건강하고 활기찬 생활을 할 수 있도록 해주는 것이 생활 풍수의 핵심이다.

- 허장훈, 생활풍수가 -

명당은 산이 병풍처럼 둘러 있으며, 앞에는 강물이 활처럼 둘러싸면서 흘러가야 한다. 이는 음택(陰宅), 양택(陽宅)을 통틀어서 적용되는 대원리다. 집을 지어서 살기 좋은 모양을 만들거나 살기 좋은 곳을 정하는 방법을 연구하는 일을 양택이라 한다.

양택에서 집을 지을 때 가장 중요한 3가지 요소가 있다.

이 3요소는 배산임수(背山臨水), 전저후고(前低後高: 집의 앞쪽은 낮고 뒤쪽은 높게), 전착후관(前窄後寬: 출입하는 곳은 좁게 안쪽은 넓게)이라 한다. 배산임수하면 건강장수하고, 전저후고하면 영웅호걸을 출산한다 하고, 전착후관하면 부귀가 산처럼 높이 쌓인다고 한다.

만물에는 기(氣)가 있고 이를 조절해 위험을 방지하려는데 관심을 두는 것을 탓할 수는 없다. 풍수원칙을 따르려는 것은 비이성적인 것이 아니며 희망을 잃지 않으려는 노력이고, 우리 스스로를 도와 활력을 주고 일을 잘 되게 한다는데 따를 수밖에⋯⋯.

그러나 소문난 명당도 주인의 마음에 들지 않으면 무슨 소용이 있겠는가. 새로운 곳에 갔을 때 전망에 마음이 푸근해진다면 그곳이 그 사람에게는 명당이 아니겠는가.

집터와 수맥(水脈)

수맥은 땅속 20~50m 깊이에서 우리 몸의 신체 혈관과도 같이 물줄기를 형성해 계속 흘러가는 물줄기를 말한다. 어떤 물줄기는 흘러가다 얕은 지면에서 옹달샘이 되기도 하고 약수터에서 솟아오르기도 하며 지하 100~200m 혹은 더 깊은 곳으로 흐르기도 한다.

수맥줄기는 자신의 생명을 유지하기 위해 계속 흘려보내는 물을 보충해야 하기 때문에 새로 유입되는 물을 받아들여야 한다. 그러므로 물이 흘러가는 압력으로 상층부 쪽을 향해 수맥파를 밀어 올려 지표를 갈라지게 해 물이 스며들게 한다든가 지표면을 폭 꺼지게 만들어 건수나 지표수가 밑으로 스며들게 한다.

수맥의 파괴력은 대단해서 땅과 콘크리트도 갈라지게 한다. 그 같은 현상은 갈라진 틈으로 빗물, 건수 등을 끌어 들여 흘러가버린 만큼 물을 보충하기위한 생존 수단의 결집력인 것이다. 그런데 그 수맥 줄기에서 쏘아 올리는 파괴력은 인체에 나쁜 영향을 미쳐 피로감, 뇌졸중, 암 등 개인의 취약한 신체부분부터 쇠약해지게 하며 중병에 이르기까지 우리 몸을 오염시킨다.

수맥탐사 관련 통계에 의하면 환자의 90% 이상이 수맥의 오염지역에서 발생했으므로 수맥을 피해서 생활해야 한다고 한다. 그런데 수맥의 기에 민감한 사람들은 10명중 약 4명 정도이다. 6명 정도는 처음에는 잘 느끼지를 못한다고 한다. 산에 가면 옻나무를 만져도 괜찮은 사람, 스쳐 지나가도 옻을 타는 사람이 있는 것과 같은 이치이다.

그렇지만 수맥의 유해파에 둔감한 사람도 5년 이상 장기간 오염되면 갑자기 쓰러지고 한번의 큰 충격으로 어려운 상태에 빠져 회복되지 못하는 경우가 많다고 한다. 보이지 않는 수맥의 파괴력을 꼭 피해서 생활해야 하는 이유다.

수맥은 주택뿐만 아니라 길거리, 산봉우리, 들판 등 어디에든 있게 마련이다. 그러므로 주택의 방에도 수맥이 지나가는 것은 아주 자연적 현상이며 흉가의 이유가 될 수 없다. 수맥이 있으니 빨리 이사를 가라고 했다면, 그것은 자연과 인간에 대한 횡포며 수맥의 실체를 알지 못하는 사람일 가능성이 많다. 수맥이 지나가면 가구, 침대 등을 요령 있게 배치해서 생활한다면 전혀 피해가 없다.

수맥을 정확하게 찾기란 쉽지 않다. 확실하게 수맥을 찾는 빠른 방법은 이론과 실기를 겸한 공부가 필요하다. 몇 시간 혹은 짧은 시일 내에 수맥을 찾게 가르칠 수 있다고 하는 사람들이 있는데 수맥의 실체를 전혀 모르는 얘기란다. 국내에서는 임응승 신부님이 수맥에 대한 최고 전문가로 알려져 있다.

수맥을 차단하기 위해서는 동판과 은박지를 깔기도 한다. 동판과 은박지는 어느 정도 차단의 효과가 있으나 150톤 이상 되는 수맥은 차단이 불가능하다. 동판이나 은박지를 깔고 난 후 처음에는 개운하고 고통이 덜해 치유되는 듯하다. 어느 정도의 시일이 지난 후 다시 처음 고통 받던 상태로 되는 것은 수맥의 유해파가 완전 차단되지 않아 몸이 수맥의 파괴력에 점차적으로 다시 오염되기 때문이다.

이미 많은 사람들이 수맥의 파괴력은 완전 차단될 수 없다고 인식하고 있으며 그 진실이 점차 확산되고 있다. 수맥전문가가 가정을 방문해 수맥을 피해서 생활하도록 유도해야 만이 수맥의 유해파에서 안전할 수 있다. 일상생활 중에 규칙적이고 절제하며 정상적인 생활을 하는데도 몸이 이상해져 오면 수맥을 의심해 봐야 한다. 그럴 때는 잠자리를 바꿔 본다든가 하는 방법도 지혜이다.

수맥으로부터 피하는 것보다 더 안전한 방법은 없다. 집을 지을 때 지하조건을 확실히 알아내어 조처를 취하고, 대지의 생긴 모양과 좌향을 바로 잡아 건축을 하게 되면 좋은 길지의 양택이 될 것이다.

기동진설(氣東進說), 어떻게 생각하시나요

아침에 출근하여 사무실 문을 열고 들어서는 순간, 뭔가 답답하다는 생각이 들어 창문을 열어젖히고 출입문을 활짝 열어 놓았더니 실내 기(氣)의 흐름이 한결 좋아진 느낌이다. 그만큼 기의 흐름이 우리들의 삶에 있어서 대단히 중요한 것 같다.

그런데 지금까지 서울지역에서 부(富)의 기는 어떻게 흘러왔으며 앞으로 어떻게 흘러갈 것인가? 기의 이동과정을 통해 그 공통점을 확인해보면 향후의 기 흐름의 방향을 예측해 볼 수 있을 것이다.

70년대는 재벌가와 정치인들이 많이 모여 사는 성북동과 구기동 일대가 우리 나라 부의 중심이었다. 현재까지도 여전히 부자들이 머무는 곳이다. 교통은 다소 불편하지만 나이가 지긋한 1세대 부자들이 대형 승용차를 몰며 수려한 경치에 유유자적 만족하며 살고 있다. 이 지역은 현재 부동산 매매빈도가 거의 없고 소리 소문 없이 거래되기 때문에 앞으로도 재테크에 있어서는 큰 기대를 안 하는 게 좋을 성싶다.

80년대에는 강남권 개발이후 방배동과 서초동 그리고 압구정동을 대표하는 현대아파트와 삼풍아파트 시대라고 말할 수 있다. 그 당시 압구정동을 소재로 한 졸부들 이야기를 다룬 드라마도 많았고 압구정동 현대아파트에 산다고 하면 부티의 대명사가 되던 시절이었다.

88년 대 후반 올림픽을 성공리에 마친 후유증으로 인한 아파트값 폭등으로 정부의 5대신도시 발표가 있은 후 바로 강남지역의 아파트 값이 어느 정도 잡히자 강남 인근의 교통이 편하고 강남같이 백화점이나 병원, 학교, 관공서 등이 잘 되어 원스톱 라이프(one-stop life)가 가능한 잠실이 스포트라이트를 받게 되었다.

아파트 가격이 30%이상 폭락했던 IMF를 거친 2000년대에 들어서는 다시 입시열풍과 더불어 사설 학원가의 인기로 인해 대치동과 도곡동 인근의 재건축 아파트와 신규공급 아파트들이 주목받기 시작했다.

'한국의 맨해튼'이라 불리는 도곡동 타워펠리스와 동부센트레빌, 압구정동 현대아파트 주민들이 대거 이주해온 것으로 알려진 삼성동 아이파크가 트로이카 시대를 형성하고 있다. 더불어 분당선 연장과 함께 부각된 분당의 파크뷰, 잠실 재건축 단지가 상위권을 형성하고 있다.

지금은 판교 광풍이 몰아치고 있다. 판교는 박정희 대통령이 성남인근을 순시할 때 푸르른 판교일대를 보고 반해 보전하고자 그린벨트로 묶었다고 한다. '남단녹지', '수도권의 설악산'이라고 일컬을 정도로 주변경관이 빼어나다.

행정구역상 경기도에 속하지만 강남에서 직선거리로 불과 10㎞거리다. 지리적으로 분당보다 가깝고 지하철 신분당선과 양재를 잇는 도로가 개설될 예정이어서 강남의 연장이라 해도 과언이 아니다.

그렇다면 향후 우리나라를 대표하는 부촌(富村)은 어디가 될까. 지금까지 부촌의 이동축을 자세히 살펴보면 꾸준히 동남축을 따라 남하했다는 것을 알 수 있다. 이것이 소위 기동진설(氣東進說)이다. 부(富)의 기(氣)가 서서히 동남쪽으로 이동하고 있다는 시각이다. 결과를 예단할 수는 없지만 이런 양상이 상당기간 지속될 가능성이 높아 보인다.

매일경제의 정광재, 김경민 기자는 부촌 변천사를 다음과 같이 정리하고 있다.

성북동, 한남동(60년대)→이촌동(60년대 후반)→장충동, 평창동(70년대 초반)→압구정동, 여의도(80년대 초반)→양재동(80년대 후반)→압구정동(90년대 후반)→도곡동, 대치동, 삼성동(2000년대 초반)→판교, 용산, 압구정(2010년대)

일부의 견해는 미군기지 이전과 한강 조망권을 무기로 한 용산지역이 강남을 누르고 부촌 대열에 오를 것이라는 주장도 하고 있다. 그러나 필자는 동남쪽으로 이동하는 쪽에 무게를 두고 싶다.

최근 참여정부의 부동산정책 실책에 대한 반발이 만만치 않아 결국 강남을 대체할 공급지역을 찾을 수밖에 없을 듯하다. 그렇다면 성남 서울공항 자리에 대한 기대치가 높아질 수밖에 없을 것 같다. 아무래도 오래된 기(氣)보다는 새로운 기(氣)의 흐름이 세지 않을까. 강남과 잠실, 판교, 서울공항, 분당, 수원 이의동 신도시…

군입대와 관련하여 국적 포기 소동을 벌인 자들이 많이 분포된 지역을 보면 목동, 여의도, 방배, 서초, 강남, 잠실, 분당 라인이다. 부촌라인과 대체로 겹친다. 우리나라 부(富)의 기(氣)는 별로 건전하지 못한 것 같다. 청부(淸富)의 기(氣)가 흘러넘치고 부자가 존경받는 세상, 그것은 필자만의 꿈은 아닐 것이다.

땅 팔자는 법에 따라 바뀐다

S그룹에 다니는 K부장. 그는 지난 99년 말 회사 사장으로부터 경기도 용인 땅을 사두라는 권유를 받았다. 용인에서 2차선 도로변에 붙은 준농림지(현 관리지역)를 사두면 나중에 큰돈이 될 것이란 이야기였다. 그 이유는 준농림지에 아파트를 지을 수 있도록 법이 바뀌어 장차 준농림지 값이 급등할 것이며, 용인지역을 지목한 것은 분당 신도시 주변에 있는 용인이 개발 압력을 받을 것이란 전망 때문이라고 했다.

회사 사장의 땅 보는 안목이 높다는 것을 익히 아는 부장은 용인 지역 답사를 본격적으로 시작했다. 당시 용인에선 평당 5만원 이하에서 살 수 있는 땅이 수두룩했다. 그러나 부장은 결국 일을 저지르지 못했다. 확신이 부족했고 투자기간도 너무 길 것 같았다.

그런데 1년 정도의 시간이 흐르자 자신이 봤던 땅들의 값이 순식간에 10배로 뛰었다. 5만원짜리 땅들이 50만원으로 급상승했다. 10년의 세월이 지난 지금 이 땅들은 2백만~3백만원대를 호가하고 있다. K부장이 용인을 지날 때마다 가슴을 치며 후회하는 것은 당연한 일.

사람처럼 땅에도 팔자가 있다. 농사만 지어야 되는 땅, 그린벨트로 묶여 개발이 불가능한 땅, 아파트를 지을 수 있는 땅 등 나름의 팔자를 가지고 있다. 땅 팔자를 좌우하는 법은 '국토의 계획 및 이용에 관한 법률', '농지법', '산지관리법',

'지적법' 등이다. '농지법'은 수시로 개정되어 개발을 점진적으로 허용하고 있다. 눈여겨 볼 대목이다.

-한국경제, '쉽게 읽는 땅이야기' -

주말농장이 땅 투자 오아시스?

토지 분야의 세금 규제가 대폭 강화된 가운데 도시민을 상대로 한 1,000㎡(303평) 이하의 주말 농장이 주목을 받고 있다. 정부가 외지인 (부재지주)이 소유한 농지, 임야, 목장용지의 양도세를 2006년부터 실 거래가로 과세하고, 세율도 2007년부터 양도차익의 60%로 높이고, 장 기보유특별공제도 적용하지 않지만 주말 농장은 이 대상에서 제외했기 때문이다.

농림부는 농업진흥지역 밖의 주말농장에 짓는 연면적 33㎡(10평) 이 하의 소형주택에 대해서는 농지조성비(2005년 기준 평당 3만4천원선) 를 감면해주고 있다.

문제는 303평 이하의 소규모 농지가 많지 않다는 점이다. 비도시지 역의 토지를 쪼개 팔 때는 허가를 받아야 하므로 서산간척지 A, B지구 처럼 지분 등기 형태의 분양이 관심을 끌 것으로 보인다. 시세차익이 적 은 만큼 투자보다는 주5일 근무제 등에 맞추어 실수요자 차원에서의 접 근이 많을 것으로 예상된다.

농지원부에 등재하고 8년 이상 자경(自耕)한 농지가 상대적으로 인기 가 있다. 납부세액 기준 1억원 한도에서 양도세가 비과세 되는 만큼 세 금 부담이 없어 매매가 수월하기 때문이다.

주5일제와 부동산 시장의 변화

2005년 7월 1일부터 현행 근로기준법에 따라 300인 이상 사업장, 줄잡아 일반 직장인 79만여 명과 공무원 70만여 명(교육공무원 20만여 명 제외)등 모두 140만여 명이 주5일 근무에 추가로 합류했다. 이로써 전체 근로자중 40%가 주2일 휴일시대를 맞고 있다. 최다 노동시간을 자랑하던 개발도상국형 시대를 접고 주40시간 노동의 선전국형 사회로 진입한 것이다.

주중에는 집중도가 높은 직장생활이, 금요일 밤부터 시작되는 주말에는 가족중심의 여가생활이 이루어지고 있다. '일·직장' 중심에서 '가족·여가' 중심으로 바뀌고, 자기계발에 대한 투자자 크게 늘어나며, 저비용으로 정신과 육체가 즐겁고 보람 있는 시간을 보낼 수 있는 다채로운 연휴프로그램 개발, '휴(休)테크'의 필요성이 증대되고 있다.

여행업계(금~일 반짝 해외여행), 여행사 주가(株價), 도심호텔, 등산복 위주의 아웃도어 의류, 주택가 음식점, 불교 템플스테이', '주말 이용 투잡스'가 바람을 타고 있는 반면에 자동차, 항공업계는 '알뜰족(族)'의 확산으로 기대에 못 미치고 있단다.

사업장 주변의 소매업종이 타격을 받고, 여가나 관광, 레저, 문화관련 시장의 확대와 관광레저 인프라 개선이 이루어질 천망이다: 아울러 자연, 환경에 대한 도시민들의 관심이 커지면서 '5도(都) 2촌(村)' 생활이 점차 확대될 것으로 보인다. 5일은 도시와 직장에서, 2일은 농촌과 자연에서 가족과 함께하는 직장인들이 늘어나며, 관련 산업에 대한 투자와 관심도 크게 늘어날 전망이다.

농촌민박(농박), 팜스테이 등 농촌체험 관광은 물론 펜션, 전원주택, 주말농장 등 자연 친화적인 관광상품에 대한 수요도 폭증할 것이다. 따라서 부동산 시장도 투자 입맛이 달라질 전망이다, 주 주말 2박 3일이 단순히 휴가기간이 아닌 또 다른 생활의 일부라는 개념이 확산돼 세컨드 하우스로 바다조망이나 강·호수 조망권을 가진 레저형 아파트(休家), 공항 신도시의 별장형 아파트의 인기가 올라갈 전망이다.

전원주택, 콘도와 펜션, 농가빈집 리모델링, 주말용 토지에 관심이 커지고 가족형이나 젊은 층 유동인구가 몰리는 지역, 대형공원을 끼고 있는 역세권, 등산로 입구 상권 등의 권리금이 오를 전망이다.

주말을 이용해 공공기관 이전 예정지, 기업도시, 혁신도시를 둘러보고 임장활동을 해 보자. 그리고 재충전을 위해 산책을 하면서 자연주의자 헨리 데이비드 소로의 '산책에 대한 찬사'도 되새겨 보자.

느릿느릿 걷는 자가 되어
매일매일 적어도 한두 시간은 야외에서 보내는 것
일출과 일몰을 관찰하는 것.

바람 속에 들어있는 소식을 듣고 표현하는 것

언덕이나 망루에 올라

눈보라와 폭풍우의 관찰자가 되는 것

전원주택 투자시 체크포인트

» 계곡 입지가 무조건 좋을까?

계곡은 여름에는 좋지만 겨울철에는 일조시간이 짧다. 계곡 바로옆 주택은 지반침하 우려도 있고, 여름철 집중호우에 대비하여 개울과 다소 거리를 두고 하천보다 2미터 이상 높은 위치에 집을 지어야 한다. 그리고 건물의 바닥도 지면에서 어느 정도 높이를 유지해야 실내에 습기가 차는 것을 방지할 수 있다.

» 소음이 문제가 될 수도

인근에 인터체인지가 생긴다고 무조건 좋은 땅은 아니다. 산으로 둘러싸인 골짜기는 공명현상 때문에 야간에는 고속도로에서 2km 떨어진 곳에서도 차량소리가 들린다. 도로는 전원주택을 지을 때 첫 번째 고려 대상이나 반드시 주도로에 인접할 필요는 없다. 부자들은 오히려 '도로변에서 숨겨진 곳'을 좋아하기도 한다.

» 초보일수록 규모가 작을수록 좋다

흔히 전원주택이라고 하면 탁 트인 조망에 저택을 생각하지만 초보일수록 작은 집이 좋다. 아주 정착할 요량이 아니라면 10여 평 남짓한 규모에 가건물 형태가 적당하다. 그래야 털고 일어서기가 쉽다. 너무 크면 매각할 때 힘들어 빠져나오기가 어렵다.

강이 조망되는 것이 무조건 좋지는 않다. 강변은 안개가 자주 발생하기 때문에 예술가나 젊은층에서는 선호할지 모르지만 나이든 사람의 건강에는 좋지 않을 수도 있다.

» 섣부른 개발은 피해야 한다

서울 근교를 다니다보면 '○○단지 분양'이라는 플래카드가 걸린 것을 자주 목격한다. 분양이 완료되지 않아 10년 이상 끄는 경우도 있다. 개울이 흐르고 전망이 확 트여 전원주택지로 위치가 좋다고 장점만 보고 분양에 나섰지만 주변에 혐오시설이 있어 분양에 어려움을 겪는 경우도 있음을 간과해서는 안 된다.

» 전원주택 시장의 전망

앞으로 교통이 개선될 지역으로서 서울에서의 접근성이 좋은 지역이 유망한 입지로 보인다. 일반적으로 남향을 선호하지만 강이나 계곡을 따라서 들어서는 곳도 많다. 땅값은 당분간 조정이 불가피할 전망이므로 남들이 외면할 때가 좋은 투자시점이 아닌가 한다.

토지시장의 고수 J씨는 농지보전부담금이 공시지가의 30%이므로 이 비용을 감안하면 농지(관리지역의 경우)와 대지의 가격비율은 4대 6정도가 분기점이 될 것으로 전망하고 있다. 그는 또 판교 인근에 베벌리힐스와 같은 대규모 전원주택 단지가 들어서면 새로운 붐(boom)이 일 것이라고 예상하고 있다.

전원주택 부지 매입시 확인할 사항

노후에 전원생활을 즐기려는 사람들이 많아지면서 전원주택이 인기를 끌고 있다. 그러나 사전에 철저히 준비하지 않으면 낭패를 당할 수도 있다. 목가적 분위기에 대한 막연한 동경으로 전원주택을 짓고 살다 다시 도시로 유턴(U turn)하는 사람들도 많다.

우선 가족과의 관계와 자녀들의 교육도 고려해야 한다. 부부간의 의견조율은 기본이다. 노후에 급한 일이 생겼을 때 자녀들과 너무 멀리 떨어져 있어도 문제다. 외지인이 시골에 들어가 살면서 원주민과 잘 지내지 못해 복귀하는 경우도 있음을 감안해야 한다.

또 전원주택을 지을 때 욕심을 내는 것은 금물이다. 자신의 모든 것을 올인(All in)해 땅과 집의 덩치를 키우지 말아야 한다 땅도 크게 집도 크게 시작하면 일에 치여 빨리 싫증을 내게 된다. 돈을 많이 들이면 전원생활을 즐기는 게 아니라 전원에 매여 살게 된다.

도시에 살던 사람이 텃밭이나 정원을 가꾸는 것도 생각보다 쉽지 않다. 잡초 뽑는 일은 중노동이고 시간투자도 많이 해야 한다. 여름철에는 그야말로 풀과의 전쟁이 만만치가 않다. 덩치가 크면 살면서 부담되고 제대로 된 관리를 하기도 힘들어진다.

주택용으로 땅을 구입하는 방법은 여러 가지가 있는데 농지나 임야를 구입해 전용을 받는 방법, 대지를 구입한 후 집을 짓는 방법, 택지를 조성해 놓은 단지 내의 필지를 구입하는 방법 등이 있다. 각각 장단점들이 있고, 챙겨보아야 할 점들도 다르다. 전원주택 부지를 매입할 때 확인할 주요 사항을 몇 가지 들어보면 다음과 같다.

1. 도심에서 1시간 30분 이내 거리인가
2. 2008년까지 연장된 농어촌주택에 대한 과세특례혜택지역 여부를 확인해 보고, 취·등록세를 실거래가로 내야하므로 세금부담이 크다는 것도 유의해야 한다.
3. 진입도로가 있는지, 전기의 인입비용 등도 따져 보아야 한다.
4. 전망이 트여 있는가
5. 경사도가 30도 이하인가
6. 범람위험이 있는 하천, 계곡이 300미터 이상 떨어져 있는가
7. 주변에 300년 이상된 보호수목이 많지는 않은가
8. 묘지, 공장 등 혐오시설은 없는가
9. 지하수가 필요한 만큼 나오는가
10. 주변에 민원 발생 소지와 토목공사에는 문제가 없는가

킷 캐빈의 인기가 촛고 있다

10평 이하의 작고 아담히 소형 전원주택, 일명 킷 캐빈(핀란드형 조립식 주택)의 인기가 치솟고 있다. 10평 미만 소형 전원주택을 지을 때는 보통 평당 4만~8만원씩 부과하는 농지보전부담금(대체농지조성비) 면제한다는 농림부의 발표와, 10평 기준의 집값이 1.200만원에 불과하

다는 장점이 부각되면서 관심이 높아지고 있다.

말이 10평이지 다락방이 있는 복층형태로 시공하면 실평수는 18평 이상이 된다. 거실 겸 주방, 방 1개, 다락방을 갖춘 형태로서 제법 수요가 많다고 한다. 그러나 농지나 임야를 대지로 바꾸기 위한 전용허가와 형질변경, 건축허가는 받아야 한다.

토지형질변경이나 허가 없이도 6평이하 전원주택은 '농막'으로 신고만 하면 지을 수는 있지만, 이 때는 상하수도와 전기시설 설치가 안돼 불편을 감수해야 한다.

농어촌 수익형 숙박시설 탐구

20005년 7월부터 주5일 근무제가 확대 적용되면서 관광, 레저 수요가 지속적으로 늘어날 전망이다. 이에 따라 민박, 펜션, 콘도, 전원주택 등 수익형 부동산이 관심을 끌고 있다.

1. 농어촌 민박

가. 농어촌 민박 지정제도 재도입

2005년 10월부터 농어촌 민박 지정제도가 재도입돼 농어촌 지역의 불법 펜션들이 규제를 받고 있다. 정부가 불법 펜션 규제에 나선 것은 숙박업이 허용되지 않는 자연환경보호구역 등에서 대형화, 전문화한 숙박시설들이 민박을 가장한 영업에 나서 수질오염과 경관훼손 등의 사회문제를 일으키고 있는 데 따른 것이다.

농어촌 민박 지정제도는 지난 1999년 규제완화 바람을 타고 폐지되었던 것으로서 농어촌 민박업자들은 시장·군수로부터 민박사업자 지정증서를 받고 영업을 하여야 한다는 것이다.

농어촌정비법에서는 농어촌 민박의 정의를 '농어촌 지역의 주민이 거주하고 있는 단독주택이나 다가구주택을 이용해 이용객의 편의와 농어촌 소득증대를 목적으로 숙박·취사시설 등을 제공하는 업'으로 규정하고 있다. 따라서 도시인이 농어촌에 펜션을 지어 민박영업을 하려면 주거지를 현지로 옮겨야 하며, 현지 주민에게 전세나 월세를 주는 식으로 위탁해 현지 주민이 민박사업자 지정을 받아 운영하는 것은 가능하다.

나. 농어촌 민박 규모에 대한 기준

종전에는 주인이 쓰는 방을 제외하고 객실 7실 이하로 규정되어 있었으나, 45평 또는 60평 이하등의 연면적 기준으로 바뀌었다. 연면적 기준은 바뀐 제도가 시행된 뒤 운영하는 펜션부터 적용하기 때문에 기존 펜션은 연면적 제한을 받지 않는다. 객실수가 7실이 넘으면 방을 합치거나 줄여 7실 이하로 맞추면 된다. 주인이 사용해도 된다.

2. 펜션

가. 민박이냐, 숙박업이냐

단지형 펜션(업체에서 단지로 조성해 분양한 뒤 관리회사를 통해 위탁 운영해 일정한 임대수익을 나눠주는 방식)은 점차 사라질 것 같다. 정부가 무분별한 펜션 난립을 규제하기 위해 일정 규모 이상일 경우 숙박업으로 분류하므로 수익성이 떨어지기 때문이다. 반면 현지에 살면서 운영하는 소규모 펜션의 사업성은 괜찮을 것으로 전망된다.

이런 가운데 민박으로 영업할 펜션들을 한 곳에 모은 민박 펜션 단지

조성이 활발하다. 업체에서 대규모 땅을 몇 백 평씩 펜션부지로 나눠 실제로 거주하며 운영할 사람에게 판 뒤 펜션 건물을 짓고 홍보 등 관리를 대신한다. 테마에 따라 건물을 짓고 휴식공간 등 부대시설을 갖추는 데다 홈페이지 등을 통합관리하기 때문에 흩어져 있는 개별 펜션보다는 이용객들의 관심을 더 끌고 있기 때문이다.

농림부에 따르면 전국의 3,500개 펜션 중 2,700여개는 민박 지정에 문제가 없지만 나머지 700여개는 민박기준에 맞지 않아 시설규모 축소 등으로 민박지정을 받든지 숙박업등록을 해야 할 것으로 추산된다.

농어촌정비법에서는 기존의 농어촌 숙박시설에 대해 농어촌 민박 지정을 받도록 하고 농어촌 민박 기준을 충족하지 못하는 펜션(유럽형 고급 민박시설) 등의 숙박시설은 숙박업으로 전환하거나 영업을 중단토록 하고 있다.

민박이 아닌 공중위생관리법의 적용을 받는 숙박업소로 전환하면 도시인도 영업을 할 수 있다. 하지만 펜션을 숙박업으로 운영해서는 수익을 내기가 쉽지 않다. 건축지역 제한 때문이다.

민박은 그린벨트 등 극히 일부지역을 제외한 웬만한 곳에서 허용되는 반면 숙박업은 계획관리지역 등에서만 할 수 있다. 펜션부지로 인기를 끄는 계곡 인근 등 자연경관이 좋은 곳에선 숙박업 펜션을 운영하지 못한다. 요지에서 장사를 못하는 셈이다. 숙박업소는 또 하수처리시설이나 소방시설 등 다른 규정을 엄격하게 적용 받는다.

세금 부담은 민박과 펜션이 큰 차이가 없다. 종합소득세, 부가가치세를 내는 데 연간 매출액이 3,000만원이라면 70만원 정도다. 비농업인이 민박으로 펜션을 운영하더라도 이와 같은 세금을 내야 한다. 농가에서 민박을 운영하면 연간 소득 1,900만원까지 소득세를 감면받는다. 이 때문에 펜션은 업종을 대부분 민박으로 선택할 것으로 보인다.

나. 단지형 펜션투자시 유의사항

콘도처럼 계좌, 객실 분양을 하는 펜션에 투자할 경우 건축물 및 대지를 개별 등기해 재산권을 보장해 주는 단지에 투자하는 것이 좋다.

일반적으로 객실판매 수익률은 15~20%정도이기 때문에 운영관리비 등을 제외하고 투자자에게 돌아가는 수익은 10%이하로 봐야 한다. 그러나 무엇보다도 높은 수익률에 현혹되기보다는 그 단지가 펜션 본래의 의미에 충실한가를 살펴보아야 한다.

즉 주변 풍광이 얼마나 좋은지 또 도시인을 끌어당기는 매력적인 테마를 가지고 있는지 살펴야 한다. 특히 해당 관청의 인허가 여부를 필히 확인해야 한다.

3. 전원주택

직장인들의 꿈인 전원주택은 최근 도로 등 교통여건이 크게 개선되면서 노년층뿐만 아니라 젊은 층의 관심을 끌고 있다. 그러나 인허가 등 전원주택을 소유하기까지 넘어야 할 난관이 많아 개별형보다는 단지형 전원주택이 저렴할 수 있다.

전원주택은 자연풍광 외에도 도로인접성, 전기, 수도, 가스, 인터넷 등 생활기반시설을 충실히 갖추었는지 여부가 무엇보다 중요하다. 또 전원주택은 소유주와 사업시행자, 분양자가 다른 경우가 많아 권리관계를 꼼꼼히 살펴보아야 한다.

자, 이제 주말이 오면 방콕족이 되지 말고, 녹색샤워도 하고 수익형 부동산을 탐색하여 안목도 키워 볼 겸 전원으로 떠나보자.

'나홀로'보다 '동호인 펜션'이 낫다

필자는 요즈음 온돌 아궁이에 장작불을 활활 지피고 군밤을 구워 먹는 영상을 자주 떠올린다. 언제나 그 꿈을 실현할 수 있을까 조바심이 날 지경이다. 황토방과 문풍지, 땔나무, 땅방울, 시 한편…….

필자가 가끔 들르는 서울에서 영동고속도로로 1시간 30분 거리에 들어선 강원도 횡성의 음악동호인 펜션 '비타보스코(Vita vosco: 이탈리아어로『생명의 숲』)의 성공사례를 소개한다.

» '나홀로'보다는 '동호인 펜션'이 성공 가능성이 높다

펜션을 짓고 나 홀로 전원생활 하겠다고 내려왔다가는 숙박업소 영업자로 전락하기 십상이다. 한 1년쯤 운영하다 보면 몸과 마음이 지쳐버린다. 또 마을 주민들이 사는 동네와 떨어져 너무 한적한 곳에 있으면 하수처리시설이나 전기시설 비용을 추가로 부담해야 한다.

읍내와 가까워야 각종 생활 편의시설을 쉽게 이용할 수 있다. 비타보스코는 음악을 사랑하며 뜻이 맞는 사람들이 연주할 공간도 마련하고, 노후 대비를 위해 9명이 참여하여 9년 4개월 만에 완성했다.

» 땅 사고 사업계획 완성에 1년 걸려

6개월 동안 대상지역 주변을 샅샅이 훑어보고서 마음에 드는 땅을 발견했다고 한다. 횡성은 2008년에 서울까지 전철이 뚫리고, 대규모 리조트가 가까워 관광객이 모여드는 곳이다. 교통, 관광시설, 편의시설 등을 꼼꼼히 따져보고, 심지어 골프장 이용객도 매일 체크했다고 한다. 개인당 6,000~1억여원, 총 5억 4,000여만원에 2,600평을 샀다.

»건축비는 정부 자금 대출로

건축비는 문화관광부의 '관광숙박진흥자금'을 빌렸다. 연리3.5%에 4년 거치 5년 분할상환의 매력적인 조건이다. 대출심사가 까다로워 7개월 동안 사업계획서를 수십 번 고쳐서 받아냈다. 연면적 72평짜리 건물 6개동을 지었다. 객실은 건물 1개 동당 7개씩이고, 200여 평 규모의 야외음악당과 산책로, 등산로, 60여개국 120여 점의 악기를 전시할 악기박물관과 사진스튜디오, 도예공방, 골프클리닉 등이 들어섰다. 개인당 1억 8,000만원이 들었다.

» 직접 시공하여 비용 40%절감, 월 400만원 수익 기대

평당 건축비를 250만원으로 일반분양 펜션(평당 400만원)보다 40%쯤 싸게 맞추었다. 동호인들이 직접 땀을 흘려가며 터파기 작업 등 공사를 하고, 건물 골조와 설비 등만 전문 업체에 맡겼다. 대출받은 건축자금을 빼면 실투자비는 1억원 안팎이었다.

성수기인 겨울 스키시즌 3개월의 주말 객실 가동률을 100%로 잡고, 비시즌엔 30%정도로 계산하면 예상 순수익은 개인당 월 400만원 선,

연수익 4,000여만원, (연수익 4,800만원에서 대출이자 630만원 공제), 연수익률 40%, 동호인끼리 말썽이 생길 소지를 없애고 관리의 전문성과 투명성을 높이기 위해 펜션 운영은 별도로 법인을 설립해 맡겼다.

» 철저한 사전 준비가 성공 지름길, 2년 넘게 준비

땅을 살 때는 무조건 경치 좋은 곳이 아니라 교통, 관광 등 모든 여건을 감안하고, 펜션의 테마를결정하는 것도 중요하다.

관리지역 세분화와 토지투자요령

국토의계획및이용에관한법률(이하 동법) 제8조에서는 관리지역이란, 도시지역의 인구와 산업을 수용하기 위하여 도지지역에 준하여 체계적으로 관리하거나 농림업의 진흥, 자연환경 또는 산림의 보전을 위하여 농림지역 또는 자연환경보전지역에 준하여 관리가 필요한 지역으로 규정하고 있다. 그리고 동법 제86조에서는 관리지역을 보전·생산·계획관리지역으로 세분하고 있다.

보전관리지역은 자연환경보호, 산림보호, 수질오염방지, 녹지공간 확보 및 생태계 보전 등을 위하여 보전이 필요하나 주변의 용도지역과의 관계 등을 고려할 때 자연환경보전지역으로 지정하여 관리하기가 곤란한 지역이다.

생산관리지역은 농업·임업·어업생산 등을 위하여 관리가 필요하나, 주변의 용도지역과의 관계 등을 고려할 때 농림지역으로 지정하여 관리하기가 곤란한 지역이다.

계획관리지역은 도시지역으로의 편입이 예상되는 지역 또는 자연환경을 고려하여 제한적인 이용·개발을 하려는 지역으로서 계획적·체계적인 관리가 필요한 지역이다.

관리지역에서 건축제한은 동법 시행령 별표 18~30호에 규정되어 있으며, 총수제한은 4층 이하의 범위 안에서 도시계획조례로 따로 정하고 있다. 동법 77조, 78조에 규정된 관리지역의 건폐율과 용적률의 최대한도는 다음과 같다.

세분된 지역	건폐율	용적률
보전관리지역	20%	80%
생산관리지역	20%	80%
계획관리지역	40%	100%

위의 규정은 법률이 정하는 최대 한도이고 각 지자체별 조례로 별도로 규정하고 있기 때문에 해당 지자체 조례를 반드시 참조해야 한다. 세분된 관리지역의 행위제한을 살펴보면 보전관리지역보다는 생산관리지역이, 생산관리지역보다는 계획관리지역이 토지의 활용도가 더 넓으며, 건폐율과 용적률이 높다는 것을 알 수 있다.

토지의 활용용도가 많다는 것은 지가(地價)가 높다는 것을 의미한다. 동법 시행령 부칙 17816호를 보면 관리지역이 세분될 때까지 관리지역인에서 건축제한에 내하여는 동법 별표. 27의 규정으로 별도로 정하고 있다.

관리지역이 세분될 때까지 관리지역 안에서의 건폐율은 40%, 용적률은 80% 이하의 범위 안에서 특별시·광역시·시·군 도시계획조례가 정하는 바에 의하게 되어 있다. 조례의 하단부분 부칙에 나와 있으니 반드시 참고해야 한다.

관리지역이 세분되기 전까지의 경과조치의 특징은 도시와 인접되어 도시지역으로 편입이 될 가능성이 높은 계획관리지역보다 용적률이 20% 낮지만, 보전관리지역과 생산관리지역보다는 건폐율의 상한선이 20% 높은 편이다.

관리지역 세분화는 동법에 근거해 개발수요가 많은 수도권 및 광역시와 인접한 48개 지역의 시·군은 2005년말까지, 그 밖의 나머지 100여개 시군은 2007년말까지 지정을 마쳐야 한다. 관리지역 세분은 토지 적성평가 결과를 기초로 세분화계획(안)을 수립하며 주민 공고·공람을 거쳐 지방의회 의견청취와 시·군 도시계획위원회 자문을 거쳐 최종 관리지역 세분화(안)를 확정하고 결정권자인 도지사에게 도시관리계획 변경 결정을 신청하게 된다.

이때 공람은 신문 게재일로부터 2주 동안 진행되며 지정된 장소에서 자료를 열람할 수 있다. 공람 내용은 토지 적성검사를 비롯한 여러 검토를 마친 후에 나온 것이어서 특별한 이의 신청이 없을 경우 그대로 확정될 가능성이 크다.

그렇다면 관리지역에 투자할 경우 유념해야 될 점은 세분화 일정에 따라 해당 토지가 언제까지 세분화를 마치는지 알아보고, 그에 따른 투자전략을 세워야 할 것이다. 계획관리지역으로 세분될 가능성이 높으면 세분화에 따라 지가가 상승할 가능성이 높다. 용적률이 상향 조정되고, 건축물이나 토지의 활용도가 넓어진다.

계획관리지역으로 지정되면 제2종근린생활시설과 공장 설치가 제한

적으로나마 가능해 토지의 활용가치가 높아지고 이에 따라 지가가 상
승하게 된다. 보전관리지역으로 지정될 경우에는 현재 관리지역 안에서
건축할 수 있는 건축물 중 제1종근린생활시설, 의료시설, 창고시설, 동
물 및 식물관련시설 등을 건축할 수 없으며, 도시계획조례가 정하는 바
에 의하여 건축할 수 있는 건축물 중 공동주택(아파트는 법에서 제외),
숙박시설, 공장, 자동차관련시설, 관광관련시설을 건축할 수 없어 토지
의 활용가치가 현저하게 떨어지게 된다.

생산관리지역은 문화시설, 창고시설, 관광휴게시설 등을 건축할 수
없어지며, 건축행위를 할 때도 관리지역 세분전보다 심한 규제를 받게
된다. 따라서 관리지역내 토지를 소유하거나 투자를 할 경우 해당 토지
가 보전관리지역이나 생산관리지역으로 분류될 가능성이 높으면 세분
화 이전에 개발행위허가와 건축허가를 받아서 건축물의 용도와 건폐율
을 높여 토지의 가치를 높여야 한다. 그래야 세분화에 따른 지가하락을
막을 수 있다.

특히 근린생활시설이 입지할 토지의 경우에는 계획관리지역으로 변
경이 안 될 가능성이 높으면 반드시 세분화 이전에 각종 허가를 받아 놓
아야 할 것이다. 물론 전원주택부지 등은 어느 경우든 상관없으나 건폐
율 조항을 이용해야 할 상황이라면 역시 같은 경우에 해당된다.

만일 관리지역의 100평의 토지에 전원주택을 짓는 경우 현재라면 바
닥면적 40평까지 지을 수 있지만, 보전관리지역이나 생산관리지역으로
분류되면 20평까지밖에 짓지 못하기 때문이다.

또 하나의 체크포인트는 관리지역이라 하더라도 농지법에 의한 농업
진흥구역으로 지정·고시된 지역은 동법에 의한 농림지역으로, 관리지역

안의 산림 중 산지관리법에 의하여 보전산지로 지정·고시된 지역은 당해 고시에서 구분하는 바에 의하여 동법에 의한 농림지역 또는 자연환경보전지역으로 결정, 고시된 것으로 보게 된다.

토지이용계획확인서를 보편 도시관리계획에는 관리지역으로 표시가 되어 있으냐 하단부 확인내용 3번의 농지 중 농업진흥구역으로 지정되어 있으면 관리지역이 아닌 농림지역으로 구분하게 된다.

농림지역으로 구분되면 건폐율과 용적률은 각각 20%와 80%가 되나 건축물의 용도에서 큰 차이가 난다. 관리지역이 단독주택 신설이 가능하다면 농림지역의 경우에는 농어가주택만이 들어설 수 있다. 그외에도 건축물의 용도제한을 많이 받기 때문에 당연히 관리지역보다 시세가 낮아질 수밖에 없다.

확인서 하단부 4번 산림 중 보전임지로 지정되면 농림지역이나 자연환경보전지역으로 결정 고시된 것으로 본다고 했는데 당해 고시에 의거한다고 되어 있다. 농림지역보다 건축행위가 더욱 까다로운 것이 자연환경보전지역이다.

보전임지의 지정은 산림청장이 하나 반드시 해당 지자체에서 주민 공람을 해야 하기 때문에 지정되었다면 반드시 해당 지자체에 가서 문의하여 농림지역이나 자연환경보전지역 중 어느 용도지역으로 지정되었는지 확인하여야 한다.

관리지역 세분화에 따른 투자방법과 농지법, 산지관리법에 의한 용도지역 변경에 관해 알아보았다. 토지는 법률 내지는 도시관리계획 변경에 따라 팔자가 뒤바뀌게 된다. 따라서 해당 법률과 도시관리계획 변경사항을 잘 체크하는 것이 토지투자의 기본이 될 것이다.

상가는 자리가 성패의 70%를 좌우한다

상가에 있어서 좋은 목은 곧 적합한 입지를 말한다. 어떤 입지를 선택하느냐에 따라 상가의 흥망성쇠가 좌우된다고 볼 수 있다. 입지 선정시에 고려해야 할 요소들을 살펴보자.

첫째, 배후지의 수요층을 파악해야 한다. 아파트단지에서는 아파트 가구수, 오피스입지에서는 주변 오피스 상주자가 얼마나 많은지가 중요하고, 교외형 입지에서는 통행하는 차량이 많을수록 좋은 입지가 된다.

둘째, 접근성을 고려해야 한다. 아무리 배후가 좋더라도 접근이 용이하지 않으면 좋은 입지로 보기 어렵다. 그런데 접근성은 적응성입지와 목적성입지에 따라 각각 다르다. 적응성입지란 근접 수요자에 의존해서 영업을 해야 하는 입지로서 도심번화가, 주거지, 오피스 밀집지 등이 대표적인 적응성입지에 속한다.

적응성입지와 상반되는 목적성입지에서는 차량접근성이 무엇보다 중시된다. 목적성입지란 광역수요를 대상으로 영업을 해야 하는 입지로서 도심의 변두리 대로변이니 교외 등이 여기에 속한다.

셋째, 입지가 속한 상권의 활성화 여부를 파악해야 한다. 상권이 전 상권이 죽어 있다면 그곳에 속한 입지도 활성화되기 어렵다.

넷째, 상권의 위치를 살펴보아야 한다. 상가는 저지대 평탄한 곳에 입지하는 것이 상대적으로 유리하다. 우리 나라 소비자들은 일반적으로 하향지향적 상권

이용 행태를 나타내기 때문이다.

다섯째, 큰 상권에 속한 입지를 선정해야 한다. 두 개의 크고 작은 상권이 근거리에 위치할 때 소비자들은 단연 큰 상권을 선호한다. 예를 들어 분당신도시에 서현역세권과 수내역세권 중에서 상권의 규모가 큰 서현역세권이 고객의 흡인력이 훨씬 상하다.

여섯째, 연속성과 대응성을 잘 갖춘 상권에서 입지를 선정해야 한다. 연속성이란 점포들이 연이어져 있는 상황을 말하고, 대응성이란 점포들끼리 서로 마주보고 있는 형태를 말한다.

대로변이 뒷골목에 비해 상권이 상대적으로 떨어지는 것은 대응성이 낮기 때문이다.

- 국내 쇼핑센터 권리실태와 과제, 원창희 인터컨설팅 대표 -

상가투자 때 꼭 지켜야 할 5가지

첫째, 발품을 팔아 철저하게 현장을 확인해야 한다.

주변 중개업소와 상인들을 통해 객관적으로 정보를 파악하고 유동인구와 어떤 업종이 장사가 잘 되는지를 분석해야 한다.

둘째, 상가 분양 광고를 너무 믿지 말라.

계약서에 명시한 "임대 수익 보장" 내용도 분양회사가 "장사가 안돼 어쩔 수 없다."고 버티면서 수익을 주지 않으면 상황이 복잡해진다.

셋째, 시행사의 재무 상태와 운영관리 능력을 살펴봐야 한다.

시행사가 대출이 많으면 갖은 방법으로 계약자 부담으로 돌리는 사례가 있다. 미분양으로 자금이 부족해지면 마감재 시공도 소홀해진다.

넷째, 시세차익보다 장기임대수익을 목적으로 투자해야 한다.

웃돈을 붙여 되파는 단기 투자자들로 인해 거래가격과 임대료가 높아져 장기임대 투자자나 임차인 모두에게 폐해를 주게 된다.

다섯째, 상가매입 대출비중은 30%미만으로 낮추는 것이 안정적이다.

- 2005.11.18 매일경제, '돈되는 상가' -

서울 빅4상권' 투자 수익 짭짤

서울과 수도권 대부분의 상권이 권리금을 받기는 커녕 임대료조차 낮출 정도로 침체되어 있는 가운데 동대문, 종각역 인근, 건대입구, 분당 정자동 등의 '빅4상권'은 최고 12%대의 투자수익률을 보이고 있어 유망 투자지역으로 각인되고 있다.

동대문은 청계천 효과로 3평상가가 권리금만 5억을 호가하고, 종각역의 인기는 인사동, 고궁 등의 전통시설물과 어학원, 극장가 등 학생과 직장인을 위한 시설 등 다양한 세대와 계층이 어울릴 수 있는 시설이 섞여 있는 '퓨전'상권이라는 장점 때문이다.

북동부의 신흥 메카 건대입구는 지하철 2·7호선 환승의 매력과 최근 개원한 건국대학교 병원과 완공을 앞둔 주상복합 '스타시티' 등으로 부상하고 있다. 유동인구에 비해 점포가 들어설 공간은 정해져 있어 일단 자리 잡은 상인들은 장사가 잘 되는 편이라고 한다.

분당 정자역 일대 상권은 대형 벤처타운과 NHN 등 기업들이 이전을 완료하면서 활기를 띠고 있다. 점심때 그 직원들이 몰리는 식당은 앉을 자리가 없고, 인근 건물의 공실도 거의 없어지는 상황이며 정자역 근린 상가에는 권리금이 1억원 정도 붙은 곳도 있다.

유동인구가 많고 젊은 층이 몰려드는 위의 지역들은 투자유망상권의 위상이 당분간 지속될 것으로 전망되고 있다.

» 대단지 인근 근생상가 리모델링

공인중개사 중 고수로 통하는 K씨는 이런 밀을 한다.

"절세 물건으로서의 토지의 매력이 상실되고 있다. 그만큼 전산화와 투명화가 이루어지고 있다. 그러므로 향후 부동산 투자는 방향을 전환해야 한다. 대단지 주택지 인근 요지에 낡는 근생 상가건물을 잡아라. 그리고 새로운 접근방식에 따라 안정적 수익을 창출할 수 있는 수익형 건물로 리모델링을 하라."

스타벅스가 있는 상가(商街)는 좋은 입지

일전에 미국에서 최상위 업체로 정평이 나있는 외식업체의 한국 입점을 위한 입지를 구하는 일에 관여한 적이 있다. 분당에 1호점을 내기 위해 중심가에 입지를 구하였으나 이미 상권이 형성된 곳에 구미에 맞는 새로운 입지를 구한다는 것이 매우 어렵다는 것을 실감했다.

나중에 들으니 결국 그 업체는 분당입점 대안으로 서울의 번화가에 입점하여 영업을 시작했으나 기대만큼 뜨지 못하고 있다는 것이다. 상가입지를 구할 때는 위치, 유동인구, 계절에 따른 매상 추이 등을 꼼꼼히 따져봐야 한다. 그리고 가게를 인수하는 경우라면 주인이 사업체를 파는 이유도 주의 깊게 살펴봐야 한다.

최근 미국에서는 스타벅스(Starbucks) 커피숍이 있는 몰(Mall)이 가장 좋은 입지로 알려지고 있다. 과거에는 맥도널드(Mcdonald) 햄버거가 입점한 상가가 가장 좋은 입지로 손꼽혔었다.

필자가 있는 상가에도 스타벅스 영업점이 입점하여 연일 고객들로 붐비고 있다. 그렇다면 우리 사무실도 괜찮은 곳에 입지한 것이 아니겠는가? 일취월장을 기대하며 성공을 예감해 본다.

단지내 상가 투자 성공사례

S그룹 10년차 부장인 J씨는 단지내 상가에 투자해 적지 않은 부수입을 얻고 있다. 평소 여유 자금이 있었던 J씨는 은행에 장기간 목돈을 묵히기 보다는 수익이 좀 더 나은 투자처를 원했고, 그 투자처로 상가를 선택했다. J씨는 근린상가나 전문상가보다는 단지내 상가가 유리할 것으로 판단했다.

J씨는 자신의 직장과 멀지 않은 경기도 용인을 눈여겨봤다. 용인시내에 900가구 단지내 1층 상가가 매물로 나와 있는 것을 알았다. J씨는 매입하기 전에 미리 전문가로부터 자문을 받고 직접 조사해본 뒤, 상가 입지가 치킨전문점이나 부동산 자리로 적합하다고 판단했다.

마침내 주변시세에 비해 저렴하게 12평짜리 상가를 2억 5,000만원에 매입할 수 있었다. 얼마 후에 부동산 사무실로 쓰겠다는 임차인이 나타났다. 사용기간은 2년으로 하고 보증금 3,000만원에 월 200만원을 받는 괜찮은 조건이었다.

이처럼 상가투자에 성공하려면 자신의 자금규모에 따라 상권의 입지부터 결정해야 한다. 그 다음 그 입지에 가장 적합한 업종을 분석해 보고 상가를 매입해야 한다. 특히 수요자를 마냥 기다리는 방법보다는 적합한 업종을 선정해 관련 업체를 알아보는 적극성도 필요하다.

상가 권리금의 미래학

안정적 임대수입이 보장되는 상가투자는 좋은 재테크 수단이 되어왔다. 그러나 최근에는 업종과 지역을 가리지 않고 상가 시세가 하락하는 추세다. 권리금도 과거에 비해 크게 떨어지는 등 소규모 상가 경기는 도무지 회복될 기미를 보이지 않고 있다.

맹목적인 투자대상이었던 상가 등 부동산 투자도 이제 공급 과잉으로 인하여 투자가치를 잃어가는 듯하다. 이렇게 상가시세가 회복되지 않는 것은 경기의 문제라기 보다는 우리 사회의 구조적 변화라는 측면에서 해석해 볼 필요가 있다.

» 소비시장의 구조적 변화

상가 시세하락 원인은 공급의 증가 때문이다. 새로운 아파트 단지가 생길 때마다 상가 숫자는 가구 수에 비례해서 늘어난다. 상가 건물도 과거에는 1~2층이 대부분이었지만 지금은 5~6층이 넘는다. 반면 소비자인 인구는 거의 늘지 않고 있으며 재래상권 소비 비중이 높은 중장년층은 고령화에 따른 불안감으로 소비를 꺼리는 경향이 있다.

그러나 새롭게 소비시장에 참여하는 젊은층은 각종 문화시설이 몰려 있는 지역에서 집중적으로 소비한다. 집 근처 식당이나 상점보다는 교통이 편리한 역세권이나 새로운 문화를 접할 수 있는 지역에서 지갑을 연다. 상품을 고를 때는 선호하는 브랜드만을 고집한다. 비슷한 음식도 브랜드가 있는 대규모 패밀리레스토랑에서 즐기려고 한다.

재래시장보다 대형할인점은 물건 값이 싸고 주차 등 교통도 편리하기 때문에 1주일 동안 쓸 생필품을 한 번에 구입할 수 있는 이점(利點)이 있다. 또 온라인 쇼핑이 2005년에만 약 10조원을 돌파할 예정이다. 벽이 없는 가상공간에서의 소비가 늘고 있으므로 상가의 가치가 낮아지는 것은 불가피한 일이다.

» 상가투자의 고려사항

영업이 어려워지면 권리금은 하락하고 상가의 매매가격하락도 불가피하다. 따라서 상가투자도 주식 투자와 같이 정교한 분석이 필요하다. 교통과 지역발전 가능성, 상권 주변의 인구 규모나 유동인구, 추가적인 상가 건립 여부도 고려해야 한다.

정부 통계에 따르면 분기당 6만~9만 명이 새로 창업하고 있다. 기존의 상가도 수익을 내기 어려운 상황에서 중년의 퇴직자들이 소규모 창업으로 서비스 업종 창업을 늘린 결과로 풀이된다. 그러나 문제는 지금도 포화상태인 재래 상권에 엄청난 신규 진입자가 발생하고 있다는 데 있다. 재래상가 사이에 경쟁이 치열해지면서 경영자가 수시로 바뀌고 있다. 2~3개월 만에 폐업하는데 권리금을 기대할 수 있겠는가.

침체된 지역의 상가나 부동산 가격은 하락하고 있고, 권리금은커녕 임대도 잘 안된다. 상가나 APT를 저가에 사서 장기간 보유하면 가격이 오르던 시대는 지나가고 있다. 중년층 실업률 증가로 인한 창업 증대 및 상가의 공급 과잉으로 경기와 무관하게 상가 창업의 위험성이 높아지고 있다. 경기가 좋아진다고 해서 이런 현상이 변화되지는 않을 전망이다. 사회변화를 인지하고 더 많은 조사와 연구가 이제 상가 투자에도 절실하게 요청되고 있다.

- 2005.11.7 한국경제 '경제기사 돈되게 읽기' 를 중심으로 -

위기의 도매상가

전통 도매업이 위축되면서 남대문·동대문 새벽시장, 영등포 문구 시장, 세운상가 등의 매출이 점점 줄어들고 있다. 생산자와 소비자를 직접 연결하는 대형 할인점과, 홈쇼핑이나 인터넷쇼핑몰 등의 사이버마켓 등 이른바 '신(新)유통'의 폭풍 속에 전통 도매상가들이 하나 둘 자취를 감추고 있다.

거대한 온라인 물결이 소비자와 소매상인을 급속히 빨아들이며 도매업이 설 땅을 빼앗고 있는 것이다. 디지털 경제시대에 아날로그 상인의 비애라고나 할까. 게다가 밀려드는 값싼 중국 상품들마저 가세하여 국내 도매상인들을 더욱 괴롭히고 있다.

80년대엔 권리금만 1억원이 넘는 7평짜리 점포에서 의류도매로 연간 30억원의 매출을 올렸다는데 이젠 보증금을 면제해 주는데도 점포가 텅텅 비는 경우도 있다. 이와 같은 상가의 공동화(空洞化)현상이 급속히 확산되고 있는 것은 온라인 거래의 비중이 커지고 있기 때문이다. 그나마 생존하고 있는 도매상의 수익성도 말이 아니다. 용산 전자 상가에서 한 상인의 말을 들어보았다.

"80년대엔 286컴퓨터 한 대만 팔아도 그 자리에서 120만원은 떨어졌는데, 요즘은 프린터 한 대 팔면 자장면 한 그릇 값인 3,000원을 남기기도 빠듯합니다."

가격파괴의 바람을 일으키고 있는 인터넷 쇼핑몰과 각종 가격 비교 사이트들은 도 소매상의 마진폭을 더욱 축소시키고 있다. 우리 나라 유통산업의 메카였던 도매업이 벼랑으로 내몰리고 있다.

전통적 양도차익 상품인 아파트와 토지의 인기가 떨어지고 고정적 수익 확보가 가능한 상가와 같은 수익형 부동산이 다시 각광을 받을 것이란 전망이 조심스레 나오고 있지만, 목 좋은 상가에 선별 투자하지 않으면 수익성 창출이 결코 쉽지 않음에 유의해야 할 것이다.

오피스텔은 투자성이 있는가

2005년 상반기 오피스텔 시장은 전통적인 강세지역인 서울 강남과 인천 송도신도시, 창원 등지에서 분양성공이 잇따르면서 오피스텔 시장이 부활하는 것 아니냐는 기대 섞인 관측을 낳았다. 이는 업무용 오피스텔이 주거용보다 재산세에서도 낮은 세율을 적용 받고, 높은 세율로 합산 과세되는 종부세 대상도 아니며 1가구 2주택에서도 제외되기 때문으로 풀이된다.

하지만 업계전문가들은 이들의 성공을 이전과는 다른 패턴이라고 분석한다. 아파트 대체 상품이었던 오피스텔이 업무용으로 제자리를 찾아가는 과정에서 이런 추세에 부응한 단지가 성공을 거뒀다는 평가다. 때문에 단기 프리미엄만 보는 투자는 기대하기 어렵다는 것이다.

이제 더 이상 욕조설치와 바닥 난방이 안 되고, 주거용 면적도 전체 중 50%이하로 제한된 오피스텔은 이제 중심 업무지구나 고급주거단지 안에 입지해 대형화·고급화된 단지로 중심축이 옮겨가고 있다. 사업승인을 미리 받은 수도권이나 지방 일부 오피스텔을 빼면 사실상 주거를 대체할 '아파텔'은 거의 사라졌기 때문이다.

업무공간으로 오피스텔 성격이 정착되면 더 이상 단기 프리미엄을 기대하기는 힘들기 때문이다. 따라서 분양가와 입주시점의 예정 임대수익, 시세에 따른 세금부담 등 구체적인 수치를 통해 기대할 수 있는 수익을 먼저 살피고 특화된 오피스텔 입주수요가 있는지도 먼저 검토한 후 투자에 나서는 것이 현명하다.

수백대 1의 청약경쟁을 기록한 송도신도시나 창원 복합단지내 오피스텔의 프리미엄이 현재는 하락세를 면치 못하고 있다는 점은 이런 면에서 시사하는 바가 크다. 실입주 시점에서 수요를 찾지 못한다면 오피스텔은 상권이 형성되지 않은 곳에 들어서 있어서 창고로도 쓰지 못하는 예전의 대형 테마상가 물건보다도 못할 가능성이 높다.

전문가들은 '나홀로 동'은 임대수익이 낮아 피해야 한다고 입을 모은다. 목동, 강남 등 주요지역 역세권에 있는 규모 있는 주거용 오피스텔의 경우 분양가 대비 시세차익은 물론 전·월세 수요가 꾸준하다.

높은 가격을 보이는 입주 시기보다 오히려 입주 후 10년 정도가 지나

서 가격이 안정되고, 은행이자의 3배정도인 10%정도의 안정적인 임대
수익이 보장되며 1년 정도 보유시 10%정도의 가격상승 효과도 있는 곳
은 한번 투자해 볼 만도 하다.

부동산 상식

★ 베란다 · 발코니 · 테라스 비교

1. **베란다(veranda)** : 건축물의 일부로서, 위층 바닥면적이 아래층 옥상면적보다 작을 경우 아래층 옥상에 생기는 빈 공간 부위를 난간으로 막은 곳이다. 또는 1층 정원에 면한 지붕과 난간이 붙은 바닥 부분을 말한다.

   이것은 한국주택의 정원에 면한 툇마루의 구실과 같으며, 휴식· 일광욕 등을 위해서 설치되기도 한다. 펜트하우스에서 상층을 옥상 정원 등으로 꾸미는 경우가 많은데 이런 곳이 바로 베란다이다.

2. **발코니(balcony)** : 건물 외부에 붙어 난간이나 낮은 벽으로 둘러싸인 곳을 말한다. 흔히 베란다로 불리는 공동주택의 거실 바깥 공간은 위층이 있어 지붕이 있는 것 같고 창문을 설치해 건물 내부에 있는 것 같지만 정확하게는 건물의 외부에 설치된 발코니이다. 발코니가 전용면적에 포함되지 않는 것도 건물 외부에 설치된 것이기 때문이다.

3. **테라스(terrace)** : 정원의 일부를 높게 쌓아올린 대지(臺地). 일반적으로 지붕은 없으나 담쟁이 따위로 덮어 그늘을 만들어 여름철 직사광선을 막는다. 바닥높이는 건물바닥과 지면을 고려하여 정하는데, 일반적으로 실내바닥보다 20cm 정도 낮게 한다.서양 단독주택 1층 바깥에 흔들이 의자를 놓는 곳을 떠올리면 된다.

제7장

절세의
미학

모든 재테크는 세(稅)테크로 통한다

세법은 상식이고 상식이 많아야 돈을 벌 수 있다. 절세는 탈법도 아니고 혜택도 아니다. 속도가 80킬로로 제한된 구역에서 그 이상 달리면 처벌을 받듯이 지키지 않으면 돈을 내야 하는 규칙 같은 것이다.

이 규칙을 알고 대비하면 쓸데없이 빠져나가는 돈은 막을 수 있다.

예를 들면 재산세, 종합토지세, 종합부동산세는 6월 1일자 당시의 등기부 등본상의 부동산 소유자가 내야 한다. 가령 주택을 5월에 샀어도 6월 1일이 지나서 등기를 하면 세금을 내지 않아도 된다. 매매 당사자끼리 보유기간에 따라 나눠서 내는 절충방식도 가능하다.

또 투자의 기회는 세금 무풍지대에 얼마든지 있다. 또 재테크에 능한 사람이라면 찬 바람이 불 때 반드시 챙겨보는 것이 있다. 바로 연말정산과 내년에 달라지는 제도들이다. 연말정산에서 부동산 세테크를 할 수 있는 분야는 △주택마련저축공제 △주택임차차입금 원리금상환액 공제 △장기주택저당차입금 이자상환액 공제 등 크게 3가지로 나눠볼 수 있다.

달라지는 제도에 대해서는 특히 세제혜택 상품을 집중 검토하는 것도 센스 있는 세테크의 방법이 될 것이다. 해가 바뀌면 절세혜택이 없어지는 상품은 기회를 놓쳐 후회하지 말고 잘 챙겨보자.

절세 포인트

부동산부자는 '투자보다 세(稅)테크'에 관심이 많다. 그들의 절세 포인트를 살펴보자. '세(稅)테크'의 출발점은 내지 않아도 될 세금을 안내는 것. 모르고 내면 돌려주는 일은 없다. 납부 전에 절세방안을 세워 대비하자.

1. 세(稅)테크는 시기가 중요하다

(1) 일단 '세대`와 '주택'의 개념을 명확히 하고, 몇 세대 몇 주택인지에 따라 대비책을 세우자.

(2) 다주택보유자는 집값이 낮고 덜 오른 것을 먼저 처분하자.

(3) 서둘러 팔 필요가 없다면 오래 가지고 있는 것이 세율이 낮다.

(4) 종합부동산세

· 임대용 다가구 주택은 1가구를 1호의 주택으로 보아 종합부동산세 합산에서 배제하며 합산배제대상 임대 주택수는 건설임대 2호 이상 5년임대시, 매입임대 5호 이상 10년 임대시에 해당된다. 그러므로 다가구 주택 소유자들은 각자의 해당항목에 맞춰 합산배제기준을 구비해야 해야 할 것이다.

· 매도할 때는 나대지 보다는 주택을 먼저 매도하는 것이 유리하

다. 주택은 매매가가 완전히 노출되어 있고 기준시가가 높다.

2. 세원(稅源)을 분산하라

양도세는 누진된다. 부부 공동명의 등 세원을 분산하면 양도차익이
별도 계산되므로 유리하다.

3. 양도할 것인가 증여·상속할 것인가

대체로 양도차익의 9~36%까지 부과하는 양도소득세제가 경우에 따
라 최고 60%까지 부과하는 중과세 제도로 바뀌었다. 부동산에서 얻는
이익의 절반이상을 세금으로 거둬들이겠다는 강력한 의지다.

대체로 증여나 상속세금이 더 가벼운 편이다. 재산을 물려주는 방법
은 생전에 해주는 증여와 사후에 분배하는 상속이 있다. 증여와 상속은
서로 보완적인 관계에 있으므로 양자를 같이 고려하여 세금부담이 적은
방향으로 처리하는 것이 가장 좋은 방향이 된다.

» 효과적인 증여의 기본원칙

(1) 향후 가치가 가장 오를 것으로 예상되는 자산을 증여하라.

(2) 부담부증여를 활용하라.

국세청 전산화가 급속히 진행되고 있어, 조만간 모든 세원(稅源)이 한
눈에 포착될 정도로 투명화 되어 가고 있다. 이제는 정당한 세금을 납부
하고 영업을 한다는 마인드를 가져야 한다. 그리고 어차피 세금은 이익
이 있을 때 내는 것이다.

다주택 규제와 펜트하우스

다주택자에 대한 양도세 중과로 초대형 아파트에 대한 관심은 오히려 높아지고 있다. 단지 내에 40~60평형대는 단 한 가구도 짓지 않고 60~100평형 초대형 평형으로만 구성된 아파트 단지도 속속 등장하고 있다. 분양업체는 부유층을 대상으로 다음과 같이 말하며 적극적인 마케팅을 펼치고 있다.

"집이 많아봐야 이제 양도세로 다 빠져나간다. 초대형 알짜 한 채가 효자 노릇을 톡톡히 할 것이다."

이처럼 초대형아파트 공급이 늘어나는 것은 정부가 다주택자에 대해 세금중과 및 세무조사 등의 압박을 가하면서 소비자들이 작은 아파트 여러 채를 갖는 것보다 대형 한 채 갖기를 선호하는 경향과 맞물려 있다는 분석이다. 대형주택을 찾는 주한 외국상공인과 장기투자 목적의 개인들은 보유세 부담에 대해 별로 신경을 쓰지 않는다고 한다.

전문가들은 다주택자 양도세 중과가 대형아파트 선호현상만 더 부추겨 자칫하면 중대형은 더 오를 것으로 전망하고 있다. 가구당 분양가가 20억원을 웃도는 초대형 고급아파트는 인근 집값의 연쇄 상승효과마저 불러오고 있다.

이런 분위기 속에 100평 이상의 펜트하우스 분양이 늘면서 대형아파트에 대한 관심이 더욱 높아지고 있다. 펜트하우스는 1990년대 말부터 '도곡동 타워펠리스'나 '여의도 트럼프월드', '잠실의 갤러리아 펠리스',

'더샵 스타파크'와 용산의 '시티파크' 등 고급 주상복합 아파트의 최상층에 주로 건립됐지만 최근 부자들의 선호도가 높아지면서 일반 아파트에서도 속속 선보이고 있다.

펜트하우스는 소수의 수요층을 대상으로 하기 때문에 분양가가 일반 가구보다 상당히 높지만, 공급이 워낙 부족하고 옵션사양으로 최고급 마감재를 사용하여 품질이 뛰어나 투자가치를 높게 보는 편이다

과연 양도세 중과의 파장이 어떻게 미칠지 불안한 시장흐름이다. 이와 같이 복잡한 상황을 단순화시켜 주택 보유수별로 대응 전략을 정리해 본다.

» 주택 보유수별 재테크 전략

★ 무주택자

· 시장 흐름을 살펴 젊은 시세를 잡는다.

· 첫 주택 매입이 중요하다. (대단지, 개발 호재 등 기본에 충실)

· 담보대출은 집값의 30%가 적당하다

★ 1주택자

· 이사도 재테크

· 공동명의 등기시 세부담 줄어

· 자치구별 보유세 할인율 검토

· 양도세의 비과세 기간에 거주해야 한다.

★ 2주택자

· 비 투기지역, 인기 낮은 주택부터 매도

· 2채 모두 투기지역이면 세부담 적은 주택부터 매도

· 최소 2년 이상 보유로 양도세를 줄여야 한다.

★ 3주택자

· 증여도 한 방법

· 비인기지역 주택부터 매도

· 최고 알짜주택에 거주하며 비과세 요건을 갖춰야 한다.

절세(節稅)의 해법을 찾아라

달라지는 1세대 2주택자 관련 세법

» 현행법

‣ 일시적 1세대 2주택자는 기존주택을 1년내(신규주택의 잔금지급일
  혹은 등기이전일 기준) 처분하면 양도세 비과세

‣ 장기보유특별공제

  · 3년이상 5년 이하 보유시 양도차익의 10%

  · 5년 이상 10년 미만 15%(고가주택 25%)

  · 10년 이상 30%(고가주택 50%)

» 개정안(2007년 1월 1일부터 적용)

‣ 1세대 2주택자 양도차익 50%과세(주민세 포함 55%)

‣ 장기보유특별공제 조정

  · 고가주택 규정 삭제

  · 15년 이상 보유한 1세대 2주택이지만 비과세 요건에 맞지 않거

나 6억원 초과할 경우 45%공제 (신설)

절세하면서 3주택 줄이는 방법

K씨는 현재 주택을 3채 보유하고 있다. K씨는 8.31부동산대책으로 불어난 세금을 줄이기 위해 실거주 목적의 1주택만 제외하고 모두 처분해서 다른 투자를 하고자 한다. K씨의 과제는 절세를 하면서 주택수를 줄이는 방법을 찾는 일이다.

우선 보유가치가 높은 주택이 어느 것인지를 판단해야 한다 보유가치가 높고 집값 상승 가능성 높은 주택은 양도 보다 증여를 하는 것이 좋다.

증여세 전세금과 대출금을 끼고 증여하면 그만큼 절세를 할 수 있다. 매각하는 순서는 보유가치가 낮은 주택부터 선택해야 한다.

다음은 양도세 감면대상 주택인지를 확인해야 한다. IMF외환위기 당시, 정부는 부동산 경기 부양을 위해 2001년 5월 23일부터 2002년 12월 31일 사이에 전국에서 최초로 분양계약을 맺고 취득한 신축 주택에 대해 양도세 감면혜택을 부여한 바 있다.

따라서 취득시기를 확인해 볼 필요가 있다. 2006년부터는 실거래가 과세, 2007년부터는 2주택자에 대한 양도소득세율이 50%로 인상되므로 양도시기도 잘 선택해야 한다. 주택을 처분하여 확보한 자금은 안정성, 수익성, 환금성을 감안하고 장단기 투자기간을 설정한 다음 간접투자 펀드 등 2~3개의 투자대안에 분산 투자하여 위험을 방어하는 것이 효과적이다.

유예기간을 활용하라

다주택자의 주택매도시기에서 가장 중요한 변수는 세금이다. 우선 1가구 2주택자가 집을 팔 때는 2007년부터 양도세율이 50%로 높아지고 장기보유특별공제 혜택도 받지 못해 지금보다 세금이 두 배 이상 많아질 수 있기 때문에 2006년말까지 집을 파는 것이 좋다.

그리고 세금을 감안하지 않더라도 투자 수익성이 적은 곳의 주택을 먼저 파는 것이 유리하다. 물론 사전에 규제가 적용되는 1가구 2주택자가 맞는지 확인이 필요하다. 수도권과 광역시의 기준시가 1억원이하 주택, 지방의 3억원 이하 주택을 비롯해 이사나 결혼, 노부모 봉양 등을 위해 일시적으로 2주택자가 된 경우에는 중과에서 제외되기 때문이다.

또 단기간 급락할 경우 무리하게 파는 것 보다는 그 지역 상황을 잘 살펴 유리한 가격에 팔 수 있는 시점을 신중하게 잘 선택하는 지혜가 필요하다.

매도자에게는 2007년부터 1세대 2주택자에 대한 양도세가 50% 단일세율로, 부재지주 농지와 함께 장기보유특별공제까지 없애면 세부담이 2~3배 가량 늘어나기 때문에 매도를 권유하고, 매수자에게는 급락시점을 틈타 매수시점을 잘 포착하도록 권유할 필요가 있다.

농지와 농어촌추택 매입관련 세금

농지보전부담금(農地保全負擔金)

2006년부터 땅값이 비싼 곳의 농지를 농산물 판매시설 등을 위한 용지로 전용할 경우 과거보다 훨씬 더 많은 비용을 치러야 한다. 전용 비용을 조성원가를 기준으로 부과하던 것을 공시지가를 기준으로 부과하기 때문이다.

다만 농지 전용비용이 갑자기 늘어나는 것을 막기 위해 상한선이 따로 규정되었다. 과거에는 농지를 전용할 때 농지 조성원가를 기준으로 ㎡당 10,300원~21,900원의 대체 농지조성비만 내면 되었다. 그러나 2006년부터는 이 제도가 폐지되고 해당 농지 공시지가의 30%에 해당하는 '농지보전부담금'을 부과하는 제도가 도입되었다.

농지 가격으로 볼 때 30%를 일률적으로 적용하면 부담금은 ㎡ 당 최저 10원에서 최고 216만원 수준에 달하게 된다. 따라서 값이 싼 농지의 전용 부담은 1,000배 가까이 줄고, 값이 비싼 농지는 부담이 최고 100배 정도 늘어났다. 정부가 부담금 증가율에 상한선을 두기로 한 것은 이 때문이다. 상한선은 별도 고시로 정하고 있다.

개정 농지법 시행령 및 시행규칙에 따르면 2006년 1월 22일부터 주말농장용 농지에 신축하는 33㎡(약10평)이하의 주말체험 영농주택에 대한 농지보전부담금이 50%정도 감면되었다. 다만 농림부 장관이 정하여 고시하는 기준에 따라 시장·군수·구청장의 추천을 받아야 한다.

10평 정도의 주말주택을 지으려면 건폐율을 감안할 때 50평 정도의 땅을 농지에서 대지로 전용해야 한다. 이러한 목적과 규모로 실수요자가 공시지가 33,000원/㎡짜리 50평을 전용할 경우에 82만원을 부담하게 되어 과거보다 88만원 정도의 비용을 줄일 수 있다.

▶ 농지전용부담금 산출근거 비교

A. 과거에 경지정리 안 된 일반농지 50평을 전용하는 경우

　　㎡당 농지조성비: 10,300원, 1평=3.3058㎡

　　10,300원 × 3.3058 × 50평 ≒ 170만원

B. 10평 이하의 전원주택을 지으려고 공시지가 33,000원/㎡인 경지정리 안 된 일반농지 50평을 전용하는 경우, 공시지가의 30%부과, 1평=3.3058㎡, 50% 감면혜택 적용

　　33,000원 × 0.3 × 3.3058 × 50평 × 0.5 ≒ 82만원

서울1주택, 농어촌주택 추가구입시 양도세

Q: 서울에 사는 H씨는 강원도 홍천에 주말용 전원주택 한 채를 매입

하려고 고민 중이다. 하지만 서울에 있는 아파트를 포함해 1가구 2주택이 되는 게 걱정이다. 8.31대책으로 2주택에 대해 양도세가 중과될 예정이므로 전원주택으로 인해 서울 아파트 처분 시 양도세가 중과될 수 있기 때문이다.

A: 서울에 아파트를 한 채 가지고 있는 사람이 농어촌주택을 추가로 취득할 경우 기존 1주택을 매각해도 1가구 1주택 비과세 혜택을 적용 받을 수 있는 도시자금의 농어촌 유입을 촉진시키려는 취지로 시행된 양도세 특혜제도 만료가 2005년 말에서 2008년도 말까지로 3년간 추가로 연장됐다. 즉 H씨는 2008년말 이전까지만 전원주택을 취득하면 2주택이 되더라도 서울 소재 아파트 양도시 전원주택과 상관없이 1가구 1주택 양도세 비과세혜택을 받을 수 있다.

» 농어촌 주택의 기준

1. 수도권 및 광역시 이외에 소재한 읍면지역 중 토지거래허가구역이나 투기지역으로 지정되지 않은 곳에 있고,
2. 대지가 200평 이내이고 주택 연면적이 45평 이내이며,
3. 취득시 주택 및 부수토지 가액이 기준시가로 7,000만원 이하이다.

» 양도시 주의할 점

H씨가 서울 소재 아파트와 전원주택 중 아파트를 먼저 팔면 비과세 혜택을 받을 수 있지만, 이 경우 농어촌주택의 기준시가가 1억원 이하라야 한다(조세특례제한법 시행령 99조 4의 5항).

그런데 전원주택을 먼저 매각할 경우에는 주택 중 1채를 처분했기 때문에 양도세가 과세된다. 또 2007년부터는 2주택 중 1채 매각시 양도세율이 50%로 인상·중과된다.

그러나 농어촌 주택을 먼저 양도하더라도 농어촌 주택의 기준시가가 3억원 이하이면 1세대 2주택에 해당되지 않아 50%중과가 아닌 일반누진세율을 적용하여 양도세를 계산하게 된다. 농어촌 주택의 양도세 비과세 혜택은 취득시기를 기준으로 한다.

매매할 것인가, 증여할 것인가

종합부동산세와 다주택자 규제에 대응하여, 다주택 보유자 매매를 해야 할지 증여를 해야 할지 고민이 많은 것 같다. 주택수를 줄이는 방법에는 증여와 양도가 있다. 국세청 표본조사 결과로는 아파트 취득가액과 양도(매매)가액의 차이가 3배 이상 나지 않는 한 증여보다는 매매를 했을 때 세금부담이 적은 것으로 나타났다.

예컨대, 몇 년 전에 5억원에 매입한 아파트를 지금 10억원에 팔면 매매에 따른 양도세는 양도가에서 취득가를 뺀 5억원에 세율 60%를 곱해 3억원이 된다. 여기에 양도소득세 자진신고에 따른 10% 공제를 감안하면 실제 세금은 2억 7,000만원이 된다.

그러나 10억 원짜리 아파트를 자녀에게 증여할 경우 과세표준은 10억원에서 증여에 따른 일괄공제액 3,000만원을 뺀 9억 7,000만원, 여기에 5억원 초과 10억인 이하 아파트의 증여세율 30%를 곱하면 납부세금은 2억 9,100만원이 된다. 매매했을 때보다 2.100만원의 세금을 더 내야 한다는 계산이 나온다.

다주택자들은 매매를 할 것이냐, 증여를 할 것이냐를 결정할 때 과거

취득가액과 현재가액의 차이가 얼마나 나는지를 감안해야 한다. 양도차익(讓渡差益)이 많고 양도세가 60%단일 세율이 적용되는 3주택자 등 일부 특이한 경우를 제외한 대부분의 경우에는 매매가 유리하지만 일부의 경우에는 증여가 유리할 수도 있기 때문이다. 그러므로 매매와 증여의 선택은 시세차익, 주택보유기간, 자녀의 소득 능력 등을 종합적으로 고려해 판단해야 한다.

특히 2004년 1월부터 개정된 세법에 따라 증여세 완전포괄주의와 '유사매매사례가격' 제도가 도입되면서 증여세 부과기준이 기준시가에서 실거래가로 변경됐기 때문에 증여의 경우 세부담이 크게 늘어나고, 매매는 재투자가 가능하지만, 증여는 자금출처조사를 받게 될 가능성도 있다는 것이 국세청의 설명이다.

증여세 역시 기준금액에 따라 세율이 차등 적용된다. 1억원 이하에 대해선 10%, 1억~5억원 20%, 5억~10억원 30%, 10억~30억원 40%, 30억원 초과 50%등이다. 공제는 배우자는 3억원까지, 자녀 등 직계 존속엔 3,000만원(미성년자의 경우 1.500만원)까지 공제된다. 세무서에 자진신고(3개월 이내)할 경우 납부세액의 10%를 돌려받는다.

多주택자들 집 안 팔고 자녀에게 줬다

부모 등으로부터 재산을 물려받을 때 내는 상속·증여세 금액이 4년 만에 두 배나 늘었다. 특히 정부가 10.29대책(2003년) 등 주택의 상속·증여세를 증가시키는 결과를 초래하였다는 얘기다. 이는 다주택자들의 주택 매각을 유도해 부동산 가격을 떨어뜨리려고 했던 정부의 의도가 들어맞지 않았음을 의미한다.

재정경제부 집계에 따르면 2005년도 상속·증여세가 총 1조 8182억 원 정도 징수될 것으로 전망됐다. 이 금액은 2001년(9,484억원)과 비교할 때 1.9배 늘어난 규모다. 증여세액과 상속세액을 구분해서 분석하면 다주택자들이 양도세 중과를 피하기 위해 집을 팔지 않고 자녀 등에게 증여한 증여세가 5.184억원에서 1조 841억원으로 2.1배, 상속세가 4,300억원에서 7,341억원으로 1.7배 늘어났다(2005.11.21). 부동산 부자들이 주택 수를 줄이는 과정에서 집을 파는 것보다는 증여하는 것이 낫다고 판단을 하는 것 같다.

다주택자들의 이 같은 선택은 2003년 이후 증여등기 건수가 크게 늘어난 통계에서도 확인된다. 대법원의 '부동산 증여등기 건수' 추이를 보면 2001년 26만 건, 2002년 28만 건, 2003년 38만 건, 2004년 35만 건으로 10.29 부동산대책이 발표된 2003년 이후 크게 증가했다.

상속 증여의 70%를 차지하는 부동산 가격이 최근 가파르게 오른 게 큰 영향을 미쳤고, '부의 대물림' 속도가 그만큼 빨라지고 있기 때문이지만, 한편으론 음성적인 탈루에 의한 상속·증여가 줄어들고 있는 긍정적인 측면도 있는 것으로 해석된다.

그리고 전세와 대출금을 끼고 구입한 집을 증여할 경우에는 전세금과 대출금을 증여대상에서 공제하기 때문에 증여세가 양도세보다 적게 나오는 경우가 있다. 그러나 증여세는 집값 전체를 대상으로 높은 세율(10~50%)이 적용되는 반면, 양도세는 시세차익에 대해 상대적으로 낮은 양도세율(9~36%)이 적용되므로 일반적으로는 증여세가 양도세보다 세부담이 크다.

상속세 줄이려면 '조건부 증여'를

대한민국 부자 중 70%이상인 부동산 부자들이 가장 무서워하는 것은 상속세다. 상속세가 싫어 탈한국을 고려하는 부자들도 있다고 하니 국내 차원을 넘어 글로벌 관점에서 고민해야 하는 골치 아픈 문제가 된 것 같다.

상속세를 피하기 위하여 미리 자식에게 재산을 넘겨주면 증여세 부담이 커진다. 게다가 재산을 넘겨받은 자식들의 불효와 재산 탕진도 우려된다. 이런 경우 재산의 소유권과 관리권을 구분해 '조건부 증여'를 하면 걱정이 없다. 가령 매월 임대료를 받는 건물을 물려주고 싶을 경우 생전에 소유권은 자식한테 증여하지만, 관리권은 부모가 사망할 때까지 가지고 임대료를 받는 방식이다.

조건부 증여는 절세도 하고 자식에게 효에 대한 동기부여를 하는 가장 확실한 방법이 될 수도 있는 셈이다. 증여세를 줄이는 것 역시 상속계획의 핵심이다. 이런 점에서 재산을 수차례에 나눠서 증여해 누진세율을 낮추어 적용받는 것도 좋은 방법이다.

상속세의 탈세는 적발시에 방법이나 규모에 따라 형사처벌 대상이 될 뿐 아니라 무거운 가산세와 누적된 탈세액을 한꺼번에 적용 받아 부도가 나는 사례도 있으니 유의해야 한다.

- 2005.10.22 문화일보, 김상식 -

상속·증여세 물납제도를 활용하라

물납제도란 현금대신 주식이나 부동산 등으로 상속·증여세를 낼 수 있도록 한 제도다. 납세자가 현금이 없어 상속 재산을 급히 처분하면서 손해를 보지 않도록 하기 위해 만들어진 것으로 부동산 및 유가 증권이 상속재산의 50%를 넘고 상속세가 1,000만원을 초과할 경우 적용된다.

재산을 상속받은 A씨는 국세청으로부터 13억여 원의 상속세 고지를 받았다. A씨는 이를 현금으로 내는 대신 상속, 증여세 물납제도를 활용해 '특수관계'에 있는 B사의 상장주식 5,000여주로 대납했다.

이 주식은 법절차에 따라 자산관리공사에 넘어가 매각물건으로 나왔으나 언제 상장될 지 모르는 이 주식을 사겠다고 하는 임자가 없었다. 자산관리공사는 2년 가까이 지나자 이를 B사(사실상 A씨가 매입자)에게 되팔았다. 매각금액은 물납(상속세 부과액)의 61% 수준이었다. 결국 A씨는 39%정도의 상속세를 합법적으로 절약한 것이다.

재정경제부에 따르면 최근 5년간 정부가 상속·증여세로 받은 비상장 주식의 매각 실적은 매각 예정가 1.756억원의 59%에 불과한 1,030억원에 그쳤다고 한다. 실제로 이 제도가 시행되기 시작한 1997년 이래 상속세 대신 정부가 받은 비상장주식 대부분(91%)이 '특수관계자'에게 넘어갔다.

유형별로는 총 95건중 56건을 기존 주주의 친·인척 등이, 30건을 이를 발행한 회사가 매입했다고 한다. 정부가 아직 보유하고 있는 비상장 주식의 보유일수는 927일로 2년이 훨씬 넘는다. 고지된 세금을 기한 내에 내지 않으면 높은 지연이자를 물지만, 물납제도를 통하면 비상장주 식을 헐값에 다시 사는 방식으로 절세할 수 있다. 부동산이나 상장주식이 있을 경우 심사를 하지만, 대부분 물납신청을 받아주는 추세라고 한다.

세금, 피할 수 없으면 즐겨라

필자가 요새 자주 떠올리는 문구가 "피할 수 없으면 즐겨라!"라는 말이다. 어차피 그 상황을 피하지 못할 바엔 최대한 즐기자는 것이다.

그래야 정신건강에 좋고, 다른 일도 잘 된다. 남자들이 군대에 가서 훈련소에 입소한 후 교관에게 제일 먼저 듣게 되는 훈시도 이러한 말일 것이다.

"누구는 '신의 아들이라서 면제라던데 나는 힘없는 민초의 소생이라 이렇게 군대에 잡혀왔구나.'라고 불평해 보았자 마음만 아프다. 훈련이 고되더라도 꼭 참고 사나이답게 즐거운 마음으로 훈련에 임하기 바란다."

세금도 마찬가지다. 먹고 입고 잠자는 기본적인 것 이외에도 모든 경제, 사회, 문화활동에 세금이 매겨져 있다. 인간으로 존재하는 이상 피해 갈 수가 없다. 우리가 국가로부터 여러 가지 행정서비스를 받고 있는 이상 이에 대한 비용의 부담은 수해자인 국민이 부담해야 하기 때문이다.

다만, 행정서비스가 민간서비스와 다른 점은 세금에 대한 대가가 명확하지 않다는 것이다. 세금을 많이 낸다고 혜택을 많이 받는 것도 아니고, 세금을 적게 낸다고 혜택을 적게 받는 것도 아니다. 어차피 받는 것이 똑같을 바엔 내는 것이라도 적게 내는 것이 현명한 것이다.

법을 위반하지 않는 범위에서 세금을 적게 내는 것이 절세이며 세테크이다. 세금에 관한 지식은 현금과 직결된다. 세금은 알면 알수록 경제적 이익을 주지만, 문제는 세금에 관한 법규정이 너무 복잡하고 까다로워서 일반인들이 접근하기가 쉽지 않다는 것이다. 물론 스스로도 세법을 뒤지고 알려고 노력을 해야겠지만, 전문가를 활용하면 절세 방법은 얼마든지 있다.

그렇게 해서 혜택을 받을 수 있는 것은 최대한 누리고, 피할 수 없는 것은 즐기는 게 최선이다. 노화(老化)를 부정하고 생체시계를 거꾸로 돌릴 수 없을 바엔 지혜와 깊이 그리고 부드러움 등 노년이 주는 장점을 받아들여 우아하고 즐겁게 살아가야 하듯이 세금도 어차피 낼 것이라면 기꺼이 내자. 그게 속편하다.

상속세 절세, 미리미리 준비하라

미국에서 대표적인 청부(淸富)로 국민들의 큰 신뢰를 받고 있는 전설적인 가치투자가 워렌버핏은 역시 기부문화 창달에 솔선수범인 세계 제1의 갑부 마이크로소프트 빌 게이츠와 정치적인 신념도 비슷해 "2000년 올림픽 금메달리스트의 장남들로 2020년 올림픽팀을 뽑는 것과 마찬가지"라며 조지 부시 대통령의 상속세 폐지 움직임에 함께 반대하고 있다.

그는 평소 "자식들에게 너무 많은 것을 남겨주는 것은 독이 된다. 부자인 부모를 만났다는 이유로 평생 공짜 식권(food stamp)을 받는 것은 반사회적일 수 있으며, 자녀들에게 해가 된다."는 주장을 펴왔다.

자식들에게 남겨줄 적당한 유산에 대해 그는 "그 돈으로 뭐든 시도할 수 있을 만큼은 되나, 그렇다고 평생 아무것도 하지 않아도 될 정도로 많아선 안 된다."고 말했다. 자녀의 성취감을 빼앗기 때문이라는 것이다. 그의 3명의 자녀도 다음과 같은 버핏의 말에 기꺼이 동의했다고 한다.

"내 자녀는 일반인이 꿈꾸는 규모보다 훨씬 많은 돈을 이미 갖고 있다. 따라서 내 자녀는 스스로 행운아라고 생각하고 있다. 아버지의 재산을 물려줄 경우 더 행복해질 것이라고 생각하지 않는다."

우리 나라에서도 상속세를 교묘하게 피해가며 부모의 막대한 부와 지위를 물려받는 '황태자' 들이 사회문제화 되면서 적정한 상속세에 대한 논란이 본격화될 전망이다.

우리 나라는 기업의 상속세가 너무 무거워 법을 지키면서 상속할 경우 2~3대면 기업이 문을 닫거나 매각될 수밖에 없다면서 기업의 상속세를 대폭 낮춰 부담 없이 상속이 이뤄질 수 있도록 할 필요가 있고, 기업이 계속 살아남으면서 고용을 유지하는 것이 중요한 만큼 기업의 상속과 다른 자산의 상속을 구분할 필요가 있다는 의견도 나오고 있다.

경영권이 전문경영인에게 자연스럽게 물려지는 기업문화가 정착되지 못한 우리로서는 좀 더 많은 토론을 거쳐 새로운 상속문화를 정립해야 할 시점이 아닌가 한다.

이르면 2007년부터 별도의 유언이 없는 경우 남편이 남긴 상속재산이 절반은 자녀 수와 상관없이 무조건 부인의 몫이 된다. 현재는 배우자가 자녀의 상속분보다 1.5배를 더 받도록 규정하고 있으나, 법무부 민법개정 시안대로 입법화된다면 이 비율과 상관없이 상속 재산의 50%를 무조건 배우자가 갖고 나머지 50%를 각각 자녀의 수에 따라 균등하게 배분하게 되는 것이다.

자녀가 없어 시부모와 함께 남편의 상속재산을 나눠야 할 때도 종전에는 시부모와 1:1:1.5로 나눴지만 개정안이 시행되면 아내가 우선 50%를 차지한다. 아내가 사망해 재산을 상속할 때도 마찬가지로 상속재산의 50%를 배우자인 남편이 갖는다.

다만 '혼인 중 재산분할'을 통해 결혼 생활 도중 재산을 이미 나눈 경우에는 '50%룰(Rule)'을 적용하지 않고 자녀와 균등하게 1:1로 상속재산을 나눈다. 자녀 등 공동상속자가 1명인 경우 배우자가 가질 수 있는 상속재산은 종전 60%에서 50%로 줄어드는 문제점도 있다. 현행법은 배우자는 자녀가 1명뿐이라면 1:1.5의 비율에 따라 상속재산의 60%를, 자녀가 4명인 경우 1:1:1:1.5의 비율에 따라 상속재산의 약 27%를 받았다.

그러나 이런 상속비율은 피상속인의 유언 등 증여의사를 남기지 않고 사망할 때 적용되는 것으로, 유언이나 별도 계약이 있다면 유언을 통한 분할 비율이 우선 인정된다. 재혼 가정의 경우에도 피상속인의 유언이나 계약 등을 통해 재산 분할 비율을 미리 정했다면 반드시 상속재산의 50%를 배우자에게 줄 필요는 없다.

결혼한 부부가 함께 모은 재산은 균등하게 분할하는 것이 원칙이라는 부부재산 제도 개정 내용과 궤를 같이 하고, 상대적으로 경제적 약자이던 여성 배우자의 경제적 지위가 한층 높아진 것을 반영한 결과이다. 여풍이 여성의 법적, 경제적 위상을 드높이고 있는 것이다. 바야흐로 21세기는 여성의 시대이다.

사실 상속세 납부 재원 마련계획은 상속인인 배우자나 자녀가 세우기에는 어려움이 많다. 우리 사회의 전통적인 효 사상이기도 하지만 남겨질 재산의 처분이나 배분에 대한 결정은 피상속인이 하여야 할 영역이라는 것이 사회적인 공유 의식이 아닌가 한다.

상속세 절세 계획을 마련하기 위해서는 상속재산이 어떻게 되는 지 파악하고 자신의 상속 재산을 물려받을 피상속인의 나이라든가 일정한 소득 여부 등을 염두에 두어야겠지만, 역시 가장 중요한 것은 현재의 세 법에서 허용하는 범위 내에서 상속세 부담을 최소화할 수 있는 여러 방 안을 찾아보고 절세에 효과적인 방법을 선택하는 것이다.

상속추정재산에 대한 규정, 이 점만은 꼭 알아두자

몇 년 전 필자의 단골고객 한 분은 피상속인이 빚이 있으면, 상속재 산에서 뺀다는 것을 전해 듣고 남편의 피상속인이 돌아가시기 1년 전에 상속재산인 아파트를 담보로 대출을 받은 후에 남편이 사망하자 상속재 산에서 이 대출금을 차감하고 상속세 자진 신고를 하였다.

그 후에 관할 세무당국에서 상속세 조사가 나와 대출금의 사용처를 제대로 소명하지 못해 상속세와 가산세를 추징당한 사례가 있다. 즉 피 상속인이 사망한 날로부터 소급하여 2년 이내에 일정한 금액 이상의 재 산을 처분하거나 금융재산 등을 인출한 경우에는 그 해당금액을 다른 상속재산에 포함하여 과세된다는 점을 유의할 필요가 있다.

증여를 할 요량이라면 20년 전부터 준비하자

증여세를 물지 않고 미리 상속을 하는 적절한 방법은 10년 간격으로 자녀에게 증여하고, 그 증여한 금액으로 종신보험이나 연금보험 또는 일시납즉시연금보험 등 보험상품을 가입하는 방법이다. 증여시에는 증여재산 공제액 범위 내에서 공제를 받을 수 있으므로 증여세 면제가 되기 때문이다.

즉 자녀나 배우자에게 조금씩 나누어 미리 증여를 하는 것이 과도한 상속세를 물지 않을 수 있는 방법이다. 피상속인이 사망하기 직전 10년간의 증여액은 상속재산에 포함된다. 그러나 증여재산 공제 한도(10년간 배우자간 3억원, 성년자녀 3,000만원, 미성년자녀 1,500만원 한도)를 초과한다 하더라도 그 초과한 부분에 대해서만 증여세를 내면 된다.

3년 전 필자가 알고 있는 고객 한 분이 찾아와서 '계약은 자신이 하고 보험료도 내지만 수익자는 자녀로' 하여도 문제없다는 이야기를 들었다면서 문의한 적이 있었다. 결론은 보험료를 보험사에 내는 사람 즉 보험계약자와 보험금을 나중에 받는 사람 보험수익자는 같은 사람이어야 증여세 시비에 휘말리지 않는다고 설명을 드렸다.

좀 더 자세히 살펴보면, 상속세를 줄이는 목적이라면, 배우자나 자녀를 보험계약자로 하고 보험료도 배우자나 자녀가 불입하는 형식을 취하여야 된다. 그런데, 이 때 보험계약자인 배우자나 자녀가 일정한 소득(부동산임대소득, 사업소득 또는 근로소득)이 있다면 문제는 없다. 하지만 그런 소득이나 재산이 없는 경우라면, 나중에 세무 당국으로부터 상속재산으로 판정하여 상속세를 물게 될 수도 있다. 이런 문제를 해결하려면 내야 할 보험료 상당 금액을 아예 미리 증여하고 증여신고납부를 하는 것이 절세차원에서 더 유리한 방법이 되겠다.

아무튼 피상속인이 사망하기 직전 10년간의 증여액은 상속재산에 포함된다는 점을 염두에 두는 것이 좋겠다. 살아생전에 슬기로운 재테크로 여유 있는 생활을 통하여 가족과 함께 화목하고 단란함을 누리는 것도 홍복이겠지만, 자신의 사후에 남겨질 가족에게 도움이 될 수 있도록 미리미리 준비해 두는 것도 지혜로운 가장의 자세가 아니겠는가.

절세를 위해 상속받은 주택을 어떻게 처리할 것인가

2002년까지는 부모로부터 상속받은 주택은 언제 처분해도 비과세되었다. 하지만 2003년도 세법의 개정으로 상속받은 주택도 처분의 주의가 요구된다. 2002년까지는 상속받은 주택을 처분하면 피상속인의 보유기간에 관계없이 1세대 1주택 비과세특례를 적용 받았으나 세법의 개정으로 2003년부터는 부모가 사망하여 물려받는 상속주택은 일반주택과 동일하게 취급하도록 개정되었다. 자기주택이 있는 상속인이 추가로 주택을 상속받으면 주택 수가 증가되어 예상치 못한 중과규정을 적용 받을 수 있다. 아래 상황에 따라 의사결정을 해 보자.

1. 돌아가신 부모님이 1주택만 소유한 경우

2002년 12월 31일 이전에 상속이 개시된 주택을 2004년 12월 31일 이전에 상속인이 처분했다면 상속받은 주택은 보유나 거주기간에 관계없이 비과세였다.

그러나 2002년 12월 31일 이전에 상속이 개신된 주택을 2005년 1월 1일 이후에 처분하거나 2003년 1월 1일 이후에 상고이 개신된 주택을 처분하면 피상속인으로부터 받은 상속주택(이하 '상속주택'이라 함)

과 상속인 스스로 취득한 주택 중 상속인이 자가취득한 주택(이하 '자기주택'이라 함)을 먼저 처분하면 상속인의 '자기주택'과 합산하여 주택수를 산정하기 때문에 2주택자가 되어버린다.

결국 주택의 처분순서에 따라서 주택비과세 적용여부가 달라진다. 다만, 상속주택을 상속개시 직후 처분해 버린다면, 상속개시일부터 양도일까지 양도차익이 발생하지 않아 양도소득세는 발생하지 않겠지만, 상속재산의 평가방법이 보충적 평가방법에서 시가평가로 전환되어 상속세가 증가될 수 있어서 처분에 주의를 해야 한다.

2. 물려받은 상속 주택을 여러 상속인이 공동 상속한 경우

현생 상속세법은 상속세 신고기한까지 특별히 협의분할 절차를 거치지 않는다면, 상속인간에 법정분할이 되어 공동 상속된 것으로 인정한다. 예를 들면, 5년 전 상속 개시 후, 등기부등본의 소유권도 이전을 하지 않은 상태라면 이는 법정분할 된 것으로 공동 상속으로 인정하고 있다.

일반적으로 가족 간에 공동 지분투자를 하여 1주택을 취득할 경우에는 지분취득자 각각이 1주택을 취득한 것으로 하지만, 현행 상속세법은 아래의 판정순서에 따라서 상속인 1인만이 주택을 소유한 것으로 보며, 나머지 공동상속인은 주택 수 산정에 있어서 주택을 취득하지 않은 것으로 본다. 일반적으로 '상속주택'을 공동지분으로 취득하고 해당 주택에 거주하지 않기 때문에 장남이 상속주택 소유자가 될 가능성이 높다.

» 공동지분 취득한 '상속주택'의 소유자 판정순서

① 상속지분이 가장 큰 상속인 → ② 당해 주택에 거주 중인 상속인
→ ③ 호주승계인 → ④ 최연장자

공동상속주택의 소유자를 판정하는 기준일은 등기부등본의 접수일
자가 아닌 상속개시일 기준임

3. 돌아가신 부모님이 주택을 2채 이상 물려주는 경우

부모님이 돌아기면서 주택 2채를 물려주셨다면, 둘 다 상속받은 주택
으로 보아 위 1번의 경우처럼 '주택 수 제외' 규정을 모두 적용하는 것이
아니라 그 중 하나는 '상속주택'으로, 나머지는 '일반주택'으로 규정하고
있다.

만약, 복수의 주택이 상속되면 아래의 판정순서대로 '상속주택'을 결
정하며 그 이외의 물려받은 주택은 일반 주택과 똑같이 주택 수에 합산
된다. 아래의 경우처럼 '상속주택'을 판정할 때, 보유기간이 가장 오래된
주택의 수익성 매력도가 그 다음순위보다 낮다면, 상속이 개시되기 이
전에 사전매각을 하게 하여 수익성 매력도가 가장 높은 주택을 '상속주
택'으로 순위를 조절하는 방법도 고려해야 한다.

» '상속주택'의 판정순서

① 피상속인(사망자)의 소유기간이 가장 긴 주택 → ② 피상속인의 거
주기간이 가장 긴 주택(취득일자 동일한 주택을 2이상 취득한 겨우
적용) → ③ 피상속인이 상속개시일(사망일)현재 거주한 주택(취득일
자가 동일한 2이상의 주택을 모두 거주하지 않은 경우에 적용) → ④

기준시가가 가장 높은 주택(동일자로 취득해 거주하지도 않았고 상속개시일 현재의 주소도 본인 소유주택으로 되어 있지 않는 경우에 적용)(소득세법 시행령 155조 제2항)

4. 상속받은 주택과 다주택 부유자의 중과세 관계

상속으로 인한 주택 취득은 등기부등본 상의 소유권 이전일자가 아니라 상속이 개시된 날(피상속인 사망일: 등기부등본 상 등기원인일)임을 주의해야 한다. 상속받은 주택을 포함하여 주택수를 계산하는 경우, 상속받은 날로부터 5년까지는 3주택 중과규정을 적용하지 않는다. 하지만, 5년이 경과한 경우에는 3주택 중과 규정이 적용되어 장기보유특별공제가 배제되고 중과세율(60%)이 적용된다(소득세법 시행령 167조의 3).

2007년부터는 1세대 2주택자가 처분하는 주택 역시 장기보유특별공제가 배제되고 중과세율(50%)이 적용될 예정이며 위와 마찬가지로 상속개시일로부터 5년이 경과하면 중과세가 적용될 것이다.

예를 들면, 자기계산으로 취득한 주택('자기주택')과 세법 상의 상속받은 주택('상속주택')을 각각 1채씩 보유할 경우, 내년부터는 본인 소유의 1주택과 상속받은 지 5년이 넘은 주택을 함께 보유하고 있다면, 보유주택의 처분순위에 따라서 양도소득세 차이가 엄청나게 벌어질 것이다. 자기주택을 먼저 처분하면 양도소득세 계산시 1주택 보유자로 1세대 1주택에 해당되면 주택 비과세가 적용된다.

만약 다른 비과세 요건을 충족하지 못하면 보유기간 별 누진세율이 적용될 것이다. 반면에, 상속주택을 먼저 처분하면 1세대 2주택 중과 규정이 적용되어 중과세율을 적용받게 된다.

MEMO

부동산은 결국 신뢰더군요
믿을 수 있는 사람 호프만과 함께
골든벨을 울려요!

왜 호프만인가?

저는 아침 등산으로 생각을 정리할 때가 많습니다.
어느 날 하산 길에
호프만이라는 이름을 떠올렸습니다.
그리고 제 자신을 늘 새롭게 다잡기 위해
호프만을 저의 별명으로 정했습니다.

첫째, 이 어려운 세상에 뭔가 희망(hope)을 주는 사람(man)이 되자.
둘째, 전설적인 CEO 렌 호프만의 servant leadership을 본받자.
셋째, 독일의 경제학자 호프만(Hoffman)처럼 연구하는 사람이 되
       자.
넷째, 더스틴 호프만(Dustin Hoffman)처럼 개성적이고 창의적인
       전문인이 되자.
다섯째, 오스트리아의 고전음악가 레오폴드 호프만(Leopold
       Hoffmann)처럼 멋을 아는 인생을 살자.

그러한 동기로 호프만이라는 이름이 탄생된 것입니다.
그 이름과 저에 대하여 많은 관심을 가져주심을 감사드립니다.
성심을 다해 님의 기대에 부응하도록 열심히 노력하겠습니다.

함께 있어 행복한 사람, 호프만

부동산에 대한 폭넓은 시야와 정곡을 찌르는 고수의 내공에 대한 글에 매료되어 호프만 님과의 인연이 시작된 때가 진달래꽃 만발하던 사월의 햇살이 좋은 어느 오후 잠실의 갤러리아팰리스 15층이었다.

소년 같은 해맑은 미소가 마치 눈으로 말을 하는 듯한 인간적 인력에 끌려 온·오프라인 상에서 교감을 하면서 느낀 호프만 님의 매력은 그의 지칠 줄 모르는 지적 추구와 언제나 한결같은 성실함이다.

정보의 전쟁터인 증권시장에서 오랫동안 갈고 닦은 실전경험에서 비롯된 예민한 촉수로 핵심정보를 적시에 추려내고, 거시적인 관점에서 시장을 조망하는 넓은 시야와 미시적 수렴을 통해 틈새시장을 찾아내는 특출한 감각은 호프만 님만이 갖는 탁월한 역량이리라.

아침형 인간 호프만, 그가 가진 성실성과 인간적인 매력 때문에 그의 주변에는 각 분야의 고수가 많다. 살아있는 경험에서 비롯된 실전 투자의 노하우와 선각자들의 경험에서 찾아내는 내공의 깊이에 몰입하게 되는 이유가 여기에 있다.

호프만 님의 글은 내게 매일매일 자신을 돌아보고 객관화시킬 수 있는 길을 제시한다. 그가 곁에 있다는 사실이 행복하다.

LBA부동산 매니저 대표 이종이

마음엔 평화, 얼굴엔 미소

호프만 선생의 글을 읽는 것은 지혜의 길을 따라가는 여행이다. 그의 글은 우리가 자신을 들여다 볼 수 있게 도와주며, 때론 내가 서 있는 곳의 좌표를 알려준다.

선생을 생각하면 깊은 사유(思惟)와 유연한 내면을 지닌 모습과 더불어 보는 이를 평화롭게 만드는, 마음 빛이 맑은 사람만이 가질 수 있는 극한 미소가 떠오른다.

그의 글에는 벌 나비가 꿀을 채취하는 과정에서 아름다운 꽃향기가 몸에 스미듯, 세월 속에서 체화된 향기와 색채, 그만의 문양으로 모자이크 된 독특한 삶이 깃들여 있다.

그는 이웃을 생각하는 선한 사마라인의 모습을 지녔다. 귀한 경험과 채집한 정보들을 때맞추어 나누어 주는 일을 멈추지 않는 우리의 영원한 멘토(mentor), 진정한 서번트 리더십의 소유자이다.

청부(清富)의 꿈을 심어주는 재테크의 성실한 안내자, LBA의 푸른 바다가 해맑은 햇살 아래 눈부시게 반짝이고 호프만 선생의 나눔의 철학과 LBA사랑은 푸른 숲의 반딧불처럼 생명의 빛으로 탄생하고 있다.

LBA한결공인중개사(양평) 대표 한선희

교열(校閱)을 마치며

저자로부터 세 권 분량의 원고를 넘겨받아 한 권으로 압축하는 작업을 하면서 심마니킴이 신명이 나서 상당기간 전념할 수 있었던 이유는, 호프만님이 보여준 겸손함과 나에 대한 믿음 때문이었다.

논리 정연하고 자기주장이 뚜렷한 사람일수록 자칫하면 자신과 견해에 대하여 유연함을 보이지 못하는 경우가 많다. 대부분의 글쓴이들은 오·탈자의 교정에는 동의하지만, 어구나 문장을 고치는 교열에 대하여는 대체로 꺼려하는 경향이 있다. 그런데 저자는 열린 마음을 가지고 가필과 정정을 흔쾌히 수용하였다.

그런 의미에서 심마니킴은 여러 날 동안 행복했다. 몰두할 수 있는 일이 있어서 좋았고, 글속에 담긴 깊은 지혜와 많은 정보를 접할 수 있어서 더욱 그러했다. 본인이 미처 다듬지 못했던 내용의 극히 일부 만을 수정해 드렸는데도 크게 만족해 하시니 감사할 뿐이다.

그동안 성원해 주신 LBA 선배님들, 그리고 여기에 담긴 내용을 끝까지 탐독해 주신 애독자 여러분, 모두들 내공의 금자탑을 높이 쌓으시어 지역을 석권하는 명실상부한 '부동산 고수'로 거듭나소서!

김운석(심마니킴)

법률중개란 중개업 고유 업무인 [유통업무]에 거래 안정성 확보를
위한 [법률업무]를 접목시킨 선진화·전문화된 중개기법입니다.

· 법률중개는 표준화·계량화·객관화된 법률문서에 의하여 거래부동산
  을 법률적·경제적·기술적으로 분석하여 중개함으로써 무하자·무사고
  중개·문서에 의한 책임중개, 진정한 전문가중개를 구현하고 있습니다.

· 프로그램 중개기법은 부동산중개 및 컨설팅 활동에 있어서 설득효과
  를 근대화하기 위한 마케팅 방법으로서 일목요연하고 논리정연하게
  매뉴얼화된 【표준화컨설팅문서에 의한 중개기법】입니다.

· 프로그램 중개기법의 핵심은 부동산활동이 과학적이지 못했던 주관성
  탈피에 있습니다. 프로그램 중개기법은 중개활동의 신뢰성을 높여줄
  뿐만 아니라, 객관성을 바탕으로 한 컨설팅 활동으로서 더욱 많은 경
  제적 부가가치를 창출합니다.

· LBA 법률중개프로그램은 350여종의 부동산 법률을 통계적 분석【10
  등 3분법 조사방법이론 : 추상적 사실이 구체적 계량화 분석 이론】에
  입각하여 분석정리함으로써 계량화·객관화·표준화 중개기법을 체계화
  한 부동산과학(不動産科學)입니다.

· 법률과학(法律科學)·분석과학(分析科學)에 입각한 LBA 법률중개프로
  그램은과학적 부동산활동인 동시에 거래안전을 수호하는 21세기 한
  국 부동산중개업의 미래(未來)입니다.

- LBA는 진정한 전문가시대를 열어갑니다 -

부동산 고수가 되려면 내공을 쌓아라

인쇄일	2022년 7월 15일
발행일	2022년 7월 20일
저 자	권혁기(호프만)
발행처	신 진리탐구
신고번호	제2022-000007호
주 소	서울시 금천구 시흥대로 492 상주빌딩
전 화	(02) 866-9410
팩 스	(02) 855-9411
이메일	san2315@naver.com